U0512117

文化品牌蓝皮书

BLUE BOOK OF
CULTURAL BRANDS

中国文化企业品牌发展报告
（2018）

ANNUAL REPORT ON BRAND DEVELOPMENT OF
CULTURAL ENTERPRISES IN CHINA (2018)

主　编／彭　翊
副主编／白连永　宋洋洋　李方丽

社会科学文献出版社
SOCIAL SCIENCES ACADEMIC PRESS（CHINA）

图书在版编目（CIP）数据

中国文化企业品牌发展报告. 2018 / 彭翊主编. ——
北京：社会科学文献出版社，2018.12
（文化品牌蓝皮书）
ISBN 978 - 7 - 5201 - 3658 - 7

Ⅰ.①中⋯　Ⅱ.①彭⋯　Ⅲ.①文化产业 - 企业管理 -
品牌战略 - 研究报告 - 中国 - 2018　Ⅳ.①G124

中国版本图书馆 CIP 数据核字（2018）第 232970 号

文化品牌蓝皮书
中国文化企业品牌发展报告（2018）

主　　编／彭　翊
副 主 编／白连永　宋洋洋　李方丽

出 版 人／谢寿光
项目统筹／周雪林
责任编辑／周雪林

出　　版／社会科学文献出版社·区域发展出版中心（010）59367143
　　　　　　地址：北京市北三环中路甲 29 号院华龙大厦　邮编：100029
　　　　　　网址：www. ssap. com. cn
发　　行／市场营销中心（010）59367081　59367083
印　　装／三河市龙林印务有限公司

规　　格／开　本：787mm × 1092mm　1/16
　　　　　　印　张：17　字　数：256 千字
版　　次／2018 年 12 月第 1 版　2018 年 12 月第 1 次印刷
书　　号／ISBN 978 - 7 - 5201 - 3658 - 7
定　　价／89.00 元

皮书序列号／PSN B - 2018 - 775 - 2/2

本书如有印装质量问题，请与读者服务中心（010 - 59367028）联系

中国文化企业品牌发展报告（2018）
撰稿人名单

（按姓氏笔画排序）

牛兴侦　朱晓琼　刘一琳　孙　晔　李方丽

杨石华　辛婷婷　陈颖熙　范宏达　罗猷敏

周晓辉　钟丹丹　彭　翊　韩东庆

主要编撰者简介

彭　翊　中国人民大学创意产业技术研究院院长，曾任中国人民大学商学院教授、中国人民大学文化产业研究院执行院长、北京人大文化科技园建设发展有限公司董事长，第三届国家公共文化服务体系建设专家委员会专家，文化部文化产业专家委员会专家，科技部现代服务业重大专项评审专家，中央文化产业发展专项资金评审专家。

长期致力于文化产业运营实践与理论研究，专长于文化产业标准制定、文化产业规划、文化金融、文化消费、文化产业园区建设管理等领域，主持中宣部、科技部、文化和旅游部、新闻出版署、国家版权局等国家部委课题50余项，主持新疆维吾尔自治区、内蒙古自治区、江西省、福州市、合肥市等多个省市文化产业发展规划，研究成果得到广泛好评，部分研究成果直接应用于国家部委政策制定。

文化品牌评测技术文化和
旅游部重点实验室

2016 年 11 月由国家文化和旅游部批准成立。实验室依托中国人民大学建设，以资产评估、企业管理、市场营销管理等多个学科为支撑，定位于面向文化品牌评测开展基础研究、应用基础研究和共性技术研究的独立科研机构，重点以文化品牌为研究对象，构建品牌评测有关的理论和实践知识体系，为我国文化品牌评测领域提供基础型研究的理论支撑和应用型研究的技术服务。

实验室以国家文化品牌发展的战略目标为导向，以文化品牌评测技术为研究重点，在本领域形成了自己的特色和优势，也是中国人民大学在文化品牌评估方向开展学术交流、培养硕博士人才、进行技术创新的重要平台。

中国人民大学创意产业技术研究院

中国人民大学创意产业技术研究院是依托中国人民大学优势学术资源、定位于为文化发展提供智力支持的高端专业智库。研究院当前承担中宣部、科技部"国家文化科技融合示范基地管理办公室"职能，文化部"国家文化产业公共服务平台"职能，"文化品牌评测技术文化和旅游部重点实验室"职能，四川省与人民大学"省校合作"智力支持职能，并长期为文化领域中央部委、地方政府提供政策咨询、人才培养等服务。

摘　要

《中国文化企业品牌发展报告（2018）》是第一本中国文化企业品牌发展报告，由文化品牌评测技术文化和旅游部重点实验室和中国人民大学创意产业技术研究院共同编写。

近年来，我国文化产业发展态势良好，政策支持持续加强，品牌建设工作已成为文化产业转型升级提质的重要抓手。一方面，文化企业作为文化产业发展的主体，品牌建设有利于丰富企业文化，提升企业形象，将文化软实力转化为市场竞争力，进而推动文化产业的转型升级；另一方面，文化企业作为文化产品及服务的生产经营主体，品牌建设有利于创作生产更多优秀文化产品，满足人民群众日益个性化、多样化的文化消费需求和美好生活需要，树立坚定的文化自信。在这个背景下，本书深入探讨了我国文化品牌尤其是文化企业品牌建设的发展现状、未来趋势、存在问题和解决路径，主要内容分为四个部分，具体如下。

第一部分是总报告。从政策法律环境、产业发展环境、文化消费环境等方面分析了文化品牌发展环境，介绍了文化行业品牌发展的整体概况和发展亮点，并在此基础上指明了文化品牌发展的未来趋势。

第二部分是年度分行业品牌发展报告。主要对电影业、电视业、出版业、演出业、动漫业、游戏业、旅游业七个主要文化行业在2017年的品牌建设进行总结分析，探讨文化行业品牌建设取得的成绩和存在的问题，并对文化行业品牌建设的发展趋势进行展望。

第三部分是年度文化企业品牌案例报告。通过团队调研和专家推荐等方式，遴选了三个具有引领意义的文化企业品牌，包括腾讯音乐、爱奇艺、掌阅科技三家企业，在深入企业调研的基础上，从品牌环境、品牌简介、品牌

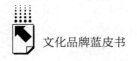

定位、品牌营销策略等方面入手，对入选品牌进行多个维度的深入分析，剖析品牌建设的成功经验与不足，以期为文化企业品牌建设提供宝贵经验。

第四部分是专题研究报告。围绕文化品牌建设的方方面面，聚焦品牌评价、品牌建设、品牌保护等重点焦点热点问题，兼具实践指导和理论参考价值。

本书致力于理论和实践结合，报告和研究中国文化品牌发展最新状况，展望文化品牌建设的发展趋势，为实现文化产业转型升级、增强文化软实力、推动文化"走出去"、坚定文化自信提供智力支持。

目 录

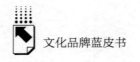
Ⅲ 案例篇

Ⅳ 专题篇

皮书数据库阅读 **使用指南**

总 报 告

General Report

B.1
打响文化品牌，增强文化自信

彭 翊 李方丽 辛婷婷*

摘　要： 2017 年中国文化品牌建设持续发力，为文化自信强力加码。文化品牌发展的政策法律环境、产业发展环境、文化消费环境不断优化。中国文化企业品牌价值总和逐年增加，文化行业品牌发展亮点频出：国产影视逐渐由量到质转变，品牌效应开始显现；演艺业提质增效，多样化演艺产品齐发力共创品牌；动漫业高速发展，国产动漫品牌崛起；游戏业转型升级，品牌建设提上日程；网络文化业日趋规范，优质内容推动品牌建设；旅游业品牌意识强化，品牌建设再上新台阶。

---

* 彭翊，中国人民大学创意产业技术研究院院长，主要研究方向为文化产业运营与文化产业规划；李方丽，中国人民大学创意产业技术研究院院长助理，主要研究方向为文化产业领域知识产权；辛婷婷，中国人民大学创意产业技术研究院助理研究员，主要研究领域为文化产业品牌。

随着文化品牌发展环境的变化以及文化品牌自身转型升级的需要,未来的文化品牌发展将呈现以下趋势:①文化品牌从企业品牌走向国家品牌;②文化品牌由重娱乐向重文化转变;③优质 IP 成为文化品牌打造的引擎;④品牌的社交属性和精神属性将发挥越来越重要的作用;⑤小众文化品牌将拥有更广阔的市场。

关键词: 文化品牌　文化产业　文化自信

党的十九大报告强调要坚定文化自信,推动社会主义文化繁荣兴盛,建设社会主义文化强国。文化自信源于国家实力和民族文化底蕴,凝结着民族文化精髓,是国际文化竞争力和影响力的本源。文化品牌凝聚了文化的精神价值和经济价值,是文化自信的重要展示窗口,是国家软实力的重要载体。文化品牌成为检验国家文化产业发展水平、创新能力、综合实力的重要标尺,在国际文化竞争中扮演着越来越重要的角色。打造具有广泛知名度和较强国际影响力的中国特色文化品牌,是增强文化自信必须补齐的短板,也是建设社会主义文化强国的必要举措。

一　2017~2018年文化企业品牌发展环境

(一)法律政策双向发力为文化品牌发展指路引航

文化产业法律法规逐步健全,为文化品牌发展保驾护航。文化产业领域首部法律《电影产业促进法》自 2017 年 3 月 1 日起开始施行,通过简政放权激发市场活力,同时加大了事中事后监管力度以及电影产业扶持力度,这将有力地推动电影品牌规范发展。《公共文化服务保障法》也于同日正式施行,公共文化场馆、设施建设和服务将更加完善,这有利于公共文化服务品牌培育和发展。《文化产业促进法》被列入人大常委会五年立法规划，起草工作稳步推进并形成了征求意见稿，这将为文化品牌的发展营造更加有利的法律环境。

文化领域"十三五"规划陆续出台，为文化品牌建设指明了方向。中共中央办公厅、国务院办公厅印发的《国家"十三五"时期文化发展改革规划纲要》提出"做优做强做大一批文化企业和文化品牌，文化整体实力和竞争力明显增强"。国务院印发的《"十三五"国家知识产权保护和应用规划》提出"鼓励形成一批拥有精品品牌的广播影视播映和制作经营机构，打造精品影视节目版权和版权产业链"。原文化部发布的《"十三五"时期文化产业发展规划》提出"积极培育拥有较高知名度和美誉度的文化企业品牌和文化产品品牌；实施文化企业品牌建设行动计划，显著提升文化品牌公共服务水平；加快文化品牌智库建设，推动建设一批文化品牌实验室，支持和规范有关机构研究发布相关文化产业品牌排行榜"。原国家新闻出版广电总局印发的《新闻出版广播影视"十三五"发展规划》提出"开展中国影视剧品牌提升行动，加大介绍中国发展变化、反映当代中国精神风貌、传播优秀中华文化的精品出版物的翻译出版和国际推广力度"。

其他政策强调传统文化品牌和新兴文化品牌双向发力，提升中华文化的国际竞争力和影响力。中共中央办公厅、国务院办公厅印发的《关于实施中华优秀传统文化传承发展工程的意见》提出"实施中华老字号保护发展工程，支持一批文化特色浓、品牌信誉高、有市场竞争力的中华老字号做精做强"。原文化部、工业和信息化部、财政部三部委联合印发的《中国传统工艺振兴计划》提出"培育中国工匠和知名品牌，使传统工艺在现代生活中得到新的广泛应用，更好满足人民群众消费升级的需要"。原文化部出台的《关于推动数字文化产业创新发展的指导意见》提出"坚持品牌化发展战略，促进动漫'全产业链'和'全年龄段'发展，发展动漫品牌授权和形象营销；加强游戏内容价值导向管理，建立评价奖惩体系，扶持传递正能量、宣传优秀传统文化、弘扬社会主义核心价值观的游戏品牌，改善游戏产品同质化、低俗化现象，培育国产原创游戏品牌产品、团队和企业"。原国家旅游局印发的《全域旅游示范区创建工作导则》提出"实施整体营销，促进传统的旅游产品营销向全域整体营销转变，全面凸显区域旅游品牌形象"。原文化部印发的《"一带一路"文化发展行动计划（2016～2020年)》提出"打造文化交流合作知名品牌，继续扩大'欢乐春节'品牌在沿线国家的影响，充分发挥'丝绸之路文化之旅''丝绸之路文化使者'等重大文化交流品牌活动的载体作用；推广民族文化品牌，鼓励文化企业在'一带一路'沿线国家和地区投资"。

以上法律法规及相关政策的制定与实施，对培育和建设中华文化品牌，提升中国文化品牌竞争力和影响力提供有力的指导与保障，有利于培育国际知名文化品牌，展示中华文化的独特魅力，扩大中华文化的国际影响力，用文化品牌为文化自信加码。

（二）文化产业高速发展为文化品牌发展提供强大驱动力

规模以上文化及相关产业保持高速增长，文化服务业成为发展主流。规模以上文化企业是文化品牌建设的中坚力量，规模以上文化企业高速发展为文化品牌的建设奠定了良好的产业基础。据国家统计局数据统计，2017年全国规模以上文化及相关产业企业实现营业收入91950亿元，比上年增长10.8%，增速提高3.3个百分点，保持快速增长。文化及相关产业10个行业的营业收入均实现增长。其中，实现两位数增长的行业有4个，分别是：以"互联网＋"为主要形式的文化信息传输服务业营业收入7990亿元，增长34.6%；文化艺术服务业营业收入434亿元，增长17.1%；文化休闲娱乐服务业营业收入1545亿元，增长14.7%；文化用品的生产营业收入33665亿元，增长11.4%。①

文化产业规模持续扩大，公共文化服务效能进一步提高。《中华人民共和国文化和旅游部2017年文化发展统计公报》数据显示，截至2017年末，

---

① 《2017年全国规模以上文化及相关产业企业营业收入增长10.8%》，国家统计局网站，2018年1月31日，http://www.stats.gov.cn/tjsj/zxfb/201801/t20180131_1579206.html。

全国文化系统所属及管理的文化单位共有 32.64 万个，比上年末增加 1.58 万个；从业人员 248.30 万人，增加 13.50 万人。艺术表演团体 15752 个，比上年末增加 3451 个；全年演出 293.77 万场，比上年增长 27.4%。公共图书馆 3166 个，比上年末增加 13 个；图书总藏量 9.70 亿册，增长 7.5%；电子图书 10.26 亿册，增长 15.6%。群众文化机构 44521 个，比上年末增加 24 个。全年全国群众文化机构共组织开展各类文化活动 197.86 万场次，比上年增长 7.6%；服务人次 63951 万，增长 10.5%。文物机构 9931 个，比上年末增加 977 个；全年接待观众 114773 万人次，比上年增长 13.3%。①

文化产业继续成为资本市场投资热点，但投资逐步回归理性。2017 年 IPO 文化企业数量稳中有升，2017 年我国实现 IPO 的文化企业达 24 家，其中在 A 股上市的有 21 家，港股上市的有 3 家。② 网络文学吸引资本竞相追逐，掌阅科技在 A 股上市，阅文集团在香港上市；影视企业、数字文化企业、创意设计企业等发展势头强劲，逐渐走向 IPO；BAT 等互联网公司继续增加在文化产业领域的资本布局。随着文化企业自身业务拓展的需要以及国家政策的有力支持，中国文化企业在海外并购和投资成果不断。虽然文化产业投融资渠道和方式日益多元化，文化与资本的对接更为频繁和便捷，但在监管日趋严格的背景下，2017 年文化产业投融资渐趋理性，投融资规模有所下降。

以上数据表明，我国文化产业持续保持高速增长，发展规模逐渐扩大，新兴文化产业潜能巨大，这为文化品牌的培育和发展奠定了良好基础。文化产业日益由追求数量增长向提质增效转变，而文化品牌将成为文化产业高质量发展的重要抓手。

（三）文化消费潜能逐步释放为文化品牌发展提供广阔市场

消费升级激发文化消费潜能和活力。习近平总书记在党的十九大报告中

---

① 《中华人民共和国文化和旅游部 2017 年文化发展统计公报》，中华人民共和国文化和旅游部网站，2018 年 5 月 31 日，http://zwgk.mct.gov.cn/auto255/201805/t20180531_833078.html。

② 《2017 年文化产业资本市场全景图》，中国经济网，2017 年 12 月 27 日，http://www.ce.cn/culture/gd/201712/27/t20171227_27452509.shtml。

指出，中国特色社会主义进入新时代，我国社会主要矛盾已经转化为人民日益增长的美好生活需要和不平衡不充分的发展之间的矛盾。"美好生活的需要"意味着消费需求升级，意味着精神文化需求日渐重要，多元化、个性化、高品质的文化品牌产品将成为刚需。

文化市场蓬勃发展的同时日趋规范，文化消费成为拉动经济增长的重要驱动力。《中华人民共和国文化和旅游部 2017 年文化发展统计公报》显示，2017 年，进一步实施源头治理，支持引导文化市场经营单位改进服务、转变形象，促进行业健康发展、市场规范有序；确定 99 个示范地区、649 家示范场所，实施阳光娱乐行动计划，支持开展"阳光娱乐"品牌活动，扩大文化消费。我国文化消费市场规模稳步扩大。公报数据显示，2017 年末全国文化市场经营单位 25.74 万家，比上年末增加 1.47 万家；从业人员 173.37 万人，增加 12.42 万人。年末全国共有娱乐场所 78616 个，从业人员 60.01 万人，全年营业总收入 546.87 亿元，增长 1.5%，营业利润 130.69 亿元，增长 3.9%。[1] 文化消费试点工作如火如荼地进行，截至 2017 年底，45 个国家文化消费试点城市累计参与人次超过 3 亿，拉动文化消费超过 700 亿元。[2] 文化消费发挥了良好的辐射带动作用，成为拉动经济增长的重要引擎。

文化消费持续增长，消费环境日益完善。由中国人民大学文化产业研究院发布的"中国文化消费指数（2017）"，显示我国文化消费综合指数平稳增长，由 2013 年的 73.7 增长至 2017 年的 81.7，年均增长率为 2.6%。一级指标中，消费环境指数持续上升，年均增长率为 6.9%（见图 1、图 2），说明我国文化消费环境越来越完善，文化产品和服务的种类越来越丰富，质量稳步提升，文化消费渠道更加便捷，文化消费生态正在形成。

以上数据和信息表明，我国文化消费市场规模逐渐扩大，市场秩序日趋规范，消费环境进一步改善。市场是文化产品成为文化品牌的关口，而消费

---

[1] 《中华人民共和国文化和旅游部 2017 年文化发展统计公报》，中华人民共和国文化和旅游部网站，2018 年 5 月 31 日，http://zwgk.mct.gov.cn/auto255/201805/t20180531_833078.html。
[2] 《文化和旅游部点赞 20 个文化消费试点城市》，中经文化产业公众号，2018 年 7 月 3 日，https://www.sohu.com/a/239073945_160257。

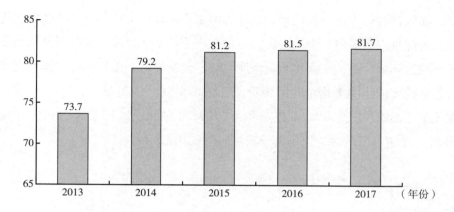

图1　2017年中国文化消费综合指数

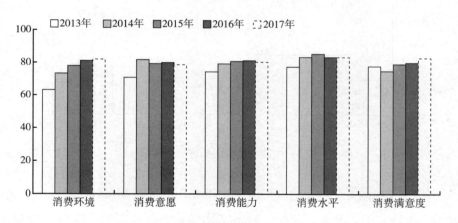

图2　2017年中国文化消费一级指标

者对高品质文化品牌产品的需求越来越旺盛，为文化品牌发展提供了更广阔的市场空间。

二　2017~2018年文化企业品牌发展情况

（一）文化企业品牌发展整体状况

在文化产业提质增效的大背景下，中国文化企业品牌建设意识逐步增强，品牌打造能力进一步提升，品牌价值逐年增加。文化品牌评测技术文化和旅游部重点实验室、中国人民大学创意产业技术研究院根据我国文化企业发展的实际情况，从文化传承、企业成长、创新能力、市场影响、消费者评价等多角度构建的文化企业品牌价值评估模型测算结果显示，2018 年中国文化企业品牌价值 TOP50 价值总和为 5719.26 亿元，增长率为 9.14%（见图 3），增速有所放缓，但仍处于较好的发展状态。

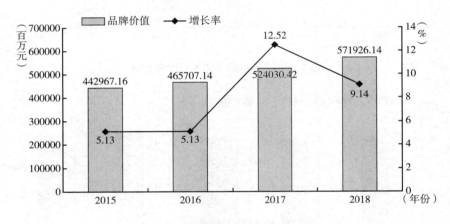

图 3　中国文化企业品牌价值总和

2018 年中国文化企业品牌价值 TOP50 榜单涵盖新闻出版、影视、演艺、动漫、游戏、工艺美术、旅游、网络文化等重点行业。从具体行业分布来看，游戏业、新闻出版业和影视业是 2018 年中国文化企业品牌价值 TOP50 入榜企业中最具品牌优势的三个行业。新闻出版业以老牌国企为主，经过多年积累以及数字化革新，形成了一定的品牌影响力；影视业和游戏业近几年迎来发展的黄金时期，孕育了一批实力强劲的品牌企业；网络文化业和旅游业企业品牌建设蒸蒸日上，部分头部企业入围 TOP50 榜单；演艺业、动漫业、工艺美术业等有一定知名度和品牌影响力的企业相对较少。2018 年中国文化企业品牌价值 TOP50 入榜企业具体行业分布如图 4 所示。

2018 年中国文化企业品牌价值 TOP50 入榜企业大部分为混业经营的综合性文化企业以及专业化水平较高的行业翘楚，前十名以"互联网＋文化"

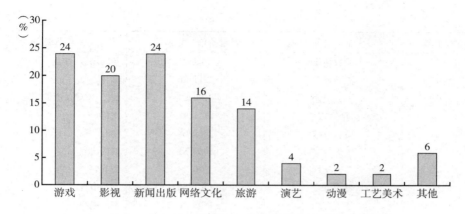

图4　2018年中国文化企业品牌价值TOP50企业行业分布

企业为主。中国国旅、新浪、携程网、橙天嘉禾、中青旅、山东出版、中国出版、捷成股份、南方传媒、天神娱乐、吉比特11家文化企业新入选中国文化企业品牌价值TOP50榜单。详细榜单情况如表1所示。

表1　2018年中国文化企业品牌价值TOP50

排名	企业名称	品牌价值(百万元)	行业类别
1	腾讯	358402.38	游戏、网络文化
2	百度	56829.04	网络文化、广告服务
3	网易	32040.47	游戏、网络文化
4	华侨城	21259.50	文化旅游
5	分众传媒	11148.28	网络文化、广告服务
6	金山软件	8165.75	游戏、软件
7	中国国旅	7415.46	旅游
8	新浪	6526.74	网络文化、广告服务
9	携程网	5948.14	旅游
10	万达电影	3782.47	影视
11	东方明珠	3767.98	影视、有线电视
12	老凤祥	3525.55	工艺美术
13	完美世界	3385.55	游戏
14	中国电影	2858.37	影视
15	巨人网络	2625.63	游戏
16	凤凰传媒	2263.61	新闻出版

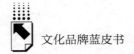

续表

排名	企业名称	品牌价值（百万元）	行业类别
17	浙数文化	2247.91	新闻出版、游戏
18	橙天嘉禾	2211.96	影视
19	宋城演艺	2192.07	演艺、文化旅游
20	中青旅	2117.98	旅游
21	昆仑万维	2069.67	游戏
22	中南传媒	1983.81	新闻出版
23	三七互娱	1776.33	游戏
24	歌华有线	1701.50	有线电视
25	江苏有线	1593.20	有线电视
26	时代出版	1489.57	新闻出版
27	华谊兄弟	1484.93	影视
28	新华文轩	1371.89	新闻出版
29	皖新传媒	1361.43	新闻出版
30	光线传媒	1339.80	影视
31	中文传媒	1208.61	新闻出版
32	山东出版	1168.73	新闻出版
33	华强方特	1162.57	动漫、文化旅游
34	科大讯飞	1089.33	网络文化
35	华数传媒	996.43	影视
36	中国出版	963.40	新闻出版
37	捷成股份	904.07	影视
38	华策影视	900.16	影视
39	南方传媒	846.62	新闻出版
40	长江传媒	845.23	新闻出版
41	天神娱乐	831.38	游戏
42	黄山旅游	814.14	旅游
43	保利文化	807.75	演艺、艺术品拍卖
44	游族网络	742.58	游戏
45	横店影视	728.02	影视
46	阅文集团	685.50	网络文化
47	新华网	635.03	网络文化
48	吉比特	601.60	游戏
49	中原传媒	560.28	新闻出版
50	恺英网络	547.74	游戏

资料来源：文化品牌评测技术文化和旅游部重点实验室，中国人民大学创意产业技术研究院数据中心。

（二）重点文化领域品牌发展亮点

1. 国产影视逐渐由量到质转变，品牌效应开始显现

2017～2018 年，我国电影票房再创佳绩，全球第二大电影市场的地位日益巩固。2017 年《电影产业促进法》正式实施，为电影业高质量、规范发展提供了法律保障。2017 年"电影质量促进年""加快新时代电视剧高质量发展"等顶层设计的及时指引，推动国产影视由高速发展转向高质量发展，一批影视品牌开始显现。

国产电影逐渐由量到质实现转变，逐渐形成有鲜明民族风格的电影品牌。2017 年中国电影票房总额为 559.11 亿元，同比增长 13.45%，增速逐渐放缓，步入稳步增长阶段。国产电影逐渐实现由量到质转变，其中《战狼 2》《羞羞的铁拳》《功夫瑜伽》《西游伏妖篇》《芳华》《乘风破浪》6 部影片票房过 10 亿元，豆瓣评分 7.0 分以上的高分电影达 23 部，猫眼 8.0 分以上达 69 部，口碑与票房正相关的趋势越来越明显。《战狼 2》是中国特色工业化影片创作的典范，凭借演员的精湛表演、感人至深的故事情节、壮丽的大片式场景契合了消费者日益升级的观影需求，影片展现日益崛起的中国影响力之强大，激发观众的爱国情怀，从而产生情感共鸣，为中国式主旋律大片品牌树立了标杆；"开心麻花"制作的《羞羞的铁拳》把 IP 舞台剧改编成电影，主打"搞笑＋热血"的组合拳，笑料不断，进一步巩固增强了"开心麻花"的品牌优势；主打导演、演员等个人品牌影响力和情怀因素的《功夫瑜伽》《西游伏妖篇》等欢乐喜剧片也有不俗的市场表现；凭借接地气的剧情和真挚感人的情感，冯氏电影品牌产品《芳华》也获得了不同年龄段观众的共同关注和喜爱。从总体上看，2017 年国产电影质量稳步提升，电影情节设计和影视特效方面都有很大程度的提高，而且不乏一些引起观众共鸣的部分，引发了观众广泛谈论和传播，电影品牌效应开始显现。

2017 年电视剧内容深度提升，网剧精品化发展，电视剧品牌生态正在形成。2017 年优质现实主义题材电视剧崛起，引发了广泛关注和共鸣。《人民的名义》作为一部反腐题材的主旋律剧，直面社会问题，将思想性、艺术性和

观赏性相融合，一经播出就广受关注和好评。《鸡毛飞上天》《白鹿原》《情满四合院》等一批现实主义题材电视剧以扎实的剧本创作、逼真的场景还原、演员的生动表演，丰富了现实主义美学的时代内涵。《欢乐颂2》《我的前半生》等现代都市剧因贴近现实也激发了观众的广泛共鸣。历史剧《那年花开月正圆》将人物的传奇经历巧妙嵌入晚清时代格局之中，包含浓烈的家国情怀、人性深度，糅杂着中国传统文化和美德的正能量传承。《军师联盟》长达5年时间筹备，通过丝丝入扣的演技、电影级画面特效、极致化细节处理，赋予这部剧符合当下审美标准的历史认知价值。2017年，网剧市场逐渐走向成熟，《白夜追凶》《一起同过窗》豆瓣评分高达9分，《无证之罪》《你好，旧时光》等大批网剧豆瓣评分达8分以上，这一年网剧无论是人物刻画、叙事水准还是后期制作都实现了质的飞跃。2017年，电视剧和网剧优质内容收获了良好口碑，引发了广泛谈论，吸引了大量新观众群体，品牌化效应逐步凸显。

2017年网络综艺全面爆发，文化类品牌综艺收获高口碑。据腾讯娱乐统计，2017年的卫视综艺共有105档，网络综艺全年上线103档，较上年增加27%。① 音乐类选秀和真人秀综艺持续保持较高收视率，文化类综艺收获了高口碑，慢综艺逐渐绽放。《朗读者》自2017年2月播出以来，迅速在各大社交媒体刷屏，微博话题阅读量达14.2亿，话题讨论量破336.5万，新媒体视频全网播放量达9.7亿，音频收听破4.25亿，引起了强烈的反响。《朗读者》品牌定位为高而不冷的文化情感类节目，有营养、有内涵、有文化、有情怀，用质朴的文字触发观众埋藏已久的朗读情怀。《国家宝藏》一经推出，便成为一档现象级品牌节目，豆瓣评分高达9.5分，哔哩哔哩点击量破1200万，20万弹幕刷爆屏幕，成功吸引了年轻人的关注和讨论。《国家宝藏》将明星小剧场演绎和专家巨匠解读相融合，巧妙地将纪录片和综艺节目完美嫁接，以文化为内核、综艺为外壳，让观众在轻松愉快的氛围下感受博大精深的中华历史文化。另外，《向往的生活》《中餐厅》《亲爱的客

---

① 《2017年爆款频出的综艺市场，凸显出了这六个现象》，听众音乐网，2018年1月5日，http://www.jastz.com/351614.html。

栈》等慢综艺集中崛起，在综艺圈和观众间引起强烈的反响，各大卫视和视频网站争相将慢综艺打造成品牌进行竞争。

2. 演艺业提质增效，多样化演艺产品齐发力共创品牌

2017～2018年，中国演艺业在文化产业蓬勃发展、提质增效的大势下逐步探索转型升级之路。演出场次稳步提升，演出类型更加多元，原创精品不断增加，演艺品牌建设如火如荼，整个行业呈现良性发展态势。

各大剧院经典和原创双向发力，打造演艺品牌。国内知名院线品牌保利院线目前经营管理着国内一流剧院50余家，2017年保利院线共组织演出8093场，演出数量刷新历史纪录，其中400多场为原创作品巡演。保利原创话剧《断金》被张国立、王刚和张铁林组成的影视铁三角演绎得炉火纯青。《断金》巡演在多地出现一票难求的状况，座无虚席，观剧总人数突破2万人，受到社会各界的广泛好评。"人艺出品，必属精品"，北京人民艺术剧院作为中国最负盛名的专业话剧院，以长期的艺术实践与美学理论的积累，成就了一场场教科书级的演艺，打造了《茶馆》《喜剧的忧伤》《窝头会馆》《玩家》等话剧品牌。人们对文化精品的需求越来越旺盛，经过八年不断打磨沉淀的《窝头会馆》成为2017年现象级爆款文化产品，观众通宵排队，明星扎堆观摩学习。另外，2017年原创剧目频出，以现实题材作品和原创历史剧目为主。现实题材剧目占比较多，如国家话剧院的《谷文昌》、陕西人民艺术剧院的《平凡的世界》等；历史剧占据一定比重，如上海话剧艺术中心的《大清相国》、河北省话剧院的《詹天佑》、山西省话剧院的《甲午祭》等。越来越多的话剧选择从民族文化中汲取养分，为打造具有东方神韵和东方气质的话剧品牌奠定了良好的基础。

二三线城市依托文化旅游而兴起的实景演出遍地开花，部分演出项目已形成品牌。截至2017年，全国各地较为知名的实景演出有近60台，分布在我国的二三线城市，主要集中在中西部地区。① 中国知名的实景演出品牌有

---

① 《2017中国演出业发展态势向好 二三线城市迎来春天》，亚星音乐网，2018年1月17日，http://www.yxdrygl.com/view-358236-3.html。

"印象系列""山水盛典系列"和"千古情系列"。"印象系列"和"山水盛典系列"将展现民族文化和地域特色的文艺演出融于知名山水旅游景区之间,"千古情系列"采用"主题公园+实景演艺"模式,用当地特色历史文化贯通演出和主题公园,二者交相辉映。此外,陕西旅游集团在华清宫里打造的《长恨歌》、汉族和藏族文艺骨干主创的《文成公主》以及新疆吐鲁番欢乐盛典文化投资公司投资打造的《敦煌盛典》等也逐渐形成品牌,收获了良好的口碑。

国内音乐节井喷式发展,音乐节品牌逐渐打响。迷笛音乐节作为国内第一个原创音乐节,已成功举办38届,成为国内音乐节的标杆品牌,因具有良好的音乐节氛围和较强的品牌影响力,得到了大量忠实粉丝的拥护,具有良好的用户黏性。由摩登天空主办的草莓音乐节在阵容上每年都保持着一贯的水准,宣扬爱、浪漫、年轻、时尚,吸引了众多年轻人参与。百威风暴电音节是中国知名的电子音乐品牌,凭借强大的 DJ 阵容、魔幻舞台,打造极致的电子音乐感官体验,自 2013 年开办以来,一直风靡全国各地,2017 年十城十场狂欢。

3. 动漫业高速发展,国产动漫品牌崛起

2017~2018 年,动漫业高速发展即将步入爆发期。艺恩发布的《2017中国在线动漫市场白皮书》显示,2017 年,我国动漫业总产值达 1500 亿元,占文化娱乐总产值的比重为 24%。[1] 2017 年中国动漫业融资事件88 起,相比上一年的 66 起,有了显著增加。资本涌入一方面解决了动漫企业的生存问题,另一方面推动着动漫业业务拓展升级。动漫业高速发展以及大量资金支持为动漫品牌打造奠定了良好的基础。

漫画平台发力漫改动、漫改剧,注重品牌打造与授权。快看漫画作为近几年迅速崛起的移动端漫画平台,2017 年底获得 1.77 亿美元的 D 轮融资,活跃用户渗透率排名漫画平台榜首。快看漫画将自己定位成一个年轻人的阅

---

[1] 艺恩:《2017 中国在线动漫市场白皮书》,中国电影网,2018 年 4 月 11 日,http: //www.chinafilm.com/dh/4377.jhtml。

读平台，拥有独特嗅觉的内容团队和包装运作团队，主要从内容策划和包装运作两个层面打造品牌竞争力。快看漫画近两年重点突破慢改动画，上线了《快把我哥带走》《我是江小白》等动画。腾讯动漫依托腾讯泛娱乐矩阵，围绕顶级IP打造爆款品牌。腾讯动漫出品的《狐妖小红娘》凭借丰富生动的人物形象、细腻动人的故事情节、正能量的价值观广受好评，自开播以来屡破国漫纪录，全网播放量破30亿。《狐妖小红娘》动漫取得巨大成功后，同名手游也开始上线，热度一路飙升。《狐妖小红娘》在品牌授权领域和全家便利店实现了跨界合作，以动漫形式为依托，以便利店为载体，为消费者打造温馨有爱的"家"的场景体验。另外，腾讯动漫还打造了《一人之下》《斗破苍穹》《超游世界》《从前有座灵剑山》等IP动漫品牌。

动漫企业围绕原创IP打造品牌系列产品，利用文化科技塑造品牌竞争优势。华强方特入选了"2018年国家品牌计划"，以文化为核心，以科技为依托，倾力打造具有一定国际知名度和影响力的国家品牌。华强方特原创动漫品牌"熊出没"是国内最具影响力的动漫IP，"熊出没"系列动画片多次打破收视纪录，网络点播量也长期居于同类视频榜首。其中，《熊出没之熊熊乐园》播放量多次居于月播放量冠军。华强方特目前已推出5部"熊出没"系列大电影，累计票房近20亿元，打破多项动画电影票房纪录。2018年2月上映的《熊出没·变形记》累积票房6.03亿元，创"熊出没"系列电影票房新纪录。"熊出没"品牌在不断增加内容的同时也在逐步拓展品牌授权，目前授权已涵盖消费品、促销品、音像品等行业领域，并在此基础上创新授权合作模式，率先在手机游戏、主题活动、舞台剧演艺等行业领域开展授权业务，实现了IP授权的全方位合作。北京若森数字科技股份有限公司依靠国际水准3D技术精心打磨原创IP品牌。若森运用自主研发的多媒体智能开发、制作、云计算实时渲染引擎"曼陀罗多媒体智能开发系统"，打造出大型三维武侠动画《侠岚》及《画江湖》系列等精品IP品牌，不断刷新国漫播放纪录，实现了对优秀传统文化的创新性传承，多次荣获优秀国产动画奖。其中，《画江湖之不良人》动画被改编成真人剧、舞台剧，获得了较好的收视和口碑。

除此之外，网络文学企业也开始布局动漫领域，打造品牌产品。阅文集团旗下网络小说《全职高手》以8亿全网播放量收官，豆瓣评分超过8分，成为国漫爆款品牌。阅文集团在IP营销和授权合作方面积极布局，《全职高手》与手游《梦间集》进行联合跨界营销，两大IP强强联合，引发粉丝广泛参与和讨论。另外《全职高手》和麦当劳合作推出麦当劳全职主题餐厅，剧情软植入、衍生产品开发等，探索多样化版权变现。

4. 游戏业转型升级，品牌建设提上日程

2017～2018年中国游戏行业稳步发展，游戏企业品牌意识和品牌打造意愿进一步加强。《2017年中国游戏产业报告》数据显示，2017年中国游戏用户数量达5.83亿，同比增长3%①，增速逐步放缓，表明游戏用户规模已接近饱和。在用户规模逐渐触及天花板的形势下，通过高质量产品与个性化服务构建品牌已成为游戏企业争夺用户的重要方式。另外，近年来，政府部门加大了对网络游戏的监管力度，游戏市场秩序进一步规范，引导网络游戏转型升级，推动游戏品牌化建设进程。

游戏企业品牌塑造别具匠心，实施差异化品牌竞争战略。腾讯游戏是国内最大的网络游戏社区，通过自主研发、代理合作、联合运营等方式，汇聚国内外多类型游戏资源，拥有强大的产品阵营，其中不乏现象级品牌游戏产品。另外，腾讯游戏以IP为核心开展泛娱乐品牌布局与传播，通过移动电竞、综艺节目等形式进行品牌延伸与传播。基于《王者荣耀》手游，打造以"电竞+潮流文化"为主导的王者荣耀职业联赛（KPL），并引入明星打造网络综艺《集结吧王者》，更好地链接了品牌和消费者。凭借海量用户优势，腾讯游戏独家代理2017年最火爆的现象级游戏《绝地求生》。在发展商业游戏的同时腾讯游戏日益注重社会效益和教育功能，逐步布局功能游戏板块，上线了传承和普及中国传统文化的功能游戏《榫接卯和》和《折扇》，发布了《纸境奇缘》《坎巴拉太空计划》《肿瘤医生》和《尼山萨满》

---

① 《2018年中国游戏行业发展现状及发展趋势分析》，中国产业信息网，2018年3月12日，http://www.chyxx.com/industry/201803/617751.html。

四款功能游戏。网易游戏以"匠心精神"打造原创精品游戏品牌，创作出《大话西游》《梦幻西游》《阴阳师》《新倩女幽魂》《荒野行动》《终结者2：审判日》等自研游戏知名品牌。其中《阴阳师》在历时两年的开发过程中结合了很多创新的方式、方法，自推出后刷屏了各大社交网站，成为热搜榜常客；《荒野行动》《终结者2：审判日》很长一段时间占据国内App store 免费游戏下载榜前三。凭借对文化审美的精准贴合以及忠实用户的有效反馈，网易自研游戏画面精致、玩法有趣、社交氛围融洽，形成了极强的品牌竞争力。完美世界作为中国最大的影游综合体，影视和游戏相互成就，构建品牌核心竞争力。完美世界打造了《完美世界》《武林外传》《神雕侠侣》等品牌端游以及《诛仙》手游、《倚天屠龙记》手游、《射雕英雄传》手游等品牌手游。完美世界通过品牌营销活动推广以及电竞赛事举办，在多个领域发力扩大品牌影响力。《诛仙手游》以"情怀"为营销核心，通过"游戏＋明星＋电影＋综艺"实现多元跨界品牌推广。《射雕英雄传》手游和新版电视剧协作互动，相关产品销售实现全产业链整合营销。此外，完美世界积极布局电竞全产业链，如主办 DOTA2 亚洲邀请赛等，进一步提升品牌竞争力。中手游致力于精品独立游戏开发，多次获得 App store 推荐以及新闻报道，品牌知名度进一步提升。中手游发行的《皮影美猴王》《蜡烛人》《梦旅人》等独立游戏均获得过重要的奖项。

电竞产业井喷式增长，推动游戏品牌推广延伸。据伽马数据（CNG 中新游戏研究）发布的《2017 年中国游戏产业报告》显示，2017 年，中国电子竞技游戏市场实际销售收入达 730.5 亿元，同比增长 44.8%。其中，客户端电竞游戏市场销售收入达 384.0 亿元，同比增长 15.2%；移动电竞游戏市场销售收入达 346.5 亿元，同比增长 102.2%，移动电竞成为电竞增长的主力。无论是 PC 端的《英雄联盟》还是现象级 MOBA 手游《王者荣耀》、休闲手游《球球大作战》等都为电竞产业发展奠定了良好基础。移动电竞的发展也进一步促进了游戏品牌延伸推广，进一步提升了其品牌价值。

VR 游戏逐渐上线，VR 游戏设备渐成品牌。《星际战争》《量子行者》《TheOne》《Finding VR》等 VR 游戏将 VR 效果与良好的画面、音质相结

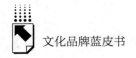

合，使得游戏的沉浸度非常高。VR 游戏设备方面，国内的暴风魔镜、华为 VR、蚁视 VR 一体机、TCL VR 一体机等品牌具有良好的感官体验和用户口碑，逐渐形成品牌效应。

5. 网络文化业日趋规范，优质内容推动品牌建设

2017～2018 年国家加强对版权创造与保护的重视，加强对网络文化业态监管，积极推进网络内容正版化和规范化，为网络文化业发展提供了良好的政策环境。网络文化业繁荣发展的同时日趋规范，内容走向精品化，助力品牌建设。

网络视频业繁荣发展，各大视频网站品牌建设持续加强。中国互联网络信息中心发布的《中国互联网络发展状况统计报告》数据显示，2017 年底我国网民规模达 77198 万人，其中网络视频用户达 57892 万人，约占中国整体网民规模的 3/4，成为网民主力。[①] 爱奇艺、腾讯视频、优酷、哔哩哔哩等网络视频平台趋向于品质化发展来满足新生代观众多元化、个性化、专业化的观赏需求，品牌建设意识和品牌打造能力进一步增强。爱奇艺强调青春、品质、轻奢的品牌理念，致力于为用户提供高清、流畅、精美的专业化海量视频，打造精致轻奢的高品质体验。品牌升级之后的优酷定位为多元化青春娱乐平台，以打造年轻化的文娱体验作为品牌发展方向，通过多元化布局和品牌精品内容，打造年轻人从看到玩的一站式文娱酷体验。腾讯视频基于"不负好时光"的核心品牌精神，着力聚合精品内容，网台联动、头部版权和精品自制全面发力，以更年轻化、更能引发用户共鸣的内容增强品牌竞争力。哔哩哔哩作为中国领先年轻一代网络娱乐的标志性品牌，以二次元为特色，打造国内领先的年轻人互联网文化社区，率先推出"弹幕"功能，促进了高度互动，增强了用户黏性。2017～2018 年各大网络视频平台更加注重自制内容开发，如腾讯视频自制综艺《明日之子》《吐槽大会》，优酷自制的综艺《这！就是街舞》，爱奇艺自制综艺《奇葩说》，等等，高品质

---

① 蒋平：《2018 年中国网络视频行业发展现状分析　广告营销仍是主力，用户付费走向规模化》，前瞻网，2018 年 6 月 7 日，https：//www. qianzhan. com/analyst/detail/220/180607 - 1e5bfce6. html。

的自制内容将成为未来各大视频平台品牌竞争的重要砝码。

直播和短视频互融，产品数量急速增加，内容质量进一步提升。2017年直播由高速增长转入平稳增长期，而短视频呈现爆发式增长，国内涌现快手、抖音、秒拍、火山小视频、西瓜视频、映客、斗鱼、花椒直播等众多网络视听平台，而且各个平台纷纷采取"直播＋短视频"融合发展路径，以求突破直播过于讲求实时性、欠缺碎片化内容和短视频缺乏 IP 属性的发展瓶颈。各个直播和短视频平台，在实现高速发展的同时，一方面打响品牌知名度，扩大平台品牌影响力；另一方面日益专注于内容创作的精品化，在功能玩法上不断延伸。

数字音乐高速发展，音乐平台品牌塑造独辟蹊径。根据相关数据统计，2017 年我国数字音乐市场规模达 180 亿元，增长率达 25.6%①；在线音乐用户规模达 5.8 亿人，增长率为 18%，用户规模将会持续扩大。② 目前，国内数字音乐市场已形成 QQ 音乐、酷狗音乐、酷我音乐、网易云音乐、虾米音乐等知名数字音乐品牌。拥有 QQ 音乐、酷狗音乐、酷我音乐三大音乐品牌的腾讯音乐娱乐集团凭借海量优质曲库、广泛的社交用户基础以及泛娱乐全产业链布局，长期居于用户榜单首位；网易云音乐凭借高品质的音乐库、差异化歌单、有情怀的社交系统形成了独特品牌优势；虾米音乐通过智能推荐＋"音乐图书馆"，以及支持原创音乐人，成就文艺青年挚爱。

网络文学持续发力，为文化品牌打造源源不断地输送优质内容。根据原国家新闻出版广电总局对当前市场占有率高、影响力强的 45 家重点网络文学网站的数据统计，截至 2017 年 12 月，网站原创作品总量达 1646.7 万种，签约作品达 132.7 万种。作品改编电影 1195 部，改编电视剧 1232 部，改编游戏 605 部，改编动漫 712 部。③ 经过长期的积累和发展，网络文学成为文

---

① 《我国数字音乐发展迅速 2017 年市场规模达 180 亿》，比达网，2018 年 4 月 20 日，http：//www. bigdata - research. cn/content/201804/674. html。

② 《2018 年中国在线音乐行业发展现状及发展趋势分析》，中国产业信息网，2018 年 7 月 11日，http：//www. chyxx. com/industry/201807/657565. html。

③ 章红雨：《万余部 IP 产品出自网络文学意味着什么》，《中国新闻出版广电报》2018 年 7 月26 日。

化产业头部内容的重要源泉,优质网络文学 IP 改编的电影、电视剧、动漫、游戏作品成为文化产品品牌的重要组成,例如《如懿传》《楚乔传》《白鹿原》《全职高手》《斗破苍穹》等爆款作品皆由网络文学 IP 改编而成。[①]

6. 旅游业品牌意识加强,品牌建设再上新台阶

2017～2018 年国内旅游业持续高速增长。据原国家旅游局数据统计,2017 年国内旅游人数 50.01 亿人次,比 2016 年增长 12.8%;国内旅游收入 4.57 万亿元,比 2016 年同期增长 15.9%。[②]《全域旅游示范区创建工作导则》《旅游民宿基本要求与评价》行业标准、《关于规范推进特色小镇和特色小城镇建设的若干意见》等政策文件的出台,为旅游品牌塑造提供了有力指引。

2017 年主题公园需求暴涨,国内主题公园由"做产品"向"做品牌"转变。2017 年中国主题公园游客接待量增长了近 20%,市场需求旺盛,成为未来旅游体验的重要目的地。全球十大主题公园集团涵盖中国的华侨城集团、华强方特集团和长隆集团。华侨城旗下主题公园品牌欢乐谷坚持"繁华都市开心地"的品牌定位,着力渲染"欢乐氛围",强调多元文化并存,中西文化包容并蓄。华强方特主题公园主打文化科技类情景模拟,植根中国文化,嫁接全球先进技术,并用 IP 有机连接科技与文化。长隆集团致力于打造一站式多主题旅游度假区,水上乐园、欢乐世界、野生动物世界、国际大马戏等不同主题公园多元化、差异化发展,协力铸就长隆品牌。

2017 年旅游型特色小镇品牌传播意识进一步增强,充分利用新媒体和明星效应推广品牌。乌镇再次邀请刘若英代言,通过花絮 + 90s 短视频讲述乌镇变迁故事,宣传片微博精准投放 + 微博热门话题"刘若英十年归心乌镇"吸引大批网民讨论并前往,用口碑沉淀品牌,进一步提升了乌镇景区的品牌知名度和影响力。同样作为中青旅旗下的古北水镇邀请王珞丹作为景区代言人,深挖古北水镇与代言人王珞丹之间的故事,王珞丹完美契合了古

① 《网络文学,质量格调双提升》,《人民日报》2018 年 2 月 9 日。
② 《国家旅游局:2017 全年我国国内游人数超过 50 亿人次》,新浪网,2018 年 2 月 6 日,http://news.sina.com.cn/s/2018-02-06/doc-ifyremfz6025184.shtml。

北水镇"文艺生活"的品牌调性，粉丝主动帮忙扩散，推动品牌宣传营销。同时，古北水镇进行了今日头条与知乎两大传播渠道的广告投放，帮助古北水镇短期内迅速提升品牌曝光量。海口冯小刚电影公社是华谊兄弟"品牌授权与实景娱乐"板块的明星项目。冯小刚电影公社是将电影 IP 和城市 IP 紧密结合的影视特色小镇品牌，将 IP 内容转化为沉浸式娱乐体验实景项目。电影《芳华》以及热门综艺《奔跑吧》《爸爸去哪儿 5》等在此取景拍摄，进一步提升了景区曝光量和品牌知名度。同样作为影视小镇的横店和廊坊大厂影视小镇也凭借电视剧拍摄以及综艺节目拍摄取景促进了其品牌宣传、推广。

2017 年民宿发展迎来春天，民宿品牌逐渐成形。据有关数据统计，民宿从 2016 年末的 5 万多家增长到 2017 年底的 20 万家，同比增长 300%，从小众产品升级为爆款旅游产品，已形成千里走单骑、花间堂、西坡、原舍、过云山居等民宿品牌。2009 年诞生的花间堂旗下有 15 家门店近 400 间客房，将当地人文和历史文化元素融入民宿生活场景的改造，致力于打造多样化中式特色民宿传递中华文化之美。2005 年成立的千里走单骑旗下有杨丽萍艺术酒店、六和酒店、六悦酒店、云何住酒店以及雪山庄园等多个民宿品牌，艺术融入民宿，以多元化服务业态打造高端度假生活体验。西坡是莫干山镇首批精品民宿之一，定位于发展山乡度假酒店，就地取材、旧物新用，主打回归自然，溯本追源，让游客既能"望得见乡愁"又能体验舒适自在的度假生活。

2017 年在线旅游持续升温，在线旅游品牌竞争越来越激烈。携程、去哪儿、飞猪、途牛、马蜂窝、艺龙等一系列在线旅游品牌经过多年的发展，形成一定的品牌知名度和影响力。携程作为中国最大的 OTA（在线旅行社），致力于构建涵盖酒店、机票、旅游上下游的全方位旅游生态服务体系，提供多种类、高品质的产品和服务，以优质的服务形成核心竞争力。去哪儿网作为旅游搜索引擎，致力于为消费者提供机票、酒店、会场、度假产品等商旅产品的深度搜索、比价以及团购服务。另外，飞猪聚焦年轻人境外游体验，途牛主打跟团游和长线旅游产品，艺龙主营酒店预定，马蜂窝主攻

旅游社交，旅游产品偏向于自由行。各个在线旅游平台差异化定位发展的同时功能逐渐趋同和完善。

三 文化企业品牌未来发展趋势展望

1. 文化品牌从企业品牌走向国家品牌

众多文化品牌会打上国家文化烙印，深刻影响着一国的文化在消费者心中的印象，最终会影响消费者的消费行为。具有广泛知名度和国际影响力的文化品牌无一例外都体现着国家的文化底蕴、品牌性格，代表着国家形象。美国拥有全世界知名的好莱坞电影品牌，拥有亚马逊、读者文摘、时代等出版品牌，拥有谷歌、Facebook、YouTube 等互联网文化品牌；德国拥有举世闻名的全球顶级会展品牌和柏林电影节品牌；法国拥有全球瞩目的巴黎时装周和戛纳电影节品牌；日本拥有"皮卡丘""哆啦 A 梦""火影忍者"等动漫品牌；韩国拥有众多韩剧、网络游戏及综艺节目品牌。这些全球知名的文化品牌都是国家品牌的典型代表。国外文化品牌打造十分注重利用民族文化优势以及创意、科技专长。美国文化品牌的打造将美国文化价值观渗透到故事创意中，并利用全世界领先的科技手段呈现；德国、意大利注重将创意设计与工业技术紧密结合；日本和韩国则将国家优势文化创意与科技应用于影视、游戏、动漫作品开发，打造有独特民族文化风格的文化品牌。因此，我国文化品牌在建设过程中要注重优秀民族文化和先进技术的创意性转化，注重自主知识产权的创意开发，用持之以恒的工匠精神将企业品牌打造成国家文化品牌，提升中华文化的国际影响力，增强中华文化自信。

2. 文化品牌由重娱乐向重文化转变

从"十二五"到"十三五"，我国文化产业发展由探索前进到高速增长进而转向高质量发展。高质量发展意味着我国文化品牌打造需要注入更多的文化内涵来增强文化品牌内核竞争力。在我国经济高质量发展、消费升级的新形势下，未来的文化产品品牌不仅仅是吸引眼球、吸引人气、娱乐性十足，而是进行内容升级，变得更有文化韵味和深度。我国的主题公园大多数除了娱乐设施，缺乏有深度的主题文化支撑，与迪士尼、环球影城等全球知名主题公园相比仍有较大的差距。我国的游戏品牌、网络文化品牌等娱乐化倾向明显，社会效益不显著，打造知名品牌需要赋予更多的文化内涵和正能量。因此，我国文化品牌打造要在娱乐中注入文化，将优质的文化内容凝练成文化品牌，赋予人们更多的精神力量，形成一种深刻、持久的影响力。

3. 优质 IP 成为文化品牌打造的引擎

内容是文化产品的灵魂，而 IP 是内容的品牌。优质 IP 是文化产业头部内容创作的源泉，也将成为文化品牌打造的引擎。全球知名的漫画公司漫威始终保持蓬勃的创新活力和强大的品牌魅力，构建了全球瞩目的超级英雄IP 品牌联盟，用持续性高品质内容力打造了《复仇者联盟》系列、《奇异博士》《黑豹》等众多电影品牌，养成了一批又一批粉丝。全球影史票房最高的十部电影中，漫威电影占据四席，成为全球 IP 品牌运营最成功的公司之一。漫威 9 年打造 17 部电影精品，电影全球票房超 800 亿美元，电影业强势发展带动漫威品牌影响力不断增强，漫威授权业务涵盖消费品、出版、数字娱乐等众多领域，带动相关行业快速增长。打造具有全球影响力的文化品牌必须注重优质 IP 的精心打磨，并能实现可持续化良性运作。

4. 品牌的社交属性和精神属性在文化品牌建设和传播的过程中将发挥越来越重要的作用

品牌具有功能属性、社交属性和精神属性三大属性，而社交属性和精神属性对文化品牌的影响将会持续增强。对于文化产品来说，社交属性和功能属性在很大程度上是重合的，社交功能本身就是文化产品的一个重要功能，当前的文化产品如动漫、游戏、电影、网络视频等都在加强自己的社交功能，搭建符合品牌基调的社群，满足消费者的社交需求和情感体验。个性化、定制化社交将成为文化品牌社交功能发展的重要方向。随着社交平台的发展渗透以及文化产品本身社交功能的加强，"社交圈"正逐渐成为消费者认知文化品牌的重要渠道，口碑成为文化产品获取消费者的重要方式，比传统媒体和广告更加高效、便捷、准确。通过消费者口碑传播品牌，可以快速

吸引相同社群的用户群体，进而形成"病毒式"传播营销，可以更有成效地推广品牌。品牌的精神属性即品牌的信仰属性，指品牌赋予消费者独特的价值观和精神信仰，吸引"志同道合"的用户，构建有信仰的社群体系。目前很少有文化品牌触及精神属性，触及精神属性的文化品牌将具有强大的品牌凝聚力、持久的用户黏性、超高的用户忠诚度。增强品牌的精神属性也是未来文化品牌的重要突破方向。

5. 小众文化品牌将拥有更广阔的市场

社会认同是罗伯特·西奥迪尼在《影响力》一书中提出的六大元素，意为某句话、某件事或某一产品只要获得了人们的认同，那么它将会产生巨大影响力。① 随着收入水平、文化素养的提升，消费者的精神文化需求日益个性化和多元化，不管是大众文化还是小众文化产品，只要是文化艺术精品品牌，都将受到前所未有的欢迎。小众文化品牌将具有相同的价值观念、兴趣爱好、情感诉求的消费者汇聚到一起，形成一个粉丝社群，寄予小众文化品牌一份独特的情怀。小众文化品牌迎合了这部分人的文化审美品位和兴趣爱好，获得这部分人的认同和推广传播，从而形成一定的品牌影响力。未来的文化市场份额一方面被一些大众文化品牌集中占领，另一方面也将包容更多的小众文化品牌实现碎片化发展。

---

① 罗伯特·西奥迪尼：《影响力》，陈叙译，中国人民大学出版社，2006。

行 业 篇

Annual Report of Sectorial Brands Development

B.2
电影业品牌发展报告2018

孙 晔*

摘　要：　2017年电影产业快速发展，进入新的阶段。电影品牌建设随着产业的发展不断完善：政策利好电影品牌发展，优化了品牌发展的环境；资本运作，聚合了电影品牌建设的资源，提升了品牌的竞争力；电影品牌不断进行海外拓展，扩大了影响力；电影宣传方多元营销，借助新媒体加大品牌传播力度；互联网驱动在线票房发展，提升了品牌价值链。电影品牌建设快速发展的同时，也面临着影片制作水平较差、票房造假现象频发、衍生品开发不足等问题，需要加强制度和技术政策以解决问题。

关键词：　电影产业　电影品牌　品牌价值链

---

* 孙晔，中国人民大学新闻学院博士研究生，主要研究领域为传媒经济。

一 2017年中国电影产业整体发展状况

（一）票房的总体态势发展迅速

近年来，随着经济的发展、居民可支配收入的增加，电影产业快速发展。从数量上看，2017年，中国电影产业快速发展，电影市场票房首次突破500亿元，达到559.11亿元，电影产业进入新时期。从发展速度看，2017年电影票房总量同比增长22.7%，增速为13.45%，相较于2016年3.8%的增幅，2017年电影市场恢复到活跃期。[①] 从总体态势上看，电影产业波动发展，且国产电影呈现先抑后扬的态势。2017年上半年，除了春节档有较高的增长，中国电影市场票房平平，票房总量为272.07亿元，同比增长仅为9.6%。其中，进口电影表现较为突出，其票房收入为167亿元，占比高达61%；国产电影票房为105亿元，仅占39%。[②] 下半年，随着《战狼2》《羞羞的铁拳》《芳华》等电影的上映，电影票房持续增长，票房总量达到287.04亿元，且国产电影票房占比不断提高。

从电影产业结构看，2017年，中国电影产业供给结构不断优化升级，国外电影与国内电影同步发展。其中国外电影方面，电影进口政策的放宽带动了票房增长。除了好莱坞大制作电影的引进，其他国家电影在中国电影市场获得口碑和票房双丰收：印度电影《摔跤吧！爸爸》票房高达12.97亿元，西班牙电影《看不见的客人》达1.73亿元，泰国电影《天才枪手》达2.71亿元。[③] 在国产电影方面，随着《电影产业促进法》的不断推进，国产电影质量不断提高，票房号召力也不断提升，2017年中国国内的电影总

---

① 资料来源：《2017年中国电影票房559亿元 同比增长13%》，国家广播电视总局网站，2018年1月2日，http://www.sapprft.gov.cn/sapprft/govpublic/6951/356916.shtml。

② 资料来源：《2017上半年中国内地票房成绩单出炉 总收入高达272亿元 引进片比重远超国产片》，时光网，2017年7月1日，http://news.mtime.com/2017/06/30/1570872.html。

③ 资料来源：《2017年内地票房》，时光网，2018年1月1日，http://movie.mtime.com/boxoffice/#CN/2017。

票房同比增长了22%。[①] 国内外电影的同步发展丰富了电影市场的内容供给。

此外，从电影档期看，随着中国电影产业的壮大，电影市场的档期意识不断提升。作为需求方的观众，其在假期观看电影的频率高于工作日；作为供给方的电影公司，为获得较高的票房回报，也会选择将电影定档在节假日。因此，经过多年的发展，我国电影产业逐渐形成了贺岁档、春节档、清明档、"五一"档、暑期档、中秋档、国庆档等几大电影档期。2017年，电影票房在春节档、"五一"档，暑期档和国庆档快速增长，同比增长比例均超过10%，其中，暑期档同比增长达到31.37%，国庆档增长率高达66.88%。[②] 也就是说，2017年电影重要档期的票房收入持续上升，档期成为影响票房的重要因素。

因此，从票房总体态势看，中国电影产业总体呈上扬的趋势，并在总量上实现了新的突破；从供给侧看，中国电影产业结构不断升级；从趋势看，2017年电影票房波动发展，在春节、"五一"、暑假和国庆等重要档期实现较快增长。

（二）电影类型多元发展

随着《电影产业促进法》的不断推进，电影的质量不断提升，2017年被称为"中国电影质量促进年"。一方面，从电影内容看，电影类型多元发展；另一方面，从观众角度看，观众对于电影的满意程度不断提高。

首先，2017年上映电影的类型更加多元化，且从票房数量看，不同类型电影票房分布也更加均匀。从上映类型看，2017年全国电影生产的数量达到970部，故事片798部、动画电影32部、科教电影68部、纪录电影44部、特种电影28部。其中，在故事电影的票房分布中，28部动作电影获得108.58亿元票房，43部喜剧电影获得43.48亿元票房，7部奇幻电影获得

① 资料来源：《中国国产大片推动票房创新高》，《金融时报》，英国，2017年12月31日。
② 资料来源：中银国际：《传媒互联网行业2018年度策略——与互联网深度融合，追求极致内容体验》，新浪网，2018年1月11日，http://vip.stock.finance.sina.com.cn/q/go.php/vReport_Show/kind/lastest/rptid/4056004/index.phtml。

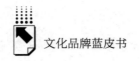

36.63 亿元票房，18 部悬疑电影获得 12.94 亿元票房。[①] 不同类型的电影满足了不同观众的观影需求。

此外，2017 年，《暴雪将至》《冈仁波齐》《二十二》等不同类型的影片在国际电影节的获奖，也是其质量提升的重要体现。其中，犯罪悬疑片《暴雪将至》获第 30 届东京国际电影节最佳艺术贡献奖，主演段奕宏获得最佳男演员奖；剧情片《冈仁波齐》获得第二届意大利中国电影节最佳影片奖；纪录片《二十二》获得伦敦华语视像艺术节最受观众欢迎奖和评审团杰出奖。中国电影在国际电影节的获奖不仅体现了电影质量的提高，也为电影品牌的对外输出奠定了基础。

再次，电影质量的提高也体现在观众对于电影满意程度的不断提高。从整体看，2017 年，观众对于电影的满意度为 83.3 分，总比 2015 年、2016 年增长 2.1 分、2.3 分。从具体占比看，观众对于国产电影的满意度比例不断提高。2017 年参与满意度调查的国产电影为 67 部，满意度高于 80 分的占比高达 70.2%；而 2015 年、2016 年的满意度超过 80 分的占比仅为 46.2%、43.1%；从档期满意度来说，参与调查的 7 个档期（春节档、春季档、"五一"档、暑期档、国庆档、初冬档、贺岁档），其中 6 个档期满意度超过 80 分。其中，暑期档满意度高达 85.7 分，居 7 个档期的首位。此外，2017 年档期满意度的高点相较于 2015 年、2016 年提高 2.8 分、3 分，低点相较于 2015 年、2016 年提高 0.6 分、4.6 分。[②] 2017 年，电影类型的多元化发展满足了观众的不同层次的需求，提高了对 2017 年电影产业发展的满意度。

（三）电影品牌建设的基础设施不断完善

随着政策的支持、资金的进入，电影产业基础设施建设也在持续完善。

---

① 资料来源：《2017 年中国电影产业现状与发展趋势分析》，搜狐网，2018 年 2 月 26 日，https://www.sohu.com/a/224138315_757254。

② 资料来源：《2017 年观众满意度增长明显 国产电影质量提升获认可》，艺恩网，2018 年 1 月 8 日，http://www.entgroup.cn/Views/44563.shtml。

从总体看，电影品牌建设的基础设施不断完善，影院数量和银幕数量不断增加。2017 年影院数量达到 9342 家，同比增长 18.1% ;① 银幕数量达到 50776 块，2017 年全国新增银幕 9597 块，同比增长 23.3% ，稳居世界电影银幕数量第一位。② 基础设施的不断完善为促进电影品牌建设提供了重要基础。

从趋势看，2017 年电影产业基础设施的建设由一二线城市逐渐向三四线城市下沉，为中国电影市场的再次爆发提供了坚实的基础。渠道下沉叠加春节返乡效应，小镇青年为票房奇迹做出了巨大贡献。根据数据，2017 年一线城市、二线城市、三线城市、四线城市票房占比分别为 20.13% 、41.48% 、15.88% 、22.07% ，观影人次占比为 16.52% 、41.99% 、17.14% 、23.8% 。③ 从票房和观影人次结构看，三四线城市观影票房占比在逐步提升，成为电影票房增长的重要动力。

从品牌建设看，2017 年电影产业的基础设施建设的技术不断提高。一方面，IMAX、巨幕技术的应用拉高了电影的票价；另一方面，AR、VR 等新技术升级了观众的观影体现，为电影内容更好地呈现提供了技术可能。电影产业技术设施建设技术的不断升级为电影品牌建设提供了良好的渠道基础。

二 2017年电影产业品牌建设的亮点

（一）政策支持，优化电影品牌发展环境

电影产业作为文化产业的重要内容，其快速发展离不开政策的支持。自

① 资料来源：艺恩：《2017～2018 年全国影院市场十大观察》，2018 年 4 月 11 日，http://www.docin.com/p-2099885237.html。

② 资料来源：中商产业研究院：《2017 年全国电影银幕数据统计：银幕总数超 5 万块　稳居世界第一》，中商情报网，2018 年 1 月 10 日，http://www.askci.com/news/chanye/20180110/104038115718.shtml。

③ 资料来源：中银国际：《传媒互联网行业 2018 年度策略——与互联网深度融合，追求极致内容体验》，新浪网，2018 年 1 月 11 日，http://vip.stock.finance.sina.com.cn/q/go.php/vReport_Show/kind/lastest/rptid/4056004/index.phtml。

2003 年电影产业进行全面产业化改革以来，政策成为电影产业重要的推动力。2017 年，随着《电影产业促进法》《关于奖励放映国产影片成绩突出影院的通知》等政策的不断推进，优化了电影品牌建设的环境。

作为电影产业第一部专门性法律，《电影产业促进法》从三方面优化了电影品牌的发展：首先，该项政策简化了电影创作的审核程序，能够繁荣电影创作、推动电影创新，丰富电影品牌建设的内容；其次，《电影产业促进法》对票房造假的处罚进行了较为详细的规定，为电影品牌建设创造了良好的市场环境；最后，该项法律明确提出了电影人才扶持计划、放映活动支持计划等方式，为电影品牌的进一步发展提升了人才和资本动力。

此外，国家电影资金办在 2017 年 12 月接连发布《关于奖励放映国产影片成绩突出影院的通知》《关于支持中西部县城数字影院建设发展的通知》，前者通过鼓励影院推动国产影片的发展；后者将影院建设倾向于中西部县城，为电影产业渠道下沉提供政策的可能。这些政策为中国电影品牌的发展扩展了空间。

2017 年，电影产业政策比较完善，既有指导性政策，也有针对具体电影环节的政策。政策的加持优化电影品牌发展环境。

（二）资本运作，聚合品牌建设资源

随着电影产业的快速发展，资本与其关系日益密切，电影融资的方式更加多元化：众筹、电影证券化、票房对赌等资本运作进入电影领域。2017 年，票房对赌成为电影产业重要的融资方式，为电影品牌建设聚合了资源。《二代妖精》《三生三世十里桃花》《芳华》等电影均签订了对赌协议。其中，2017 年票房冠军《战狼 2》在上映前，其制作方登峰国际与北京文化、联合影联签订 8 亿元对赌协议。最终电影票房达到 56.78 亿元，影片对赌成功，投融资双方获得较高收益。融资方式的多元化降低了电影制作方的融资难度，在一定程度上缓解了电影制作方融资难的问题。

此外，单体品牌通过一系列资本运作聚合资源，提升品牌竞争力。2017 年，电影产业资本运作逐渐走向理性，在理性中稳健发展。2017 年，电影产

业仅有两家公司上市：2017 年 10 月 12 日，横店影视在上交所成功上市；2017年 10 月 16 日，以院线为主营业务的金逸影视在深交所上市。影视公司借助上市，连接资本市场，不断提升品牌价值和竞争力。此外，已上市的传统影视公司和 BAT 也通过资本运作不断聚合资源，提升品牌价值：2017 年 9 月 4 日，持有猫眼文化 19.00% 股权的北京光线传媒，与持有猫眼文化 58.13% 股权的上海光线控股签署了《股权转让协议》。此次资本运作结束后，光线传媒将持有猫眼文化 30.11% 的股权，光线控股持有猫眼文化 47.02% 的股权。单体品牌的资本运作，扩大了品牌在电影产业各个环节的影响力。

（三）海外拓展，扩大品牌影响力

2017 年，电影产业积极进行海外拓展，通过在海外市场的活动，提升品牌的影响力。2017 年，国产电影海外票房和销售总收入 42.53 亿元，比上年 38.25 亿元增长 11.19%，海外发行国产影片近百部。[①] 其中，华人文化、华狮电影等公司主推发行了《战狼2》《羞羞的铁拳》《乘风破浪》《芳华》等多部影片。国产影片在国外进行公映，一方面增加了票房的收入；另一方面，扩大了中国电影的品牌影响力。

2017 年，中国电影还通过电影节的方式，积极与海外电影进行沟通、交流，扩大了电影品牌的影响力。一方面，中国积极举办电影节，搭建中外电影合作交流的平台；另一方面，积极参与其他国家和地区的电影节，传播中国电影。

2017 年，中国作为东道主举办了第七届北京国际电影节、第二十届上海国际电影节。其中，2017 年 4 月举办的第七届北京国际电影节，征集到来自 59 个国家和地区的 424 部影片报名参评。此外，该电影节在北京 29 家影院展映 1000 多场中外电影。[②] 上海国际电影节作为中国唯一的一个 A 级

---

① 资料来源：郑中砥：《国产影片 2017 年海外收入超 40 亿》，搜狐网，2018 年 1 月 10 日，http：//www.sohu.com/a/215871311_388075。

② 资料来源：《第七届北京国际电影节》，百度百科网，https：//baike.baidu.com/item/第七届北京国际电影节/20472513？fr = aladdin。

电影节每年都吸引着多个国家电影品牌的关注。2017 年 6 月举办的第二十届上海国际电影节，共征集到来自全世界 106 个国家和地区的 2528 部影片，集中展映中外影片 498 部，共计 1532 场，观影人次超过 42 万。① 此外，中国与罗马尼亚、匈牙利、希腊、以色列等 14 个国家的电影节和电影机构代表，共同签订了"一带一路"电影文化合作备忘录。除了电影节，中国积极举行海外电影的展映活动，如德国电影展、法国戏剧展等活动，为中外电影品牌的互动交流搭建平台。2017 年，电影品牌通过电影节搭建的平台进一步传播，在与其他国家电影品牌活动交流中提高影响力。

此外，中国电影积极参与其他国家和地区举办的电影节，如中美电影节、中英电影节、中澳电影节、第四届丝绸之路国际电影节、第二届金砖国家电影节、匈牙利中国电影展等活动。通过在不同电影节展映中国影片，扩大了品牌的影响力。随着 2017 年中国电影质量的提高，《暴雪将至》《冈仁波齐》《二十二》在国际电影节提名获奖，这也扩大了中国电影品牌的影响力。

（四）多元营销，新媒体拓展品牌传播

随着电影市场竞争日益激烈，营销的作用日益凸显。2017 年，电影更加注重宣传端的作用，营销方式更加多元化，营销渠道更聚焦到新媒体。

在电影上映的不同阶段，借助不同的方式进行营销。在上映前期，通过线上和线下相结合的方式对电影品牌进行传播。在上映前，电影主创人员会到各个城市进行路演，向观众、影院负责人、媒体推介电影内容、获得排片支持。2017 年票房冠军《战狼 2》在 26 个城市、160 家影院进行路演，为电影发行和宣传奠定了良好的基础；《羞羞的铁拳》以"天南海北，笑在一起"为主题进行为期 40 天的路演，促进口碑发酵。除了以传统的线下路演的方式进行营销，在上映前，还通过在线上制造热点，引起大众关注、刺激

---

① 资料来源：《中国电影"走出去"上年度交出亮眼成绩单》，中国电影网，2018 年 1 月 11 日，http：//www.chinafilm.com/xwzx/3423.jhtml。

观影的方式进行营销。2017 年上映的电影中，电影《闪光少女》在上映前以"二次元""cosplay"等热点进行营销，激发特定人群的观影愿望；电影《芳华》在上映前以"撤档"为爆点进行营销，引发观众的关注。在上映的过程中，针对影片内容引发的爆点在互联网平台进行营销。电影《芳华》以 20 世纪 70 年代为背景，契合上一代人的青春回忆。因此，在宣传的过程中，电影借助微博、微信等社交平台，以年代感、时代梗、情怀杀等为营销点，通过热搜话题、软文等方式进行宣传；电影《战狼 2》以"爱国""制作精良"等为卖点，在互联网进行全面推广。此外，随着明星 IP 化的趋势加强，明星在宣传中的作用也越来越大。一般来说，电影主创人员借助名人效应，与其他演员转发、互动等方式进行二次营销，为电影品牌的传播奠定了基础。

品牌传播是品牌建设的重要环节。随着互联网的发展，新媒体丰富了电影营销的方式，增强了品牌的传播力度，为品牌延伸提供了空间。

（五）在线票务，提升品牌价值链

互联网驱动电影产业不断整合发展。在线票务不断发展推动着电影票房的发展。2016 年电影在线票务平台交易规模 332 亿元，用户数为 1.52 亿，渗透率为 74.7%；2017 年上半年，在线票务渗透率已经高达 82%，远高于线下售票的 18%。[①] 随着网民数量的增加、互联网技术的发展，在线票务平台用户数量进一步提高，成为电影产业的重要环节。在线票务的发展不断推动着院线电影的发展。此外，在线票务平台不断拓展其业务，参与到电影制作、电影发行和电影票务等各个环节，推动了电影产业融合，提升了电影品牌的价值链。

2017 年 9 月，猫眼宣布收购微影时代，以淘票票和猫眼为主的双寡头格局正式成立。在资本的驱动下，两大在线票务平台充分发挥自身优势，参

---

① 资料来源：智研咨询集团：《2017~2023 年中国电影市场竞争格局及投资前景评估报告》，2017 年 4 月。

与到电影制作、宣传和发行的各个环节，布局全产业链。其中，淘票票基于已有的"3C"战略，关注电影产业的基础设施建设，在电影产业的供给侧发挥作用；而合并后的猫眼微影，继续落实"纵横"理念，布局全产业链：2017年，猫眼电影主要参与发行制作《西游伏妖篇》《嫌疑人X的献身》《记忆大师》《重返狼群》等多部电影；微影时代主要参与发行制作《悟空传》《逆时营救》等电影。

在线票务平台拓展业务的目的不仅仅在于投资盈利，更在于布局电影产业的全产业链。在线票务平台通过利用票务数据库为院线提供数据分析、营销检测、排片指导等方式参与电影精准营销和分线发行，影院电影将在互联网的驱动下进一步融合。从这个角度说，在线票房能够提升电影品牌的价值链。

三 电影产业品牌建设存在的问题和对策

（一）衍生品开发不足，品牌产业链并未得到充分延伸

衍生品开发一直是制约我国电影产业发展的重要因素。2017年，中国电影市场快速发展，但是市场结构依然不够完善，票房依然是中国电影品牌收入的重要来源，品牌产业链并未得到充分延伸。目前，院线的票房收入占比高达80%，非票收入仅有20%，其中13%来源于卖品收入，4%来源于广告收入。此外，在20%的非票房收入中，影院小食和饮品占比为70%～90%。[1] 从这个角度说，电影产业品牌建设存在衍生品开发不足，且品牌产业链未得到充分延伸这一问题。而出现这一问题的原因主要有三个方面。

一是缺乏衍生品开发的意识。目前，中国电影的制作方主要关注电影票房，并不关注衍生品的开发。2017年，仅有动画电影和《三生三世十里桃

---

[1] 资料来源：《2018年中国院线发行产业发展现状及发展趋势分析》，中国产业信息网，2018年2月13日，http://www.chyxx.com/industry/201802/613362.html。

花》等少数电影推出了相关周边产品。除了电影制作方缺乏开发意识，电影观众购买意识较弱，主要依靠粉丝。

二是缺乏专门的人才。目前少数开发衍生品的电影，周边产品种类单一、制作水平较为粗糙。电影衍生品既是电影文化的载体，也是具有一定实用价值的商品。电影衍生品的双重特征要求其设计师既需要了解商品的设计，也需要掌握电影文化相关知识。而目前国内美术院校、电影院校等缺乏对该类专门人才的培养。

三是盗版问题严峻。近年来，电影制作方开始有了衍生品开发的意识，但是盗版的盛行给衍生品发展带来了挑战。盗版衍生品在电影上映期快速生产，依靠网络销售途径快速销售，挤占了正版衍生品的空间。此外，目前衍生品知识产权的保护制度存在缺位，且维权难度大、周期长，这制约了正版衍生品的发展。

由于缺乏衍生品开发意识、缺乏专门的设计人才以及盗版形势的严峻，导致我国电影产业品牌建设的一个重要问题是衍生品开发不足。

（二）影片质量有待提高，未形成标志性的品牌

虽然近年来中国电影市场影片质量不断提升，观众对影片的满意度不断提高。但是，影片的质量依然存在提高空间，未形成标志性的品牌。

一方面，随着越来越多的资本进入中国电影产业，对于电影的关注越来越集中在商业的属性，而非其艺术属性。这就导致中国电影市场商业片比重过高，艺术片比重过低。即使是商业电影也存在着情节俗套、表演浮夸、电影表达缺乏创意等问题。偶尔出现的良心之作也难以形成系列化作品，品牌性不强，缺乏可持续性。

虽然2017年中国电影类型日趋多元化，但是从总体看，中国电影依然存在同质化的问题，其表现为同一类型的电影往往集中在同一档期。其中，青春电影、喜剧电影的占比较高。例如，《羞羞的铁拳》《缝纫机乐队》喜剧同期竞争国庆档。过度关注票房和明星效应，对电影创意投入力度不足是中国电影缺乏创意的重要原因。这些问题导致了中国电影市场影片质量有待

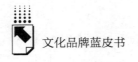

提高，未形成标志性品牌。而好莱坞电影，无论是漫威系列还是迪士尼出品，都有明显的标志性品牌。

（三）票房造假问题频发，票补现象严重

2017 年，中国电影票房持续增长，电影产业迅速发展的背后，电影票房数据造假却成了扰乱行业秩序的重要问题。《叶问3》首日票房 1.5 亿元，上映三天获得 4.7 亿元票房，其给电影市场带来的票房异常波动引发各方关注。其实，中国电影市场票房造假屡见不鲜：2009 年《阿童木》虚假票房；2014 年《英雄之战》票房自产自销；2015 年，暑期档的《捉妖记》被媒体曝出存在"幽灵场"票房造假。票房造假的盛行，背后是巨大的经济利益和不到位的市场监管。

电影市场激烈的竞争也推动着票房造假手法不断翻新。目前票房造假的方式主要有：偷票房、幽灵场和补贴。偷票房行为是观众在观看其他影片时，手中拿到的是所偷票房影片的电影票。此外，票房造假电影还通过大量排放"幽灵场"来拉高票房。片方与售票网站进行合作，推出超低价格看电影的套餐，吸引观众购买，从而推高票房。

票房数据造假问影响电影市场的健康发展，会对同档期影片有严重压制的作用。同时，票房造假实质上是用资本的手法托起它背后的金融赌局。票房造假还可能涉及偷税漏税、欺诈等问题。而这些问题影响电影品牌的健康持续发展。

目前，电影产品品牌建设存在电影市场票房造假、制作水平有待提高、衍生品开发不足等问题，而解决这些问题需要从制度和市场两方面入手。

一方面，完善相关法律法规。2017 年 11 月 7 日，《电影产业促进法》正式出台。从内容上看，该法规范了市场，明确对虚假票房等做出惩罚。各部门应该在该法律基础之上，对虚假票房问题具体细化，积极落实；另一方面，继续落实票房造假的监管措施：建立完善征信系统，规范影视企业的信息披露；影视企业的票房数据要引入第三方审计制度，严格审查票房数据；建立责任追究制度，严格执行，提高企业造假成本。同时，可以提高公众在

打击票房造假中的参与度，加强对影视企业的社会监督。

　　而质量问题和衍生品开发问题是中国电影发展的关键问题，需要在供给侧和需求侧进行长期调整。第一，要扭转需求导向生产的局势，逐渐形成生产导向的电影创作局面，电影创作者不能完全被利益驱动。在追求电影艺术的同时，慢慢改变观众的观影习惯和消费习惯。第二，大力发展现代电影工业，注重新技术如 VR 在电影影片中的运用。学习好莱坞将奇幻叙事与高水准特效技术融合，将艺术与商业融合的优点。第三，积极培养自己的电影人才，给予青年电影人才更大的空间以发挥他们想象力丰富、原创力强等长处。第四，加大对于电影衍生品的投入力度，延伸电影产业链，实现电影的多元变现。

B.3
电视业品牌发展报告2018

周晓辉*

摘　要： 2017 年，中国电视业在媒介融合的大背景下，不断加强品牌
建设，增强品牌影响力。央视和地方星级卫视立足新的媒介
生态，在平台建设、内容提升、移动业务等方面持续发力，
提升电视台品牌竞争力。文化类综艺、慢综艺成为综艺节目
品牌打造的新亮点，老牌综艺节目品牌效应渐显，现象级综
艺新品仍然匮乏。电视剧总量减少，质量大幅提升，优质剧
目品牌涌现，但收视率与口碑脱节的现象有待进一步改进。
未来电视业品牌发展应以注重打造热点话题增加品牌热度，
以强 IP 成就品牌核心竞争力，以社交元素凝结多元品牌社
群，使电视业在媒介融合时代仍彰显出独特的品牌价值。

关键词： 电视业　品牌　新媒体　媒体融合

　　2017 年中国电视业经历了媒介融合的关键一年，电视收视总量虽受到
新媒体的分流，但仍然占据高位。根据 CSM 媒介研究数据，2017 年人均每
天电视收看时长为 139 分钟，同比下滑 13 分钟。但是电视节目制作总时长
同比增加了 4.12%，除综艺益智类节目总时长有所下降外，其他类型节目
时长均呈增长态势，电视节目播出也同比增长了 4.94%。2017 年，媒体融

---

* 周晓辉，中国人民大学新闻学院博士研究生，中国人民大学公共传播研究所助理研究员，主
要研究领域为新媒体与公共传播。

合逐渐深入，移动互联网加剧了受众分流，受众获取信息的途径也更加多元，收视竞争进一步加剧。与此同时，多种融合模式的探索在各级电视台持续开展，立足新的媒介生态和满足新的受众需求，在融媒体平台建设、内容建设、移动业务发展和体制机制创新等方面均取得重大进展。

2017年5月10日，国务院批准设立"中国品牌日"，鼓励各级媒体，尤其是电视媒体在重要时段、重要版面安排自主品牌公益宣传，旨在讲好中国品牌故事。而电视业自身也早已成为由买方市场主导的高度竞争行业，加之近年来网络视听新媒体的快速成长，国内电视市场竞争格局已经形成，但还未固化定型，各级电视机构都在积极布局，谋求在电视市场的更高地位和更多市场份额。2017年是电视业品牌发展的重要一年，无论是政策上的宏观调控力度，还是各电视机构自身的竞争策略，都在朝着提升服务品质和影响力，打造卓越品牌的方向发展。

一　2017年年度政策回顾

2017年电视业在政策管理上进行了全面的规范，本文从电视剧制作、网络视听节目管理、平台建设等方面对2017年的电视业政策进行了梳理。

（一）在电视剧行业规范方面

2017年9月8日，原国家新闻出版广电总局、国家发改委、商务部、财政部、人力资源和社会保障等五部委，联合下发《关于支持电视剧繁荣发展若干政策的通知》，从源头出发，统一网上网下标准，实施精品战略，要求电视剧既能满足人们的娱乐需求，也要承担更多社会责任。该通知首提规范"明星片酬"，严禁播出机构以明星为唯一议价标准。并且指出了网剧无论是从思想内涵上，还是从艺术品质上，都要与电视剧同一标准，鼓励创作更多主旋律作品。同时也规范了电视剧收视调查和管理制度，打击收视率造假行为，确保调查机构具备合法的调查资格。

2017年9月22日，《关于电视剧网络剧制作成本配置比例的意见》出

台。规定了演员片酬所占制作成本的比例范围，规定总片酬不超过制作总成本的40%，主要演员的片酬不能超过总片酬的70%，其他演员的片酬不能低于总片酬的30%。总片酬如果超过总成本的40%，需报备并说明情况。相关从业人员应自觉抵制不合理高片酬等不良行业风气，把"德艺双馨"作为职业理想和目标追求。

（二）在网络视听节目方面

2017年6月30日，中国网络视听节目服务协会发布了《网络视听节目内容审核通则》，明确规范了网络剧、网络电影、微电影、影视类动画片、纪录片等网络视听节目，明确了什么能拍、什么不能拍。在三个方面做了明确要求：①审核要求：先审后播，不少于三人审核，审核包括片头片尾，不管是否通过都需说明理由；②内容导向：弘扬主旋律，传播正能量，以人民为中心，弘扬传统文化；③内容审核标准：确定了禁止制作和播放的内容，确定了需要修改的内容，确定了需要把关的内容。此举让网络视听节目有据可依。

2017年6月，原国家新闻出版广电总局印发《关于进一步加强网络视听节目创作播出管理的通知》，对网络视听节目的创作播出提出进一步要求，有助于营造健康积极向上的网络文化氛围，主要包括六个方面。

①内容应紧紧围绕培育和弘扬社会主义核心价值观；②须坚守文明健康的审美底线；③规范使用国家通用语言文字；④所有视听节目应是同一标准、同一尺度；⑤服务机构要全面落实主体责任；⑥各级新闻出版广电行政部门要履行属地管理职责。

（三）在平台建设方面

2017年8月，原国家新闻出版广电总局公布《关于把电视上星综合频道办成讲导向、有文化的传播平台的通知》，其中提出上星综合频道要坚持新闻综合频道的定位，坚持新闻立台的方针；地方上星综合频道的节目要以央视节目为标杆，坚守底线，把好导向。提升了电视台的喉舌功能，积极传播党的路线方针，也促使我国优秀的精神文明得以发扬。

该通知对于娱乐节目和对娱乐节目中的明星做了要求，从节目导向上做了一定的限制，针对真人秀节目制作、播出时间和内容偏向做了规定。对综艺娱乐、真人秀节目做出了严格要求，果断抵制追星炒星，控制播出量和播出时间，鼓励星素结合的真人秀和综艺节目；黄金时段的电视剧原则上不得编排题材内容较敏感、娱乐性较强的节目；努力提高普通群众在节目中的比重，让基层群众成为节目的嘉宾、主持、主角，不能把群众作为明星陪衬或背景；鼓励制作发展中国特色文化，让具有中华文化特色的原创节目更多地呈现在荧屏上。

二 2017年电视台品牌发展现状与亮点

2017年，电视业品牌总体竞争格局基本稳定，CSM收视调查数据显示，全国各级频道依然呈现"三足鼎立"的竞争格局，央视、省级卫视和地面频道的市场份额均为30%左右。其中，中央电视台的主导地位不变，省级卫视竞争激烈，"5+X"格局逐渐稳定。根据索福瑞71城、52城测量仪城市组数据，前五名分别是湖南卫视、东方卫视、浙江卫视、江苏卫视、北京卫视，较2016年数据江苏卫视排名下滑至第三，而东方卫视则位列第二。但2017年卫视的整体收视均呈下降趋势，同比2016年，TOP25中仅有黑龙江一家上扬，影响力持续萎缩。

（一）中央电视台：构建融合传播体系，打造大融媒体产品

2017年，中央电视台坚守"国家责任、全球视野、人文情怀"，在履行正确引导责任、履行提供服务责任、履行人文关怀责任、履行繁荣发展文化责任等方面稳中求变，发挥着"主力军、主渠道、主阵地"的作用。到2017年底，中央电视台电视频道共有42个，包括29个公共频道、13个数字付费频道，年播出总量达到33万小时。

在党的十九大重点报道中，中央电视台开创了重大时间节点大型特

别节目的新高度、新境界。《将改革进行到底》《大国外交》《法治中国》《巡视利剑》《辉煌中国》《不忘初心 继续前进》《强军》等七部重点政论专题片，吸引9.73亿观众收看，成为十九大召开前引领国内各个舆论场的"时代最强音"。十九大期间，央视融合传播观众触达人次达248.28亿，累计7.38亿观众收看报道，总体收视份额达34.16%，国际视通对外发布的314条素材被76个国家和地区的717家境外电视台/频道使用6381次。

在推进国际传播能力建设方面，中国国际电视台（CGTN）成立，重大国际事件报道的到达率、首发率已经可以比肩 CNN、BBC 等西方媒体。2017年，中央电视台全球采编网络不断完善，海外70个记者站发稿量超19000条，国际视通多语种对外发稿超4万条，73个国家和地区的近1700家境外电视台/频道采用国际视通发布新闻素材80万余次，新增签约媒体用户82家，境外媒体机构用户总量达248家，较2016年增长49%。央视整频道在154个国家和地区落地，海外用户总数约2.53亿户。

在服务民生提供实用信息服务方面，中央电视台在重要节假日发起民俗、美食、交通服务资讯等多类新媒体直播，打通《假日服务台》《春运服务台》等板块，为民众提供充分的交通出行、旅游景点情况、天气预报等信息。财经频道推出特别报道《"一带一路" 新起点 新机遇》《一带一路 共赢发展》，提供"一带一路"相关国家商业需求信息、投资机遇及政策法规等资讯。军事·农业频道《农业气象》《每日农经》《聚焦三农》提供农产品安全生产资讯，为三农保驾护航。少儿频道集中推出的《大手牵小手》《最野假期》《小鬼当家》《零零大冒险》《动物好伙伴》《赢在博物馆》等节目以及网络直播《银河之声》，征集儿童原创艺术作品，强化成长引导，实现拥抱梦想、乐观追梦理念的生动传承。

在维护消费者权益、促进社会公平正义方面，中央电视台新闻频道关注电话诈骗、二手车网络交易、手机应用软件、网络信用评价中侵害消费者权益的现象，发布盗取消费者信用卡信息、扫描二维码植入病毒等消费预警。特别节目《品牌的力量》打造中国制造品牌形象。《消费主张》《生活圈》

等栏目持续关注民生热点，提供实用消费指导。

在普及依法治国理念、提高全民法治素养方面，中央电视台始终坚持以专业客观权威的新闻报道澄清谬误、明辨是非。借助央视新闻微博平台发起"向校园欺凌说不"话题，主张用法律保护孩子，阅读量达 4.5 亿。《今日说法》节目推出"大法官开庭""乡村警察故事""公平正义在身边"系列节目，有效地推进了普法。

在扶助弱势群体善举、弘扬社会正能量方面，央视新闻节目加大对见义勇为、拾金不昧、诚实守信、自立自强等凡人善举的挖掘和报道力度，传递正能量。央视新闻新媒体以直播、图文形式及时报道"好人好事"，推出公益项目"黄手环行动"关注阿尔茨海默病人，主持的微博话题"关注阿尔茨海默病"阅读量超过 1 亿。

作为电视业标杆，通过平台的品牌影响力来构建社会共识、传播发展强音、突出价值引领，在传播知识之外，助推一个行业的发展，并起到行业示范作用，是中央电视台发展目标的题中之意。

中央电视台借助隶属于中国国际电视总公司的全资子公司央视创造主动布局，尝试内容 IP 开发方法，让融媒体内容制作实现"产品化"，形成了"平台＋市场"有效联动的内容生产模式，使央视在大型季播节目制作的市场地位得以稳固。在 2016 年和 2017 年，以央视一套周末黄金时段为基础，央视创造传媒推出了如《挑战不可能》《加油！向未来》《欢乐中国人》《朗读者》等多个跨平台、跨领域、跨题材、跨形态的电视节目，成为收视和品牌传播的爆款。

通过央视创造传媒紧密连接市场，打造"内容大生态"，以丰富的产品类型打造"大内容矩阵"，以深耕 IP 和产业链开发打造"大产业链"集群，以技术与内容的结合打造"大融媒体产品"，通过资源整合、服务购买等多种市场手段，将平台和市场融合在一起。

（二）湖南卫视：双核驱动，完善生态，壮大规模

2017 年，湖南卫视全台创收 183.1 亿元，在世界品牌实验室 2017

年"中国500最具价值品牌"排行榜中,湖南广播电视台位居总榜第70位,品牌价值达到507.85亿元,在2017年"亚洲品牌500强"中,居总排名100位,居亚洲电视品牌第2位。① 多年来湖南卫视一直是电视媒体的创新引领者,无论是IP管理还是内容创新,都始终站在行业前列。2017年,湖南卫视以品牌内容集群为基础,利用平台资源优势、人才优势,湖南卫视和芒果TV双核驱动,坚守了阵地,完善了生态,壮大了规模。

2017年,湖南卫视和芒果TV双核驱动的联动凸显,台网内容深度互动。《跨年演唱会》连续13年在同类节目中处于领先地位,《快乐大本营》连续20年都处在收视榜前列,不但在湖南卫视播出收视全国第一,在芒果TV上的点击量也超过优酷、爱奇艺等网络试听平台,巩固了行业地位。芒果TV精品自制形成"厂牌节目",《萌仔萌萌宅》反向输出湖南卫视,《明星大侦探3》摘得2017年中国视频榜"年度综艺",实现了由湖南卫视单向内容输送到双向内容互动的深度融合。

(三)东方卫视:超前布局,多线发力,获收视榜眼

CSM52城数据显示,2017年东方卫视实现全天、黄金份额双增长,省级卫视排名第二,其中全天份额排名提升一位,同比增长2.3%,黄金份额排名持平,同比增长12.5%。另外,东方卫视是所有卫视中拥有高收视剧最多的卫视,在2017年有9部大剧收视过1%,占比超过1/3。

在电视剧方面,2017年东方卫视不仅围绕主流观众的喜好选择电视剧类型,且囊括的都是各类型剧中的头部资源,抓稳"年轻""都市"消费人群,明确了为都市熟龄人群服务的定位,比如《那年花开月正圆》和《我的前半生》;也继续对青春偶像题材进行了探索和尝试,比如《三生三世十里桃花》就兼顾了青年学生和成熟用户。

---

① 资料来源:《2017年全国广播电视行业统计公报》,国家广播电视总局网站,2018年6月4日,http://www.gapp.gov.cn/sapprft/contents/6588/379318.shtml。

在综艺方面，东方卫视在各大战场创新突围逐个击破，以《极限挑战》《花样姐姐》为代表的户外真人秀，以《欢乐喜剧人》《笑傲江湖》为代表的喜剧节目，以《80后脱口秀》《金星秀》为代表的脱口秀，以《梦想改造家》为代表的生活方式类节目，以《天籁之战》为代表的音乐节目等，在激烈的卫视综艺竞争中形成了属于东方卫视的特有气质，方向明确，类别领先，模式有力，制作极致。

同时，作为主流媒体，东方卫视积极承担弘扬优秀文化的使命和责任。2017年4月起，东方卫视连续推出《诗书中华》《唱响中华》《喝彩中华》三档传统文化节目，率先尝试在黄金档"830"时段播放纪录片《本草中华》，取得0.92（CSM52城）的收视佳绩；2017年国庆期间，一批高质量的纪录片在黄金时段展播，12月起，医疗类纪录片《生门》在周四22点档播出。优质的文化纪实类节目使东方卫视赢得了"最佳口碑"，在2017年广电总局举办的TV地标评比中，东方卫视荣获2017年度最具品牌影响力省级卫视。

（四）江苏卫视：贴近百姓生活，打造"益智+服务+文化"内容矩阵

2017年，江苏卫视坚持贴近百姓生活，着力打造包括益智类、服务类、音乐类、文化类等在内的节目内容矩阵，层次丰富和全龄覆盖，以满足观看多元化的欣赏需求，满足百姓日益增长的美好生活需要。其中，文化情感类节目《阅读·阅美》，从网络美文入手，探寻文化类节目制作的新方向，播出后既受到中宣部新闻局《新闻阅评》专题点评表扬，也获得原国家新闻出版广电总局例会通报表扬，认为这是一档"有内涵、有思考的文化类节目"；科学竞技类节目《最强大脑》助力人工智能进入全民视野，受到了从知识界到广大群众的普遍好评；原创模式节目《超凡魔术师》是省级卫视首个魔术题材的作品；纪录片《茶界中国》、少儿音乐节目《歌声的翅膀》等多档节目被《人民日报》等主流媒体表扬。

在电视剧播出方面，江苏卫视积极抢占大剧资源，"四大剧王"占领黄

金剧场，再辅以都市情感等剧目压阵配合，形成质量高、收视好、口碑强、主题新的品质格局。其中独播剧《爱，来的刚好》《我们的爱》社会关注度较高，形成都市情感剧的舆论氛围；《白鹿原》演绎家族兴衰、时代变迁，豆瓣评分 8.8 分，收获高口碑；《大军师司马懿之军师联盟》更是在《人民的名义》之后成为上半年现象款电视剧。

（五）浙江卫视：全频道共振，打造中国蓝

在 2017 年，浙江卫视实现新闻、节目、剧目、编排全频道共振。推出《大地的回响》《中国共产党为什么能》《还看今朝》等大型新闻力作；建立"中国蓝融媒体中心"报道党的十九大盛况；特别创制《爱上中国》等主题人文精品。在 16 集系列报道《大地的回响》中，通过 8 个主题、16 篇报道，系统梳理了习近平总书记在浙江的探索与实践，展现了习近平新时代中国特色社会主义思想在浙江的萌发过程，产生了强烈反响。

2017 年，浙江卫视继续推进了精品人文纪录片制作，呈现整体化、规模化、品质化的强劲实力和特色追求。其中《爱上中国》《记住乡愁》《一本书一座城》等纪录片用新视角展现中国文化，沟通世界文明。依照"东西南北中"格局构想，浙江卫视强力投拍《西泠印社》《中国村落》系列人文精品，筹拍《向东是大海》接轨"一带一路""海洋经济文化"宣传，推进总局重点纪录片《戚继光》、重点动画片《大禹治水》创制。

在电视剧方面，中国蓝剧场全年播出 16 部剧，其中收视率破 1% 的是《欢乐颂 2》和《三生三世十里桃花》。另外，《青恋》《鸡毛飞上天》《深海利剑》《欢乐颂 2》《外科风云》《漂洋过海来看你》《国民大生活》等唱响主旋律、弘扬时代精神的现实题材剧目播出量创历年新高。

在综艺方面，从 2017 年整体的收视率来看，排在前十的卫视综艺中，有六个来自浙江卫视，而且前四名都是在浙江卫视播出的，分别是《奔跑吧》《中国新歌声》《王牌对王牌》《高能少年团》。收视率排在前 30 位的卫视综艺节目中，有 16 个出自浙江卫视，在高产高质的基础上，浙江卫视

更注重综艺内容传播主流价值的探索。其中重锤节目的《奔跑吧》，策划推出了"鸡毛换糖""黄河大合唱""延安特辑""捷克篇"等专辑，彰显了"与时代一起奔跑"的价值追求。在综艺市场偏冷，收视整体"缩水"的背景下，浙江卫视依旧继续领跑综艺榜。

（六）北京卫视："跨界 IP 矩阵"＋现实题材"剧集地"铸就品牌

2017 年，北京卫视坚持"跨界"，打造王牌综艺。以《跨界歌王》《跨界喜剧王》《跨界冰雪王》为代表的"跨界系列"，成为"跨界 IP 矩阵"。其中 2017 年第二季《跨界歌王》再次刷新纪录，节目视频全网累计播放量超过 20 亿，全国 35 个中心城市平均收视率 1.75％，是电视音乐节目渐入审美疲态时代的一匹荧屏"黑马"。

在发展跨界综艺的同时，北京卫视努力实现文化类节目集群。其中《传承者》《非凡匠心》《念念不忘》展现民族精神命脉，传承经典，创新形式，凝结了中华文化精髓；人文讲述节目《中国故事大会》和少儿成长音乐节目《音乐大师课》回归本真；原创语言类节目《我是演说家》彰显价值引领；医疗纪实节目《生命缘》、家居改造节目《暖暖的新家》以及《但愿人长久》《我想见到你》贴近火热生活，传递人间真情；纪录片《你从井冈山走来》《中国梦 365 个故事》《拾说什刹海》《京城之轴》等，在历史与现实之间传承人文精神。

在电视剧方面，北京卫视一直秉承"大戏看北京"的战略口号和定位，坚持价值内涵、品质精品的选剧路线，同时也凸显了强烈的现实主义色彩。都市情感剧《我的前半生》探寻女性自我蜕变成长的议题；《情满四合院》《生逢灿烂的日子》讲述了普通人的生活变迁和社会百态；医疗剧《外科风云》《急诊科医生》诠释了医者仁心；谍战剧《黎明决战》《剃刀边缘》讲述了时代背景下的智慧和勇气；军旅剧《深海利剑》，以著名潜艇为原型展现新一代海军将士的热血情怀。2017 年北京卫视在黄金时间一共播出了 15 部电视剧，其中有 10 部为现实题材，并且整体播出状况较为理想，北京卫视成为现实题材"剧集地"。

三 2017年电视节目品牌发展现状与亮点

（一）综艺类节目发展现状与亮点

1. 文化类综艺成为品牌新亮点，收获高口碑

《朗读者》《国家宝藏》《见字如面》《中国诗词大会》等"泛文化"节目不仅仅播放量喜人，而且收获了较高的评分，并在各大社交媒体刷屏，引发了广泛的关注和讨论，成为综艺节目品牌发展新亮点。文化类综艺节目立足文化自信，对传统文化进行深加工，以文化为内核、综艺为表现形式，迎合了观众对精品文化内容的需求，形成了较强的品牌影响力。"泛娱乐"向"泛文化"转变是综艺节目品牌升级的重要方向。

2. 综艺市场遇冷，现象级节目难寻

2017年综艺表现不佳，收视率低于1%的节目减至31档，降幅达到35%；新节目《高能少年团》《向往的生活》《演员的诞生》等高话题节目平均收视率也仅破1%，未能达到预期火爆效果。2017年现象级节目难寻，仅有《奔跑吧》和《中国新歌声》两档节目收视率超过2%，"综N代"遭遇瓶颈。同时，"大力发展文化类节目、星素结合、黄金档限娱令"等多项政策出台，在一定时期内限制了综艺节目的收视率，电视综艺创新难度加大。

3. 综艺新品较少，慢综风潮开启

2017年，在各大卫视的综艺节目竞争中，旧有独创性节目流量红利消失，对优秀节目的复制抄袭严重阻碍节目的更新换代，很难再形成超级话题。2017年仅上半年就有157部综艺节目面世，以五大卫视为代表的综艺市场依旧饱和。但除了《奔跑吧》《极限挑战》《歌手》等，新品很少见，新品中的佼佼者当属湖南卫视打造的《向往的生活》《中餐厅》《亲爱的客栈》"慢综三部曲"，开启了慢综风潮，口碑话题收视也超过了《青春旅社》《漂亮的房子》等同类型的慢综艺节目。

（二）电视剧品牌发展现状与亮点①

1. 总量下降，质量提升，收视占比提升

2017 年立项的电视剧总数超过 465 部，总集数超过 11.7 万集，较 2016 年有所下降。新增网络剧 295 部，而 2016 年的数字是 349 部，同比减少 15.5%。虽然 2017 年电视剧市场交易规模和整体产量有所下降，但整体剧集质量较高。无论是电视台收视率还是网络播放量都取得了一定突破，其中最引人注目的《人民的名义》收视率超过 3%，《楚乔传》和《三生三世十里桃花》创造了 450 亿 + 的播放纪录。2017 年上半年电视剧收视比重为 30%，较 2016 年前三季度电视剧收视比重 29.2% 高了近一个百分点，电视剧收视量占比有所提升，依然是收视比重最高的节目类型。

2. 当代现实题材占比增加，古装、近代剧集占比减少

现实主义题材电视剧占比增加，近三年立项的电视剧超过一半为当代题材，2017 年立项的电视剧占比达 59%，其中位居各细分题材首位的是当代都市题材剧，占比高达 39%，相比 2016 年比重继续加大。

2017 年，近代题材电视剧更是下降 17%，延续了近代题材电视剧比例逐年下降的趋势。古代题材电视剧占比也出现了近几年来的首次下滑，基本与近代题材占比持平，其中古代传奇题材和近代革命题材依旧在题材细分之中占比较大，达 8%。

古装剧仍是主要流量担当。在现实题材作品回暖的同时，古装大剧的市场占比虽然有所下降，但仍旧占据重要地位，2017 年的历史剧也呈现出时间范围跨度大、题材多样化的特点，续集拍摄和 IP 改编也不在少数，《那年花开月正圆》《楚乔传》等超级剧集持续霸屏。

3. 电视剧播放与口碑脱节

2017 年，收视率排在前二十的电视剧作品里，豆瓣评分超过 8 分的仅

---

① 资料来源：首都影视发展智库《2018 中国电视剧产业报告》，搜狐网，2018 年 3 月 26 日，https：//www.sohu.com/a/226437684_ 152615。

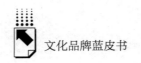

《人民的名义》一部，评分在7～8分的也仅有《那年花开月正圆》一部。而对应的，也有一些高分剧集的出现，但是并不符合观众的收看偏爱，以改编自著名作家陈忠实的经典小说《白鹿原》的同名电视剧为例，这部剧的豆瓣评分达到了8.8分，观众对其精良的制作、跌宕的剧情、妥帖的表演以及其对中国文化的传承称赞有加，但是由于题材限制，受众面比较窄，虽然评分高，但是收视率却不乐观。

四　发展趋势

新媒体技术和其传播逻辑对传统电视的发展带来了冲击，媒介生态环境发生巨大变化，但传统电视行业并未衰落，在媒介生态中仍有自己独特的价值和地位。新的技术和观念的涌入，让电视业自发或者被动地去融合其他媒体形态，发掘自己更大的价值。综合分析2017年以及近年来的电视业发展状况，基于市场化的发展模式和用户思维，我们总结出以下四大趋势。

（一）IP成为品牌核心竞争力

影视资本对电视剧市场逐渐青睐，加大了对IP剧的投入，并通过延伸和衍生使其更加立体化、国际化。从目前的发展趋势来看，IP剧仍然是影视投资的重点，基于强IP的产业链布局正在形成，大IP的续集创作也在持续进行中。加大对IP的投入成为影视投资的共识，把IP做大后，才能通过延伸和衍生把IP剧对外输出，形成核心竞争力的一部分。同时，对IP的追求也响应了国家提高电视剧国际竞争力和影响力的号召，有利于优秀剧目和影视机构"走出去"。

（二）内容消费趋向精准化移动化场景

移动互联网在不断地冲击着电视媒体生态，最直接的变化就是，带来了电视观看场景和传播方式的碎片化。调查显示，观众人均每天收看7.16个频道，停留时间为平均每频道 32.3 分钟，相较于 5 年前均有所减少。① 受众注意力的碎片化趋势将越来越明显，观众收视习惯向短快杂发展。电视媒体必须为观众提供更多深度、优质内容才能吸引他们停留下来，收视的争夺本质上就是注意力资源的争夺，而获取观众注意力的成本也越来越高，方式也越来越多样。精准垂直领域内容会愈加受到欢迎，面向移动场景和特定文化社群的精准内容将成为制作趋势。

（三）多元社群凝结品牌价值

在移动互联网内容海量的时代，每一个个体都能找到属于自己的文化和生活社群，社群存在的根本是信息的充分分享。在新媒体时代，个体成为传播的节点，他们在社交平台上形成大大小小的圈层，即虚拟社群，他们在其中分享信息，共享利益，共创价值观。注意力的争夺在于抓住这些"圈内人"，通过精准的、优质的内容打动他们，唤起集体记忆和共鸣，从而产生广泛的讨论，延伸到更广泛的圈层。因此，电视节目的制作应充分考虑到移动互联网中多元社群的存在，在满足社群信息需求、利益需求的基础上，充分实现多元社群的共鸣，在社群中凝结品牌价值。

---

① 资料来源：王钦《2018 年电视市场十大发展趋势》，《北方传媒研究》2018 年第 1 期。

B.4
出版业品牌发展报告2018

杨石华*

摘　要： 2017 年出版业在政策法规、经济资本、阅读文化、科学技术等宏观环境中有了新的推进，为出版品牌的进一步发展提供了契机。在这一年里，出版业品牌在单体内容出版品牌和整体的出版企业品牌都呈现分布式持续上升趋势。主题出版经过多年的发展伴随着党的十九大的召开成为出版业品牌建设与运营的一个重要流量入口。知识服务成为出版品牌运营中一个重要方向。出版品牌在中国出版"走出去"中同样也取得了重要成绩。虽然 2017 年出版业品牌得到了长足的发展，但仍存在着技术利用效率不高、市场竞争力不足，品牌体验重视不够等问题。因此积极利用新技术进行出版品牌建设、丰富内容体系强化出版品牌运营、重视阅读体验、进行出版品牌维护成为出版业品牌未来发展的方向。

关键词： 国际化　知识服务　主题出版　出版品牌

一　2017年出版业品牌发展的宏观环境分析

2017 年中国出版业品牌发展有着诸多新的变化，这些新变化与各种政治、经济、社会、技术宏观环境（PEST）密不可分。这些因素分别从不同的维度来共同作用于中国出版业品牌的发展。

---

* 杨石华，中国人民大学新闻学院博士研究生，主要研究领域为出版产业经济。

（一）政策环境

2017 年国家出台了一系列政策法规为出版业的健康有序发展指明方向，为文化传承、版权保护、出版融合、全民阅读等领域的发展构建了良好的发展生态。[①] 这些政策法规的颁布体现了国家对出版业品牌的重视及扶持。2017 年 1 月，中共中央办公厅、国务院办公厅印发《关于实施中华优秀传统文化传承发展工程的意见》。在该文件中分别从阐发文化精髓方面的古籍出版、保护传承文化遗产方面的民族出版、滋养文艺创作方面的出版物扶持、宣传教育力度方面的"编纂出版系列文化经典"、加大中外交流方面的扶持汉学家和海外出版机构翻译出版中国图书等方面对出版工作进行了指导。[②] 在该文件的基础上相关管理部门也颁布了相关配套政策。在民文出版方面，2017 年原国家新闻出版广电总局先后颁布《关于做好民文出版资金管理工作的通知》和《关于做好国家民文出版项目库建设工作的通知》。在古籍出版工作方面，2017 年 9 月出台《"十三五"时期全国古籍保护工作规划》文件，加强古籍保护制度，为"十三五"时期的古籍保护谋篇布局。

在 2017 年 4 月公布的《文化部"十三五"时期文化产业发展规划》中，品牌是一个重要的关键词。在该文件中明确提出加强文化品牌建设，即"鼓励和引导文化企业提升品牌培育意识及知识产权创造、运用、保护和管理能力，积极培育拥有较高知名度和美誉度的文化企业品牌和文化产品品牌"。[③] 由此可见，品牌的发展离不开版权的法制保障。为加快版权强国建设，发挥出版业品牌建设的激励效应，早在 2017 年 1 月，国家版权局根据《国家知识产权战略纲要》《国务院关于新形势下加快知识产权强国建设的若干意见》《"十三五"国家知识产权保护和运用规划》《新闻出版广播影

[①] 黄先蓉、程梦瑶：《传承与突破：2017 年出版传媒业政策法规盘点》，《出版广角》2018 年第 3 期。

[②] 《关于实施中华优秀传统文化传承发展工程的意见》，《人民日报》2017 年 1 月 26 日。

[③] 《文化部关于印发〈文化部"十三五"时期文化产业发展规划〉的通知》，文化和旅游部网站，2017 年 4 月 20 日，http://zwgk.mct.gov.cn/auto255/201704/t20170420_493300.html? keywords = 。

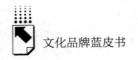

视"十三五"发展规划》，编制了《版权工作"十三五"规划》。该文件的颁布使得 2017 年出版业中的版权以及出版品牌的维护得到有序发展。为全面落实《版权工作"十三五"规划》的实施，"剑网 2017"持续推进。

在出版品牌的市场基础以及阅读领域中，2017 年 4 月国务院法制办公室公布《全民阅读促进条例（征求意见稿）》，6 月原国家新闻出版广电总局办公厅下发《关于深化农家书屋延伸服务的通知》，11 月《公共图书馆法》出台。这些政策文件的颁布使得出版业的品牌发展在不同的年龄段、城乡区位、阅读环境等方面拥有了更为广阔的读者基础和未来前景。此外，随着新信息传播技术的发展，国家为顺应人工智能发展趋势，工业和信息化部还颁布了《新一代人工智能发展规划》和《促进新一代人工智能产业发展三年行动计划（2018～2020 年）》。这两份文件的颁布为出版业品牌建设在人工智能领域的发力提供了纲领性的指导意见。

（二）经济环境

出版业的品牌发展与市场经济发展状况息息相关，尤其是市场资本的运作与支持。2017 年随着国家相关政策的引导与推进，出版业的资本运作得以进一步开放，这一年有多家出版传媒企业先后在沪深两市 A 股上市，成为中国出版史上 IPO 数量最多的一年，因此这一年成为中国出版业资本运作大年。① 这些上市出版传媒企业分别是：中国科技出版传媒股份有限公司（1 月在上海证券交易所登陆 A 股市场）、新经典文化股份有限公司（4 月在上海上市）、中国出版传媒股份有限公司（8 月在上海上市）、掌阅科技股份有限公司（9 月在上海上市）、山东世纪天鸿文教科技股份有限公司（9 月在深圳上市）、山东出版传媒股份有限公司（11 月在上海上市）、阅文集团（11 月在香港上市）。在这些上市的出版传媒企业中既有国有大型出版集团也有民营出版企业，可谓花开两朵，共同促进出版品牌的资本发展。

---

① 李薇：《中国出版业资本运作大年——2017 中国出版传媒企业上市回顾》，《出版广角》2018 年第 4 期。

在 2017 年上市的出版传媒企业中，资本运作以及出版品牌有着密切关联。在国有出版传媒企业中，中国出版传媒股份有限公司在其首次公开发行 A 股股票招股说明书中明确提出了该公司的首要竞争优势是品牌优势。该公司制定的《中国出版集团品牌名录（第一批）》中涉及品牌企业（如人民文学出版社、商务印书馆、中国美术出版总社、中国对外翻译出版有限公司等知名出版企业）、品牌产品（如《中国文学史》《中国文库》《中国国情丛书》等各出版社的精品品牌产品）、品牌技术与服务（如中华经典古籍数据库、百科在线以及韬奋图书馆等项目）三个类别。其中在募集资金投资项目中"品牌、目录图书出版"的项目总投资金额为 11800 万元，占 12 个总项目投资金额 231460.19 万元的 5.1%，① 由此可见出版品牌在出版资本运作中是占有一席之地的。再以民营出版公司的代表新经典文化股份有限公司为例，在该公司的首次公开发行股票说明书中同样强调该公司在行业中的市场地位是"已成为中国图书行业品牌积淀深厚、盈利能力突出、营销网络完善的文化企业"，其竞争优势是"以内容质量为首要标准，着力打造'畅销并且长销'的优质图书，形成了经营效率高、盈利能力强、品牌形象好的健康增长模式"。② 在该陈述中可发现：品牌是其市场地位和竞争优势的重要因素。由此可见品牌优势同样是民营出版业在资本运作中的一个核心重点。

（三）社会环境

随着"全民阅读"再次在 2017 年的《政府工作报告》被提及和相应法规的出台以及各地方政府对相应阅读推广举措的大力实施，阅读文化成了 2017 年出版业主要社会文化环境气候之一。同时，2017 年的《朗读者》作

---

① 《中国出版传媒股份有限公司首次公开发行股票招股说明书》，中国证券监督管理委员会网站，2017 年 6 月 26 日，http：//www.csrc.gov.cn/pub/zjhpublic/G00306202/201706/t20170626_319134.htm。

② 《新经典文化股份有限公司首次公开发行股票招股说明书》，中国证券监督管理委员会网站，2016 年 12 月 20 日，http：//www.csrc.gov.cn/pub/zjhpublic/G00306202/201612/t20161220_308081.htm。

为一档"爆款"的文化电视节目以及相应的阅读活动的举行更是将这种阅读文化进一步深化了。2017年是全民阅读取得重要成绩的一年，也是阅读文化在社会文化环境中迅速提升的一年。这种变化主要体现在全民阅读在国家的整体规划方面从"倡导"到"大力推动"，全社会初步形成了"爱读书、读好书、善读书"的良好阅读气氛，阅读内容的质量得到不断提升，各种先进阅读典型不断涌现等方面。[①] 这一社会现象也得到了相关阅读数据的支撑。例如根据《第十五次全国国民阅读调查报告》调查显示，2017年我国成年居民综合阅读率为80.3%，比上年增长了0.4%，继续保持增长势头；国人阅读纸质书的阅读量，每年仍高于电子书。2017年我国成年国民人均纸质图书阅读量为4.66本，较2016年的4.65本略有增长；我国未成年人的阅读率和阅读量持续保持上升。[②] 此外，据《2017年度中国数字阅读白皮书》的数据显示，2017年的中国数字阅读市场规模达152亿元，用户接近4亿；数字阅读用户年龄分布呈现分散化趋势，即向全年龄段拓展，其中老年人群占比1.2%，中年人群占比达到27.3%，青年阅读用户占比超70%。[③] 从这一系列的阅读数据中可以看出，随着阅读文化在社会文化环境中的提升，人民群众对于出版物的需求越来越大，尤其是各种高质量的出版精品。这就为2017年的出版品牌发展提供了一个巨大的市场空间。

（四）技术环境

随着媒体融合的继续深入，媒体融合步入"深水区"，以技术为导向的立体化融合模式是2017年媒介融合的主要特点。按照《关于推动传统出版和新兴出版融合发展的指导意见》《关于确定出版融合发展重点实验室的通知》等相关文件的部署，2017年相继成立了涉及中国出版集团公司、凤凰

---

① 陈前进：《用阅读迎接新时代——2017全民阅读工作回顾》，《出版广角》2018年第4期。
② 余源：《近半民众青睐纸质阅读　第十五次全国国民阅读调查报告发布》，《北京晚报》2018年4月25日。
③ 暴英霞、金佳丽：《〈2017年度中国数字阅读白皮书〉发布：2017年我国人均阅读电子书10.1本》，中国青年网，2018年4月15日，http：//news.youth.cn/gn/201804/t20180415_11598764.htm。

传媒、人民教育出版社、科大讯飞股份有限公司、中国新闻出版研究院等的出版发行集团、数字技术公司、数字内容运营企业、科研院所共 20 个出版融合发展重点实验室。① 这些关于出版融合发展实验室的成立将为中国出版业品牌在内容发展的突破带来新的技术实现路径。

随着新信息传播技术的发展，人工智能成为科技界的新宠。随着人工智能成为技术融合的标配，同样将成为出版业未来发展不得不重视的一个重要领域。2017 年是出版传媒与人工智能融合深入发展的"应用元年"。人工智能对于出版业的变革主要体现在它能够优化出版流程、精准进行选题策划、能够提供部分内容、降低出版社的人工成本等各个方面。② 这对于出版业的品牌发展而言无疑既是挑战也是机遇。就机遇而言，人工智能技术运用于出版品牌发展中，可以通过大数据的算法精准定位图书市场中读者群体的画像，立足于具体的消费需求，从而进行内容优化，并有效地进行营销配置，从而建构自身的图书品牌。因此人工智能的运用将大大地降低品牌建设、运营以及维护的人工成本。就挑战而言，人工智能在出版品牌建设中的运用尚处于探索阶段，关于读者需求的大数据收集目前并不完善，因此就品牌内容的分发以及维护方面容易形成定位不准，从而导致读者的抵触心理。

此外，2017 年 AR、VR 技术在出版业中得到进一步探索，成为出版业品牌建设的一个重要技术路径。2017 年 11 月，中国新闻出版研究院在青岛国际虚拟现实创新大会期间举办了首届中国 AR/VR 图书展，一批新出版品牌正在读者群体中初步形成。2017 年 12 月，人民教育出版社和腾讯进行合作，推出全国首个 AR 识别课本；天朗时代和广东省出版集团数字出版有限公司合作的"ISLI + AR 出版"全面落地；四川教育出版社宣布"基于 AR 技术的学科教材教辅解决方案"项目成功推进……诸多项目纷纷落地。

---

① 龚牟利：《总局公布 20 个出版融合发展重点实验室依托单位》，中国出版传媒网，2016 年 12 月 20 日，http：//www.cbbr.com.cn/article/108975.html。
② 匡文波：《人工智能时代出版业的变革之道》，《出版广角》2018 年第 1 期。

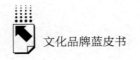

二 2017年出版业品牌发展的新特点

（一）各类出版品牌分布式持续上升

2017 年是实施"十三五"规划的重要一年，也是供给侧结构性改革的深化之年。出版业内容生产的供给调整与出版品牌的建设有着高度的一致性。无论是从单体出版品牌还是整体的出版企业品牌来看，2017 年度出版业品牌虽然在北、上、广等地区及其具有较大资本力量的出版企业中有着一定的集中度，但整体而言其出版品牌发展还是呈现一种分布式的趋势，这主要得益于中西部以及一些中小出版企业在新媒体赋权的社会环境中基于自身发展定位及其资源优势进行品牌开发。

在出版的单体品牌发展方面，2017 年涉及主题出版、人文社科、文学艺术、少儿、科普等类别的《习近平讲故事》《华为创新》《付费：互联网知识经济的兴起》《重庆之眼》《花儿与歌声》《医本正经》等共 29 个品牌图书获得"2017 中国好书"的荣誉。此外，2017 年 11 月，来自广西美术出版社、江苏凤凰科学技术出版社、漓江出版社等全国各地 22 家出版社的《文爱艺爱情诗集》《芳华修远：第 19 届国际植物学大会植物艺术画展画集》《是我：一个书法主义者的无言之诗》等 25 种图书入选 2017 年度"中国最美的书"。①

在出版企业的品牌发展方面，各知名出版企业的品牌维护表现稳定并略有上升。在宏观方面，2017 年 5 月，由光明日报社和经济日报社联合发布了第九届"文化企业 30 强"名单，在该名单中共有 12 个出版发行类企业，较之 2016 年第八届"文化企业 30 强"名单中的 10 个，增加了 2 个。在这些出版企业中浙江出版联合集团、江西省出版集团、中国出版集团公司、江

---

① 《2017 年度"中国最美的书"评选揭晓》，新华网，2017 年 11 月 13 日，http：//www. sh. xinhuanet. com/2017 – 11/13/c_ 136749125. htm。

苏凤凰出版传媒集团有限公司、湖南出版投资控股集团有限公司（含其控股的中南出版传媒集团股份有限公司）已连续 9 届入选全国"文化企业 30 强"，连续占入选企业的 16.7%，可见这些出版企业已成为中国文化企业中的知名品牌。

在微观方面，"2017 年度十大品牌出版机构"分别是：安徽少年儿童出版社、当当、华东师范大学出版社、人民教育出版社、山东出版集团、西西弗书店、新华文轩、新经典文化、浙江少年儿童出版社、中国建筑工业出版社。[①] 在这些出版企业品牌中品牌建设是它们的一个共同特征。以安徽少年儿童出版社为例，2017 年，继续坚持"品牌出版"战略，重塑出版格局，"国际安徒生大奖"书系、"动画中国"系列、"小树苗"等是经典品牌，而"小猪佩奇"系列、"杨红樱作品"系列以及《幻影游船》等品牌图书在社会效益与经济效益方面实现了共同发展。

（二）主题出版成为出版品牌建设与运营的一个重要流量入口

围绕国家工作大局就特定主题而进行的主题出版，自 2003 年被正式提出至今，主题出版已经成为一种引爆出版话题、塑造出版品牌的有效途径。中央宣传部办公厅和国家新闻出版广电总局办公厅联合下发的《关于做好 2017 年主题出版工作的通知》为 2017 年的主题出版确定了重点出版物选题 97 种，其中图书 77 种、音像电子出版物 20 种。其中最主要的两个选题方向是党的十九大和建军 90 周年。可见围绕党的十九大和建军 90 周年这些重大事件，就深化党中央治国理政的新理念、新思想、新战略以及军队历史及其建设等重大主题进行出版宣传成为 2017 年度主题出版的重心。

就十九大的主题出版而言，主题出版涉及相关的专题图书、十九大报告文件及其解读图书以及相关研究图书的出版。2017 年 10 月 30 日，人民出版社、党建读物出版社和学习出版社共同推出的 6 种党的十九大文件及学习辅导读物在京首发，深受读者喜欢，截至 2017 年 12 月 1 日，相关读物发行

---

① 周贺：《2017 年度十大品牌出版发行机构》，《出版商务周报》2017 年 12 月 22 日。

突破 1 亿册。① 据国家新闻出版广电总局统计，截至 11 月 5 日，十九大报告单行本等 6 种文件及辅导读物发行已超过 4256 万册，② 由此可见十九大主题出版物的热销程度。结合党的十九大胜利召开，社会科学文献出版社《世界社会主义跟踪研究报告（2016～2017）》等"世界社会主义黄皮书"丛书也相继出版。此外，湖南人民出版社的《人类命运共同体：全球治理的中国方案》、陕西人民美术出版社的《中国共产党中央在陕北 13 年图集》、河南文艺出版社的《中国创造故事丛书》等出版品牌同样也是 2017 年的主题出版重点出版物的重要组成部分。

就建军 90 周年的主题出版而言，安徽人民出版社、安徽文艺出版社联合出版的《试飞英雄》、人民音乐出版社出版的《嘹亮军歌——中国人民解放军建军 90 周年优秀歌曲集》（共 9 卷）、解放军出版社出版的"中国人民解放军战史丛书"等作品取得了较好的社会反响。

（三）知识服务助力出版品牌运营的强化

在泛娱乐和信息化的新媒体环境下，专业知识成为一种稀缺的内容资源。随着知识服务商业模式的逐渐成熟，知识服务正逐渐成为出版企业建设新品牌以及拓展既有品牌项目的一个重要概念工具。知识服务在出版品牌建设中的应用主要体现在数字出版方面。应用较早的领域是教育出版领域，尤其是在线教育及其出版物品牌的运营中得到了很好的实践。例如，早期高等教育出版社的 MOOC 的教育知识服务、人民卫生出版社以及电子工业出版社等出版机构的专业知识服务。这些出版机构的知识服务都极大地提升了各自机构出版品牌的知名度，成功地吸纳了一批新的忠实读者群体，使得出版品牌得到较好的社会推广。2017 年，以喜马拉雅 FM、得到为代表的几家主导型知识付费平台进一步向专业化纵深发展，在扩大内容版权储备的基础

---

① 胡艳红：《主题出版的精品打造：深度化、生动化、市场化、国际化》，《出版广角》2018 年第 6 期。
② 张贺：《十九大主题出版物热销：十九大报告单行本等 6 种文件及辅导读物发行已超过 4256 万册》，《人民日报》2017 年 11 月 7 日。

上，投入更多的资源培养和打造专业主播团队，大力提高平台的内容对接和资源整合水平，构建平台 PGC 精品化的内容生态。[①] 从这一趋势可以看出，作为知识集成并拥有大量版权的出版企业在知识服务中有着巨大的优势。知识服务在出版企业的内容品牌建设中可以通过其知识内容的栏目化、内容二次加工、内容互动传播、内容整合传播等具体手段进行展开。2017 年出版企业通过知识服务来成功运营出版品牌的案例主要体现在以下案例中。

首先，中信出版集团旗下的"中信书院"App。中信书院是 3.0 版本的中信出版集团，2017 年有超过 300 万读者通过在线和"中信书院 App"接受了中信出版提供的各种知识服务，其营收近 7000 万元。[②] 中信书院的产品主要包括听书产品、音/视频课程产品、数字阅读产品三类。在听书产品中，包括《畅听包》（有声书产品）、《好书快听》（15 分钟时间解读一本中信好书）、《阅读时差》（精选出最新的中信引进版图书并制作成音频内容）、《视频读书》（将图书内容制作成短视频）等内容。在音/视频课程产品中，主要涉及国内外高校的名师课程，类别包括《通识课堂》《创业课堂》《新知课堂》《文学课堂》《历史课堂》等内容。在数字阅读产品中，用各类电子阅读产品和知乎等平台进行合作整合用户资源，从而将其转化为忠实用户。

其次，广西师范大学出版社的"知更社区"。知更社区于 2016 年 10 月正式开始踏入知识付费领域，2017 年大获成功。知更社区的核心理念是"从出版服务到阅读服务的转型，是将作者通过图书向读者提供的知识传递，直接做成现场或各种更好形式的知识服务"，服务形式有线下讲座、读书会、线上免费或付费的知识共享等。[③] 知更社区的知识服务模式有别于得到和喜马拉雅这些平台，也有别于传统的出版机构和作者，其独创性在于主要与付费平台合作策划内容，故而是一个地道的独立内容策划方。其内容生

① 周洁：《跨界融合新常态：2017 年新闻出版业观察》，《出版广角》2018 年第 6 期。
② 卢俊：《中信书院是 3.0 版本的中信出版集团》，《中国出版传媒商报》2018 年 2 月 6 日。
③ 路遥：《广西师大社知更社区：知识付费应该这样做》，《出版商务周报》2017 年 12 月 13日。

产方式来源于传统图书和市场大数据需求,它所打造的知名品牌产品主要有:与豆瓣时间合作的《哲学闪耀时——不一样的西方哲学史》(定价128元,播放量已经超过了10万次)以及与喜马拉雅合作的《中国历代权力简史》等。

此外,开办各类"研习营"。以原创图画书研发市场为例,2017年诸多出版机构开始举办"如何阅读绘本"等主题的各种与原创图画书有关的研习班;同时,接力出版社婴幼分社、北京蒲蒲兰以及奇想国等童书出版和策划机构,还开始筹办相应的教导创作者、编辑如何创作、策划绘本的实训课程。[①] 在学术领域方面,重庆大学出版社、中国人民大学出版社、北京大学出版社等出版机构都积极连续多年开办关于社会科学研究方法的研习营。在2017年的"首届社会科学研究方法高峰论坛"中,三家出版社联合进行了相应的出版品牌的介绍与展示。

(四)出版品牌国际化进展有新突破

出版品牌的评价指标之一是国际化程度,"走出去"是出版品牌拓展市场占有率的一种有效途径,同时也是中国进行国际话语权建设的重要组成部分。2017年因党的十九大的召开,主题出版是出版品牌"走出去"的一个重头戏。在单体出版品牌的"走出去"方面,《习近平谈治国理政》等为标志的中国主题图书在2017年形成规模,在十九大召开前后形成出版高潮。这一年中国人民大学出版社开始向美国输出《中国特色社会主义理论体系形成与发展大事记》等中国特色社会主义理论研究系列图书。同时,外语教学与研究出版社与施普林格的自然集团签署协议,面向世界联合推出"中华思想文化术语研究丛书"英文版。中译出版社与英国里德出版社合作出版"中国著名企业家与企业"英文丛书。这些主题出版品牌的"走出去"起到了增加中国国际话语权建构的目的,加强了中国故事的传播效果。而其

---

① 焦翊、李丽萍、孙珏、渠竞帆、梁帆、陈莹:《2017中国书业大势大事(下半年版)》,《中国出版传媒商报》2017年12月29日。

他类别的"爆款"图书品牌在"走出去"的过程中同样抢眼，例如由北京十月文艺出版社于 2017 年 1 月出版的《人民的名义》一书截至 9 月累计发行量已达 156 万册，并先后与法国、西班牙以及韩国等 12 个国家和地区的出版单位完成了版权输出合作。[①]

在出版企业品牌走出去方面，知名出版品牌企业的海外投资增加。截至 2017 年，我国新闻出版企业在海外设立各类分支机构 450 多家，与 70 多个国家的几千家出版机构建立了合作伙伴关系。[②] 并且在版权输出方面同样有着抢眼的业绩。例如，在 2017 年的首届中国·山东"一带一路"图书版权贸易洽谈会中，共签订 240 余种图书的版权协议，其中，输出 220 余种，引进 20 余种。具有代表性的出版企业品牌有：山东人民出版社与德国等国家的出版机构签订了多达 92 种图书的版权输出协议，明天出版社与澳大利亚等多国出版机构签订了 49 种图书版权输出协议，山东画报出版社与德国、匈牙利两国的出版社签署了 11 种图书的版权输出合同。[③] 又如，接力出版社在 2017 年的北京国际图书博览会上向"一带一路"沿线国家输出了 76 种图书版权，其中涉及低幼图画书、少儿科普、儿童文学、青少年励志、成人漫画、家庭教育 6 个品类。[④]

三　2017 年出版业品牌发展的局限与展望

2017 年的出版品牌发展虽然在新的政策、经济、社会以及技术条件下取得了诸多发展成果，但仍有着一定的不足之处，而这些不足正是未来出版品牌发展攻克的方向。

---

① 《〈人民的名义〉半年输出 12 种海外版权》，国家广播电视总局网站，2017 年 9 月 12 日，http：//www. sapprft. gov. cn/sapprft/contents/6582/349253. shtml。
② 何明星：《2017 年，中国出版"走出去"的新时代》，《出版广角》2018 年第 3 期。
③ 《"一带一路"图书版权贸易洽谈会促成 220 余种图书版权输出》，国家广播电视总局网站，2017 年 8 月 21 日，http：//www. sapprft. gov. cn/sapprft/contents/6582/347615. shtml。
④ 《接力社 76 种图书版权输出"一带一路"沿线国家》，国家广播电视总局网站，2017 年 8 月 28 日，http：//www. sapprft. gov. cn/sapprft/contents/6582/348090. shtml。

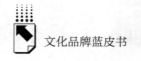
（一）积极运用新技术进行出版品牌建设

信息传播技术的日新月异使得所有行业的品牌建设与运营都产生巨大的变革。技术的各种价值在不断地爆发，在品牌领域中这种价值同样得到了具体的体现，在全球顶级品牌排行榜中有一半的上榜企业都是技术型公司。因此出版品牌的建设与运营需要积极拥抱技术的赋能功能。在出版品牌的未来发展中，出版企业需要积极利用大数据技术来进行选题策划，从而解决出版品牌定位问题。出版品牌定位与前期的市场调研及其选题策划是相互交织在一起的。只有科学的选题策划才能有效地建立出版品牌。在传统出版业中，选题策划的主要依据是既有图书销售数据和编辑个人的选题经验。这种单方面的数据和主观直觉并不能有效地确定选题策划的科学性。故而传统出版品牌定位的成本十分高，而随着大数据技术的出现使得选题策划的科学性得以提高，出版品牌定位的成本也随之降低。此外，出版企业需要积极利用人工智能算法的内容分发和精准营销来解决出版品牌的传播与推广问题。人工智能正在成为出版品牌建设的一个重要技术工具，尤其是其算法功能有助于解决传统出版品牌的内容分发难和营销成本高的系列问题。算法推荐是人工智能技术的核心竞争力，基于个性化的内容需求进行内容分发，克服了传统出版企业难以解决的一个难题。同时，出版品牌营销效率不高导致品牌推广效果不好是影响出版企业品牌运营的又一难题。这就需要智能推荐人工智能技术分别进行有效优化并使得出版品牌运营的成本得以降低。

（二）丰富内容体系强化出版品牌运营

中国出版品牌的国际化程度相对于国外其他出版品牌而言，其市场竞争力仍远远不足。主题出版是中国出版业当下社会环境中的一个重点出版领域，也是出版品牌发展的一个新增长点。虽然 2017 年主题出版的"走出去"取得可观的成绩，但这并非全部归功于其出版品牌自身的市场竞争力，很大程度上则是有赖于国家政府的资金扶持政策。这种基于对外宣传需求而"走出去"的出版品牌在"走出去"的目标市场中容易出现水土不服的症状。因此在出版品牌"走出去"中，自身品牌市场竞争力的建设才是根本要素，只有通过正常的市场需求及其市场贸易行为导致的品牌"走出去"才是符合国际市场规律的。丰富内容品牌体系是增强市场竞争力强化出版品牌运营的一个有效方式。内容出版品牌体系的建构需要以点带面层层递进形成具有高度关联性的品牌队列。为深化出版品牌的市场竞争力及市场体系，在建设出版品牌时出版企业需要立足于主题出版进行单点突破，争取打造"爆款"的单体出版品牌，进而制造出版产品势能，从而吸收大量的读者群体流量。在此基础上，出版企业不应浪费该单体出版品牌的流量，还需要以点带面，围绕出版品牌的单点开发出其他相关的出版产品，用以迁移过多的重复读者流量。

（三）重视阅读体验进行出版品牌维护

目前在出版品牌发展中更多的是关注新品牌的建设与品牌运营方面，而对于既有出版品牌的维护方面则重视不够。品牌体验是出版品牌维护的重要组成部分，是保障既有出版品牌能够持续发展的核心要素。这是因为品牌体验能够影响读者对出版品牌的满意度、忠诚度。出版业中品牌体验的直接表征是阅读体验。在印刷时代图书的阅读体验主要体现在装帧设计以及具体的版样制作等方面。但随着数字出版技术的发展出版品牌的阅读体验拥有了诸多改善工具，例如二维码、VR/AR等超链接以及可视化信息传播技术在出版业中的应用，读者的阅读场景、阅读内容以及阅读形式等用户体验得到了巨大的提升。这些阅读体验的优化都将有助于读者群体对出版品牌的感觉、触觉、思想、行为和联系等方面的优化，进而促进读者对出版品牌的忠诚度。随着全民阅读的深入发展，出版品牌作为阅读推广中的重要阅读载体，对于阅读推广而言有着不言而喻的使命，关乎广大人民群众对于阅读这一行为的接受程度。因此就公共利益层面而言，出版企业应积极改善既有出版品牌的阅读体验，为书香中国的大战略方针做出贡献。此外就企业的市场利益而言，出版企业在未来的出版品牌发展中应强化作为品牌体验的阅读体验，从微创新的视角进行维护出版品牌，从而提升自身品牌的市场竞争力。

B.5
演出业品牌发展报告2018

钟丹丹　韩东庆*

摘　要：　演出业作为文化产业的重要组成部分，对于丰富人民群众的
精神生活、促进文化产业繁荣、提升我国文化影响力等具有
重要的意义。在过去的一年里演出业整体呈现向好发展的态
势，演出业品牌建设如火如荼。"直播＋演出业"增强了演
出业的影响力，净化发展环境，完善发展环境，行业协会积
极投身品牌建设，以"千古情"和"宋城"为代表的旅游演
艺品牌IP实现快速化发展。但是演出业品牌也面临着知识产
权保护困难、生命周期短暂、缺乏全产业链等问题。未来演
出业品牌将呈现"明星经纪＋粉丝经济"融合、品牌效应和
规模持续扩大、国际化发展的趋势。

关键词：　演出业品牌　旅游演艺IP　知识产权　生命周期　全产业链

一　2017年演出行业整体市场概况

演出业作为文化产业的重要组成部分，对于丰富人民群众的精神生活、促进文化产业繁荣、提升我国文化影响力等具有重要的意义。2017年，我

---

* 钟丹丹，新闻学在职博士，现为中国传媒大学教师，副研究员，主要研究领域为国际品牌传播；韩东庆，中国海洋大学文化产业管理专业硕士研究生，主要研究领域为旅游业和演出业品牌发展。

国演出业整体呈现向好发展态势。根据文化和旅游部发布的《2017 年文化发展统计公报》，2017 年年末全国共有艺术表演团体 15752 个，比上年末增加 3451 个，从业人员 40. 32 万人，增加 7. 03 万人；全年全国艺术表演团体共演出 293. 77 万场，比上年增长 27. 4%；国内观众 12. 49 亿人次，比上年增长 5. 7%；总收入 342. 11 亿元，比上年增长 9. 9%，其中演出收入 147. 82 亿元，增长 13. 0%（见表 1）。

表 1 2007～2017 年全国艺术表演团体基本情况

年份	机构数（个）	从业人员数（人）	演出场次（万场）	国内演出观众人次（万人次）	总收入（万元）	
					演出收入	其他收入
2007	4512	220653	92. 7	75895. 6	203757	829045
2008	5114	208174	90. 5	63186. 8	204842	933685
2009	6139	184678	120. 2	81715. 9	288214	1121559
2010	6864	185413	137. 1	88455. 8	342696	1239255
2011	7055	226599	154. 7	74585. 1	526745	1540263
2012	7321	242047	135. 0	82805. 1	641480	1968802
2013	8180	260865	165. 1	90064. 3	820738	2800266
2014	8769	262887	173. 9	91019. 7	757028	2264046
2015	10787	301840	210. 8	95799. 0	939313	2576483
2016	12301	332700	230. 60	118100	1308600	3112300
2017	15752	403200	293. 77	124900	1478200	3421100

资料来源：根据 2007～2017 年文化发展统计公报整理。

场馆是演出业品牌建设和发展的载体，场馆数量的多寡和场馆的质量决定着演出业的未来发展。在场馆建设方面，根据文化和旅游部发布的《2017 年文化发展统计公报》，2017 年末全国共有艺术表演场馆 2455 个，比 2016 年末增加 170 个；观众座席数 179. 61 万个，比 2016 年增长 6. 3%。其中各级文化部门所属艺术表演场馆 1253 个，全年共举行艺术演出 7. 10 万场次，增长 4. 3%；艺术演出观众 2713 万人次，增长 4. 8%；艺术演出收入 6. 92 亿元，增长 25. 0%。

从演出业各地区来看。在北京地区，根据北京市文化局和北京市演出行业协会统计的数据，2017 年北京市演出场次累计高达 24557 场，观众人数、票房收入分别以 1075.8 万人次和 17.17 亿元创历史新高。数据显示，2017 年北京观看各类营业性演出的观众人数累计达到 1075.8 万人次，较上年增加了 4.4 万人次，达到近年来最高水平。其中，话剧、儿童剧、马戏杂技魔术、演唱会等最受消费者欢迎，观演人数均超过 100 万人次。[①] 在广东地区，2017 年广东省演出市场收入约 51.3 亿元，约占全国演出市场总体经济规模的 10%。2017 年广东文艺演出团体、演出经纪机构、演出场所数量均有所增长，尤其是演出经纪机构增长迅速，从 2016 年的 400 家增至 2017 年的 520 家，增幅达 23.1%。[②]

从演出业细分行业来看。旅游演出业在 2017 年取得较好的发展态势。宋城演艺是我国旅游演艺行业中的佼佼者。2017 年，宋城演艺旗下的年演出场次合计 15000 余场，观众达 5000 余万人次，其中"千古情"系列演出 8000 多场，观众达 3500 多万人次，实现营业收入 302383.12 万元，利润总额 129738.48 万元，同比增长 14.36% 和 11.86%。[③] 票房占据中国旅游演艺市场半壁江山。从 2017 年起宋城演艺开始在桂林、西安、郑州、宜春和澳大利亚进行第三轮的品牌扩张复制建设。演艺行业中的另一知名品牌三湘印象旗下的"观印象"均实现较好的发展。"印象""最忆""归来""又见"四大演出品牌系列报告期内，"观印象"实现营业收入 35124.87 万元，同比增长 61.41%。[④]

在演出业政策扶持方面。过去一年多来，国家和一些地方政府密集出台了演出业相关的政策，有些是直接与演出业品牌发展相关的，有些是间接促

---

① 张漫子：《北京演出市场 2017 年观众人次、票房均创新高》，新华网，2018 年 1 月 8 日，http://www.xinhuanet.com/ent/2018-01/08/c_1122223279.htm。

② 周豫：《广东演出行业公布 2017 "成绩单"，全省演出收入超 50 亿元 原创剧目走出国门助力文化输出》，南方网，2018 年 1 月 18 日，http://epaper.southcn.com/nfdaily/html/2018-01/18/content_7697870.htm。

③ 资料来源：《宋城演艺发展股份有限公司 2017 年年度报告》，东方财富证券网，2018 年 3 月 28 日，http://guba.eastmoney.com/news,300144,751183859.html。

④ 资料来源：《三湘印象股份有限公司 2017 年年度报告》，东方财富证券网，2018 年 4 月 26 日，http://guba.eastmoney.com/news,000863,757243770.html。

进演出业品牌发展的。在国家层面，原文化部出台了一系列的政策如《文化部"十三五"时期文化产业发展规划》《文化部"十三五"时期文化发展改革规划》《文化部"十三五"时期文化科技创新规划》《"十三五"时期繁荣群众文艺发展规划》等（见表2），均能看到演出业的政策支持内容，演出业也是其中重点扶持的领域。

表2　2017年以来国家层面出台的演出业相关政策

政策名称	出台部门	出台时间	相关内容
《文化部"十三五"时期文化发展改革规划》	原文化部	2017年2月	重点推出50部左右体现时代文化成就、代表国家文化形象的舞台艺术优秀作品。实现名家传戏1000人次，扶持100部舞台艺术剧本创作。实施国家舞台艺术精品创作扶持工程、国家艺术基金项目：戏曲振兴工程、剧本扶持工程、民族音乐舞蹈杂技扶持工程、民族歌剧传承发展工程等系列工程等
《文化部"十三五"时期文化产业发展规划》	原文化部	2017年4月	支持建设10家左右全国性或跨区域的文艺演出院线。鼓励演艺企业创作开发演艺精品。探索科学的剧场建设和运营模式，加快推进以演出剧场为中心的演艺产业链建设，建立布局合理、场团合一、创作生产与市场销售为一体的演出产品经营机制。加快演艺基础设施建设改造和文艺演出院线建设等
《文化部"十三五"时期文化科技创新规划》	原文化部	2017年4月	实施文化装备系统提升工程，明确提出要着力提高演艺装备水平。重点支持舞台机械类、演艺灯光类、演艺音响类、观演视效类、乐器类的关键部件和系统装备的研发应用，推进智慧剧场建设，加快数字化、智能化、网络化进程，出版《中国演艺装备系统蓝皮书》等
《中宣部　文化部　教育部　财政部关于新形势下加强戏曲教育工作的意见》	中宣部、原文化部等	2017年5月	构建戏曲人才培养体系等
《"十三五"时期繁荣群众文艺发展规划》	原文化部	2017年5月	繁荣群众文艺演出，推出优秀群众文艺作品，打造群众文艺活动品牌等
《文化部"十三五"时期艺术创作规划》	原文化部	2017年6月	重点推出50部左右思想精深、艺术精湛、制作精良的舞台艺术作品。扶持100部舞台艺术剧本创作。培训1000名戏曲编剧、导演、音乐、舞台美术、评论等骨干人才。实施国家舞台艺术精品创作扶持工程、国家艺术基金资助项目、民族歌剧传承发展工程、戏曲振兴工程、民族音乐舞蹈杂技扶持工程等

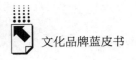

在地方层面，一些地方政府也出台了一些促进演艺业发展的政策和举措。如2018年7月山西省出台服务演出行业发展的"四条措施"和加强行业监督"五项制度"。2017年12月上海市发布《关于加快本市文化创意产业创新发展的若干意见》，称之为"文创50条"，整体目标是打造亚洲演艺之都。其中第4条提出要提升创作演出能力；第5条提出要优化演艺设施布局，盘活现有演出剧场资源，做大做强各具特色的驻场品牌；第6条提出要培育优秀演艺市场主体。2018年5月，上海市委宣传部、市文广影视局等十一个部门共同制定出台了《关于促进上海演艺产业发展的实施办法》，提出建设2～3个由上海剧场主导、辐射全国的剧场院线品牌。鼓励上海优质剧场、剧团跨区域跨领域发展，通过全国甚至全球巡演、版权租售提升制作内容的品牌影响力和市场盈利水平。完善产权、版权等要素市场，推出经典演艺品牌的服务、玩具、道具等衍生产品。

二　2017年演出业品牌发展现状

演出业整体品牌价值逐年增加，市场规模不断扩大，品牌建设如火如荼。演出消费市场发展良好，已经成为消费者业余生活的一大重要娱乐方式。根据第一财经商业数据中心（CBNData）联合大麦网、中国演出行业协会共同发布的《中国现场娱乐消费洞察报告》，文化演艺类消费逐年增长，过去五年复合增长率达10%，2017年文化演艺类消费规模达119亿元。《中国现场娱乐消费洞察报告》将文化演艺类具体分为戏剧类、曲苑杂坛类、舞蹈类、演唱会类和音乐会类几个类别，这些范围都属于演出行业。

1."直播＋"演出，增强品牌影响力

近几年，各类直播平台如雨后春笋般涌现，直播行业可谓风生水起。直播用户规模巨大。截至2017年12月，网络直播用户规模达到4.22亿。直播也向演出行业渗透，近年来，很多直播企业涉足演出行业。借助于网络直播，很多人可以观看到演出，无形之中扩大了演出业的品牌影响力。网络直播能够打破传统演出行业固定的场地和固定的观看人群的限制，让传统演出的艺术品牌走进年轻人的生活当中，让传统的演出品牌重新焕发生机。直播可以突破场地、地域、文化背景的限制，让传统艺术在年轻人中形成口碑，焕发生机。网络直播简单便捷，易上手，受众群体广且年轻化特征突出。传统的演出业借助于直播能扩大其品牌影响力和知名度，直播为传统演出业品牌现代化发展提供优越的传播载体，为优秀的演出品牌提供了一个网络窗口和品牌的扩音器。以传统的昆曲和戏剧表演为例。传统戏曲和戏剧曲高和寡，很多昆曲和戏剧有一定的品牌影响力和知名度，但是在现代社会的冲击下，其品牌影响力日渐衰退。在 2017 年有一些专业昆曲和戏剧演员通过网络直播的方式让传统的戏剧和昆曲表演演出焕发出新的生机。青年昆曲演员邵天帅和青年戏剧演员白金将传统的经典昆曲和戏剧品牌《牡丹亭》《长生殿》《贵妃醉酒》搬上直播平台，在表演的过程中也向网友普及传统昆曲和戏剧表演的知识，如服装、道具、造型、化妆等知识，让年轻人在任何地点不用走进大剧院就能观看到专业的演出。直播平台成为昆曲和戏剧等国粹品牌传承和交流的地方。

2017 年，随着直播业的快速成长，"直播 +"成为各行各业绕不过去的一个选择，这也为演出业提供了一条发展新路径，传统戏曲积极与现代媒体融合发展，通过"直播 + 戏曲"的模式，让更多年轻人接触、了解和喜欢戏曲，引导观众进入剧场现场欣赏。以戏曲为代表的传统演出借助直播平台吸引了大批年轻观众。北京市 2017 年传统戏曲演出 2164 场，比上年增加了8.3%。① 这说明戏曲市场观众培育成效显著。

2. 净化发展环境，为品牌发展保驾护航

演出行业自身积极净化发展环境，为演出业品牌建设和发展提供保障。在网络演出市场方面，近年来，网络直播演出市场虽然十分火热，但是其存在的违法违规问题却十分严重。国家相关部门加大对网络直播等行业的监管力度，净化网络直播行业发展环境，对网络直播违法违规内容进行严厉打

---

① 张漫子：《北京演出市场 2017 年观众人次、票房均创新高》，新华网，2018 年 1 月 8 日，http：//www. xinhuanet. com/ent/2018 - 01/08/c_ 1122223279. htm。

击，为网络直播演出品牌的发展提供良好的发展环境。2017年4月，根据《互联网直播服务管理规定》，国家网信办对传播违法违规内容的18款网络直播类应用平台进行了关停。2017年6月，原文化部对50家主要网络表演经营单位进行集中执法检查。YY直播、龙珠直播、火猫直播、秒拍等30家内容违规的网络表演平台被查处，12家网络表演平台被关停。2018年2月，国家网信办对网络直播平台和网络主播进行专项清理整治，依法关停一批严重违规、影响恶劣的平台和主播。在演出业票务市场方面。针对近年来演出业票务市场出现的炒票、捂票、囤票以及虚假宣传等问题，2017年7月原文化部发布《文化部关于规范营业性演出票务市场经营秩序的通知》，从而进一步规范演出业票务市场经营秩序和发展，保护消费者的权益，促进演出行业健康有序发展。

3. 完善行业标准，为品牌发展提供保障

一直以来演出业并没有可依循的安全标准，一些新的仪器设备并没有明确的操作规范和维护标准，导致演出业安全问题频发，演出场所安全隐患和仪器设备缺乏具体操作标准已经严重影响了演出业的品牌建设。在过去一年里，原文化部发布了一系列行业标准为演出业安全保驾护航。2016年12月原文化部发布行业标准《舞台管理导则》（WH/T 77 – 2016），自2017年4月开始实施，为舞台管理提供了标准依据。2017年5月原文化部发布行业标准《演出安全第9部分：舞台幕布安全》（WH/T 78.9 – 2017），自2017年8月1日开始实施，为舞台幕布安全提供了标准依据。2017年7月原文化部发布行业标准《演出安全第6部分：舞美装置安全》（WH/T 78.6 – 2017），自2017年10月1日开始实施，为舞美装置安全提供了标准依据。2017年12月原文化部发布行业标准《演出安全第一部分：演出安全技术通则》（WH/T 78.1 – 2017），自2018年1月1日开始实施，为演出安全提供了技术通则。2017年4月原文化部发布《文化部"十三五"时期文化科技创新规划》，提出要重点加强舞台安全强制性标准制定与实施，健全舞台设备质量检测标准体系。以剧场安全标准为依据，加强对文化部直属院团剧场和文化部主办演出活动剧场的设备质量安全检测，推动成立"国家舞台设备质量监督检验中心",带动文化系统和社会剧场安全检测,促进剧场安全标准体系完善。演出行业标准的制定,让演出业管理者有了可依循的标准和准则,增强了演出业的安全性。

4. 行业协会积极投身品牌建设

在过去一年,演出业相关的行业协会也积极投身于演出业品牌建设发展过程中,为演出业品牌化发展添砖加瓦。如为坚定中国演出行业的文化自信,提升中国演出行业优质企业和优秀人物的知名度和国际影响力,推进中国演出行业的品牌发展战略,中国演出行业协会于2018年7月制定《中国演出品牌评选活动实施办法(暂行)》,规定每年开展中国演出品牌评选活动。中国演出品牌是指在国内演出市场具有广泛知名度并在国际演出市场具有一定认知度且具有独立品牌效应的演出机构。在中国演出品牌机构衡量标准上,分为演出表演团体、个人艺术工作室、演出场所、演出经纪机构、舞台舞美工程企业等几个领域进行评选。通过中国演出品牌评选活动的举办,一方面能够提升企业和组织对演出业品牌的重视力度,加强自身的品牌建设;另一方面能够提升我国演出业整体的品牌化水平和品牌竞争力。

5. 品牌IP规模化发展

在演出业一些细分领域,品牌IP已初具规模,并且实现大规模复制化发展。

以旅游演出业为例,宋城演艺是当前我国旅游演出业最大的演艺集团。2017年全年,宋城演艺旗下的年演出场次合计15000余场,观众达5000余万人次,其中"千古情"系列演出8000多场,观众达3500多万人次,创造了世界文化旅游演艺市场的五个"第一":剧院数第一、座位数第一、年演出场次第一、年观众人次第一、年演出利润第一。宋城演艺旗下的演出业品牌"宋城"和"千古情"已成为优质的IP品牌,已建立起优越的市场地位和品牌地位,其中旗下"千古情"IP品牌自2017年以来得到快速扩张式的大规模异地复制化发展。2017年6月"宋城·桂林千古情"景区正式开工奠基,"桂林千古情"项目开始建设;2017年7月宁乡炭河古城开园、《炭河千古情》实现公演,"宋城·明月千古情"景区正式签约建设,"明月千古情"项目开始建设；2017 年 11 月"宋城·黄帝千古情"景区签约、"皇帝千古情"项目开始建设；2018 年 3 月"中华千古情"项目启动；2018 年 4 月"张家界千古情"项目动工（见表 3）。

表 3 宋城演艺"千古情"品牌 IP 发展情况

序号	项目名称/品牌	项目所在地	演出时间	项目状态
1	宁乡炭河古城/"炭河千古情"	湖南宁乡	2017 年 7 月	已公演
2	"宋城·桂林千古情"景区/"桂林千古情"	广西桂林	2018 年 7 月	已公演
3	"宋城·明月千古情"景区/"明月千古情"	江西宜春	2018 年 10 月（预计）	建设中
4	"中华千古情"文化综合项目/"中华千古情"	陕西西安	2019 年 6 月（预计）	建设中
5	"张家界千古情"景区/"张家界千古情"	湖南张家界	2019 年 7 月（预计）	建设中
6	宋城演艺·世博大舞台	上海	2019 年（预计）	建设中（改扩建）
7	"宋城·西樵山岭南千古情"景区/"岭南千古情"	广东佛山	2020 年 3 月（预计）	建设中
8	传奇王国	澳大利亚	2020（预计）	建设中

另一个旅游演艺知名企业是三湘印象。自 2017 年以来，三湘印象旗下"观印象"的"印象""又见""最忆""归来"四大演出品牌 IP 已经制作完成并公演了"最忆是杭州""知音号"两大新演出品牌。2018 年 IP 项目向国外扩展，2018 年 7 月海外项目新品牌"又见马六甲"在马来西亚公演。预计 2018 年能实现公演的新品牌 IP 项目有"归来三峡""归来遵义·长征之路""最忆韶山冲"，2019 年能实现公演的新品牌 IP 项目有"印象滇池"和"印象太极"。自从 2004 年"观印象"打造的第一部"印象"品牌山水实景旅游演艺项目"印象刘三姐"以来，目前"观印象"拥有 IP 品牌项目共计有 16 个，如表 4 所示。其中 2004～2015 年，12 年的时间里实现公演的 IP 品牌项目数量是 7 项，2016～2019 年，4 年的时间里实现公演的 IP 品牌项目数量就有 9 项。从这一数据可以看出"观印象" IP 品牌已实现规模化、

复制化发展。在 2017 年以前,"观印象"系列品牌以"印象"和"又见"等演出品牌为主,其中"印象"系列有"印象刘三姐""印象丽江""印象大红袍""印象普陀""印象武隆"五个品牌项目。"又见"系列包括"又见五台山"和"又见敦煌"两大品牌项目。从 2017 年起,"观印象"开始打造新的 IP 品牌项目,增加了"最忆"和"归来"两大新的品牌 IP 项目。"最忆"系列包括"最忆是杭州"和"最忆韶山冲"两个品牌项目,"归来"系列包括"归来三峡"和"归来遵义·长征之路"两个品牌项目。

表4　"观印象"已公演、已签约项目情况

序号	项目名称	项目所在地	项目公演时间	项目状态
1	印象刘三姐	广西桂林阳朔	2004 年 3 月	已公演
2	印象丽江	云南丽江	2006 年 5 月	已公演
3	印象大红袍	福建南平	2010 年 3 月	已公演
4	印象普陀	浙江舟山	2010 年 12 月	已公演
5	印象武隆	重庆武隆	2011 年 10 月	已公演
6	又见平遥	山西平遥	2013 年 2 月	已公演
7	又见五台山	山西五台山	2014 年 9 月	已公演
8	又见敦煌	甘肃敦煌	2016 年 9 月	已公演
9	最忆是杭州	浙江杭州	2017 年 5 月	已公演(老项目改版)
10	知音号	湖北武汉	2017 年 5 月	已公演
11	又见马六甲	马来西亚	2018 年 7 月	已公演
12	归来三峡	重庆奉节	2018 年 10 月(预计)	制作中
13	归来遵义·长征之路	贵州遵义	2018 年 10 月(预计)	制作中
14	最忆韶山冲	湖南韶山	2018 年 12 月(预计)	制作中
15	印象滇池	云南昆明	2019 年 12 月(预计)	制作中
16	印象太极	河南焦作	2019 年 12 月(预计)	制作中

资料来源:《三湘印象股份有限公司 2017 年年度报告》。

在戏剧类品牌建设方面,具有强 IP 属性的戏剧票房号召力占据半壁江山。经过多年的市场积累,一些以戏剧为主营的演出团体已经形成了 IP 化的品牌影响力,以开心麻花、孟京辉为代表;一些具有 IP 属性(如小说、动画)的题材,在戏剧舞台上实现衍生,并收获不菲票房,如巧虎系列儿

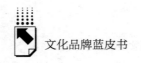

童剧、盗墓笔记系列等。2017 年戏剧类 IP 票房 TOP10 的有开心麻花系列、巧虎系列儿童剧、孟京辉系列、魔法坏女巫、盗墓笔记系列、修女也疯狂、白鹿原、超级飞侠——乐迪的秘密任务、海底小纵队、三体等。

三 演出业品牌存在的问题

1. 品牌知识产权保护困难

近年来演出业知识产权保护困难已成为制约演出业品牌快速发展的绊脚石，在演出业中对原作品或表演进行高度模仿甚至是照搬照抄的事件屡见不鲜。比如在戏剧演出行业中，很多故事情节被其他演出节目使用、一些桥段被刻意模仿，在一些小品演出中出现高度雷同的内容或情节，这就导致演出机构、创作者和表演者经常因为版权的问题发生冲突或者矛盾。很多演出业品牌在同质化发展的过程中，也存在着抄袭或者使用大量雷同的形式和情节等现象。以旅游演出品牌《云南映象》为例，自从《云南映象》在全国火爆之后，同类型的以少数民族舞蹈为题材的旅游演艺在全国尤其是云南地区快速发展。这些表演活动在没有得到《云南映象》授权的前提下，有些直接打着《云南映象》的旗号进行宣传和表演，有些是在表演情节中加入大量《云南映象》的元素。在表演形式方面，模仿和效仿《云南映象》的舞剧比比皆是。

一方面由于演出业知识产权很难界定，另一方面由于当前侵犯知识产权的行为缺乏法律约束和制裁，导致当前演出业知识产权保护困难重重，更加不利于演出业品牌的长远发展。

2. 观众环节缺失，品牌生命周期短暂

从演出业产业链构成上看，观众是演出业产业链的最后一环。在最后这一环节中应当在内容上以实现观众对演出的认同感和精神上的满足或愉悦作为演出业的价值主张。然而，在当前演出业市场中观众是通过片名、海报等要素与演出业实现联系，演出业依靠这些要素激发观众的购票欲望。这种商业运作模式只是将观众作为盈利的工具，演出票购买之后的内容如果满足不

了观众基本的精神需求，观众不仅不会对演出品牌进行有利的传播和宣传，反而会造成不利的影响。更为重要的是观众在第一次付费之后感觉被骗，会导致观众对演出业的不信任感增加，更不利于演出业的长久发展。从演出业产业链上看，到观众这一环节，演出业的生命周期就彻底地结束，这样形成了一个商业闭环模式，演出业的生命力也就大大地削弱，导致整个演出品牌得不到长远的发展。因此在观众环节应当实现观众对演出业的二次消费乃至N次消费，而不只是一次性消费。

3. 品牌构建缺乏全产业链模式思维

当前演出业品牌从整体上说尚未形成完善的全产业链结构。演出业品牌通常分散在城市或者某一旅游景点当中，较为分散，投入成本高，未能实现规模化经营。现今很多演出业品牌主要盈利点来源于门票收入，而门票收入只是演出业的传播环节当中的收入，在创意策划、制作、营销和后衍生产品开发等环节的品牌创新还很缺乏。演出业产业链各个链条条块分割严重，导致品牌创新的封闭性，产业链条之间缺乏循环性、开放性、合作性和完整性，各个主体自然而然缺乏利益统一性。演出业优质内容资源不能得到持续的提供，更无法产生有影响力的系列演出作品，因此从横向上说未能实现全产业链的盈利。

而且从纵向上看，演出业尤其是现场娱乐业作为泛娱乐细分行业中的一环，应与其他细分行业和业态实现有机的联动融合，在品牌创新上与其他环节实现合作和联动，以实现全产业链的品牌创新。然而就目前来看，演出业仍处于单打独斗的阶段，并未实现全产业链的品牌创新。目前演出业只是站在演出业自身的视角来构建品牌创新，缺乏从整个互联网视听内容生态领域和泛娱乐产业领域内进行演出业未来品牌化的思考。

四　演出业品牌发展建议

1. 企业成立专门的品牌管理部门

品牌管理部门主要负责对品牌予以法律规定下的保护，对品牌日常经营过程中出现的侵权行为予以管理维护。演出业品牌管理情况，不仅仅涉及国家规定的法律知识，而且还涉及很多关于生产经营方面的知识，因此希望演出企业能够设立专门的品牌管理部门，其内部成员必须要挑选具备以上两方面知识以及相关实践的综合性人才担任。品牌管理部门需要根据企业所在细分领域挑选专人来管理，并对管理范围内的企业日常经营活动密切关注，确保企业的品牌形象得到合法权益维护。企业管理决策者在决定对产品品牌进行品牌延伸期间，品牌管理部门需要为其出具可行性报告，告知企业必须要切合规定内容进行延伸，并且要了解品牌延伸造成的影响、存在的风险等方面内容。品牌管理部门除了要对常规渠道予以品牌管理还需要密切关注互联网上的品牌管理，一旦出现品牌侵权事件必须及时通过合法途径解决。

2. 构建"互联网＋"时代的品牌传播模式

在 2015 年第十二届全国人大三次会议上，李克强总理在政府工作报告中首次提出"互联网＋"行动计划。"互联网＋"也被认为是能够加速提升产业发展水平、增强企业创新能力、构筑经济社会发展新优势和新动能的重要举措，"互联网＋"是发展中国家快速增值的发展机遇，对整个国家的经济、政治、文化等各方面的建设均具有重要意义。在经济全球化与品牌消费时代，"互联网＋"已经被广泛应用到衣食住行乃至生活中的方方面面，文化企业作为众多待发展和复兴企业的一种，也要及时抓住"互联网＋"的发展机遇，以防在时代更替的浪潮中被遗忘和抛弃。

当前在影视技术、复制流行、互联网文化的多维冲击下，在国外经典的演出和国内新的演出方式的双重刺激下，要将传统的舞台剧、歌剧、戏剧等变成大众的商业化产品，需要构建多元化的品牌体系。顺应时代的发展进行本体创新、产品创新、营销创新等重大改变，全面强化演出行业公司、文化企业的品牌意识，构建演出业品牌"互联网＋"传播新思路。在传播主体上，要实现演出业品牌专业化与多元化相结合。在关于演出业品牌的主体建设中，企业首先应该遵循演出业的创作基本规律，保证作品的质量与口碑，即保持一定的专业性。其次，立足于企业本身的演出特色，打造独具风味或具有本土特色的演出品牌，或打造个性鲜明的演出业品牌，或打造精彩纷呈的演出业系列品牌，或打造紧跟市场风向的演出业品牌，等等。加之，品牌的多元化有利于促进市场的良性竞争，为企业的发展建立良好的市场环境，推进文化产业共同繁荣发展。最后，只有夯实企业的核心竞争力，充分利用互联网思维做好品牌定位、宣传和运作，企业才有可能在众多品牌中保持不败地位。

3. 用户思维定义观众，提升用户价值

消费者是演出业产业链中的最后一环，也就是演出业的终点，当观众观看完演出后，这场演出的生命周期也就结束了。演出业在品牌打造的过程中应挖掘观众消费价值之外的其他价值，如果仅仅把用户作为消费者的话，那么观众也就只有消费一次的价值，最多也就是购买门票和相关衍生品。在互联网时代，演出业扎根于互联网当中，观看演出的人群，不再是传统交易当中的顾客和买卖关系，应当用"互联网＋"的思维重新界定、挖掘观看人群，将其定义为用户。对用户价值进行全面提升，升级演出业的品牌模式和品牌价值。如图1所示，如果说传统意义上的顾客是消费最底层的金字塔，那么演出业的用户则是包含消费、传播、参与和创造的一系列流程。

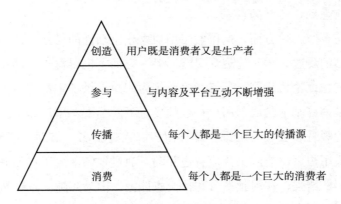

图1 演出业用户价值结构

在消费环节，每一位用户都是一个潜力巨大的消费者。根据《中国现场娱乐消费洞察报告》的数据，"90后"在现场娱乐演出消费中的占比达到60%，成为演出业消费驱动的核心人群。根据文化和旅游部发布的《2017

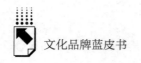

年文化发展统计公报》，2017 年全国艺术表演团体共演出 293.77 万场，国内观众 12.49 亿人次，比上年增长 5.7%。因此演出业应充分挖掘用户的消费意愿，在消费意愿的基础上保障基础的品牌创新，演出业将有很大的消费潜力。

在传播环节，每一位用户都是一个潜力巨大的传播源。用户对网生内容传播意愿增强，通过社交媒体如微信朋友圈、微博、QQ 空间、豆瓣、知乎等交流、分享内容成为习惯；越来越乐于用内容传播自己的态度。社交媒体的丰富极大地促进了用户的传播，中国互联网络信息中心第 42 次《中国互联网络发展状况统计报告》统计显示，截至 2018 年 6 月，微信朋友圈、QQ 空间用户使用率分别为 86.9% 和 64.7%，基本保持稳定；微博用户使用率达到 42.1%。社交媒体传播影响力显著提升。社交媒体已成为互联网媒体中最为流行的媒体类型之一，凭借用户基数大、信息传播快、互动功能强等特点，成为网上内容传播的重要力量。观看完内容之后，用户有分享意愿的话会将内容通过社交平台发送或推荐给朋友，每一个用户都成为一个能量巨大的传播源，在传播的过程中内容的影响力和口碑效应也在不断扩大，因此演出业应增强用户传播的意愿。

在参与环节，一方面，这得益于用户娱乐主动性的增强，他们愿意去主动发表自己的看法，与其他观众交流；另一方面，也得益于互动形式的多样化——点赞、评论、弹幕、私信、投票等为用户提供了丰富的内容交流的入口，尤其是弹幕基本已成为用户在视频场景下的标配。用户和演出业之间不再是单纯的观看和被观看关系，雁过留声、人过留名，借助于弹幕、评论、分享等方式用户可以与演出业边看边互动。通过视频平台用户和演出业之间的互动性不断增强，在视频平台和社交媒体上，因为兴趣一致自然而然地形成垂直社群。如喜爱演出业同一类型或者系列演出业的就会形成垂直的社群。这一垂直社群会对演出业所聚焦的内容持续关注和讨论，如果后续有衍生产品也会主动去消费。这一垂直社群对演出业某一类型或系列忠诚度较高。

在创造环节，用户不仅是消费者更是生产者。创造分为直接创造和间接创造两种。直接创造是指用户作为内容制作者，向平台上传输内容，成为演出业的生产者。间接创造是指用户通过评论、点赞、弹幕投票等行为影响创作走向，甚至直接与作者交流，为演出作品提供灵感。

五　演出业品牌发展趋势

1. "明星经济＋粉丝经济"推动演出业品牌快速发展

演出业应发挥出知名导演和明星的效应。由于演出业本身缺乏明星效应，应当考虑利用"明星经济＋粉丝经济"的模式推动品牌的创新。明星经济和粉丝经济相结合的模式已成为当前文化产业领域内一个比较重要的创新方式。利用明星的影响力可以聚拢人气，显然会增加演出业的人气。粉丝作为演出业产业链中最后一环观众的重要组成部分，粉丝力量的强弱对演出业品牌价值和创新产生重要的影响。演出业中的粉丝并不仅仅指现场演出中明显的粉丝，还包括一些改编自其他品牌的如网络小说、网络剧等 IP 的拥趸。粉丝经济以消费者为主角，由消费者主导营销手段，从消费者的情感出发，企业借力使力，达到为品牌与偶像增值情绪资本的目的。[1] 粉丝经济不仅是一种以营利为目的的"商业经营行为"[2]，而且还是围绕特定品牌展开的"网络营销"。[3] 近年来，随着文化产业的快速发展，以粉丝经济为中心的营销模式开始走俏市场。在演出数量井喷、品牌同质化日益严重和行业呼唤精品化内容的当下，以粉丝经济为中心的营销在演出业品牌创新中的重要性日益凸显。

2. 以 IP 为核心的演出业品牌将实现快速发展

近年来由 IP 作品改变的演出业品牌风潮兴起，如改编自小说的《三体》《盗墓笔记》《解忧杂货店》，改编自早教动画的《巧虎系列作品》，改编自游戏的《仙剑奇侠传》等。由于该类"粉丝戏剧"往往拥有大量的原

---

[1] 张嫱：《粉丝力量大》，中国人民大学出版社，2010。

[2] 叶开：《粉丝经济》，中国华侨出版社，2014。

[3] 陈建英、文丹枫：《解密社群粉丝经济学》，人民邮电出版社，2015。

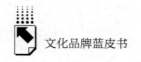

作粉丝，票房基本都有保证。

从表 3 中可以看出：宋城演艺未来 3 年中，随着 2018 年桂林项目开业，预计 2019 年西安、张家界和上海项目开业，2020 年澳大利亚项目开业，再加上轻资产的宁乡、宜春、佛山和新郑项目，以及未来的演艺小镇西塘，宋城演艺的现场演艺品牌项目将从目前已经开业的 5 个增加到 14 个，数量约是现在的三倍，品牌规模得到迅速扩张。项目扩张将驱动公司收入和利润实现成倍增长，在财务上再造一个宋城。新一轮扩张将从边际成本、边际产出等方面提升公司运营能力，全方位增强公司的品牌溢价能力，在品牌上再造一个宋城。

此外演出业在衍生品开发方面是一个短板和劣势。由于 IP 演出业品牌的影响力，未来演出业衍生品市场将进一步扩大，形式将不断创新。由于消费者需求的不断增长，越来越多的主办、经纪公司开始加大衍生品开发的力度，衍生品的品类创新拓展到更广的范围：一些纪念性衍生品，比如服装、食品和日用品等；一些功能性的衍生品，比如 VR 眼镜、IOT 手环、荧光棒和手幅等。

3. 品牌国际化发展

2017 年 1 月，原文化部发布《文化部"一带一路"文化发展行动计划（2016～2020 年）》（以下简称《计划》）。该《计划》的发布有利于演出业品牌国际化发展、"走出去"，促进演出业企业的国际交流合作。在打造"一带一路"演出业交流品牌方面。在"一带一路"沿线国家和地区打造"欢乐春节""丝绸之路文化之旅"等重点交流品牌以及互办文化节（年、季、周、日）等活动，扩大文化交流规模。打造文化交流合作知名品牌，继续扩大"欢乐春节"品牌在沿线国家的影响。邀请"一带一路"沿线国家和地区知名艺术家来华举行"意会中国"采风创作活动，推动沿线国家的国家级艺术院团及代表性舞台艺术作品开展交流互访，形成品牌活动。在演出业品牌交流合作建设方面，加强我国与"一带一路"沿线国家和地区文化交流与合作机制化发展，推动成立"丝绸之路国际剧院联盟""丝绸之路国际艺术节联盟"等。此外将文化旅游和演艺娱乐作为重点领域，支持

"一带一路"沿线地区根据地域特色和民族特点实施特色文化产业项目。围绕演艺、电影、电视、广播、音乐、动漫、游戏、游艺、数字文化、创意设计、文化科技装备、艺术品及授权产品等领域，开拓完善国际合作渠道。推广民族文化品牌，鼓励文化企业在"一带一路"沿线国家和地区投资。鼓励国有企业及社会资本参与"一带一路"文化贸易，依托国家对外文化贸易基地，推动骨干和中小文化企业的联动整合、融合创新，带动文化生产与消费良性互动。

在这个行动计划的指导下，许多地区的演出品牌国际化都得到了快速发展。根据《2017广东省演出行业白皮书》，在"一带一路"的推动下，一批优秀剧目走出国门。其中，深圳市宝安区福永杂技艺术团《丝路飞花》赴俄罗斯驻演100场，全年演出共计593场，总营收达3500万元；广东省木偶艺术剧院有限公司的《拇指姑娘》、广州话剧艺术中心话剧《邯郸记》《南越王》、广东粤剧院的《粤剧折子戏专场》《白蛇传》《兰陵王》等纷纷走向国际。在国际化的进程中未来将会有更多的演艺业品牌走出国门，走向世界。

B.6
动漫业品牌发展报告2018

牛兴侦*

摘　要：　本文在对2017年中国动漫产业发展状况进行全面梳理和盘点的基础上，对2017年中国动漫品牌的发展现状与亮点进行了归纳和分析，最后还对当前中国动漫品牌建设的发展趋势进行了研究。文章认为，品牌的塑造和发展沿袭了创意—版权—IP—品牌的成长路径，呈现金字塔形分布，需要重点关注非凡创意、爆款产品、超级IP和知名品牌在规划发展中的作用，只有将动漫纳入文化创意产业的格局下，方能实现品牌价值最大化。

关键词：　中国动漫　动漫品牌　融合发展

在国家大力推进供给侧结构性改革、实施创新驱动发展战略的背景下，中国动漫产业通过深化改革、创新发展、提质增效和融合协同等多种举措，保持了又好又快的发展态势。在产业融合发展的背景下，动漫品牌以IP（Intellectual Property，知识产权）为纽带，不仅推动着网络文学、动漫、游戏、音乐、影视等内容形态加快跨界融合发展，还以其强大的创意设计能力和品牌版权价值日渐融入国民经济大循环，在推动文化创意产业和相关产业融合发展、支撑文化产业趋于成为国民经济支柱性产业等方面发挥着重要作用。

---

* 牛兴侦，北京电影学院现代创意媒体学院副教授，《全球电影产业发展报告》主编，《中国动漫产业发展报告》主编，著有《泛娱乐×IP：跨界融合与协同发展》等，主要研究方向：电影和动漫产业经济、文化娱乐品牌、网络传播。

一 2017年中国动漫产业发展基本状况

2017年是中国共产党第十九次代表大会胜利召开的重要年份，是中国人民解放军建军90周年的重要年份，也是全面深化改革、适应经济发展新常态、继续夺取中国特色社会主义伟大胜利的重要年份。在2017年，党中央和国务院出台多项动漫产业政策改善产业环境，行业主管部门出台多项举措加强行业规范建设，动漫产业进一步保质提量地发展，动漫产品生产发行数量和规模效益等指标平稳增长（见表1）。

表1 2011~2017年中国动漫产业发展主要指标

项目 \ 年份	2011	2012	2013	2014	2015	2016	2017
动漫图书出版数量（种）	1809	2041	2448	2163	2262	3190	2748
电视动画生产备案数量（部）	566	580	465	425	399	425	350
电视动画生产备案数量（分钟）	491814	470721	327955	271133	298114	232135	145390
电视动画完成生产数量（分钟）	261224	222938	204732	138579	138273	125053	83599
电视动画播出时长（小时）	280254	304877	293140	304839	309060	328864	—
动画电影生产备案数量（部）	80	70	84	134	148	194	158
动画电影完成生产数量（部）	24	33	29	40	51	49	32
动画电影票房收入（亿元）	16.35	14.24	16.18	30.31	44.10	70.56	47.50

资料来源：原国家新闻出版广电总局。

（一）漫画加速向移动网络平台迁移

2017年我国共出版动漫类图书2748种，较2016年下降13.86%，其中，漫画图书1819种、动画图书930种（交叉数量1种）。截止到2017年底，当当网在销动漫类图书共计 64647 种，其中少儿类 30657 种、非少儿类 33990 种，占所有在销图书总量（10502431 种）的 0.62%。

随着信息化技术的发展，以漫画网站和漫画 App 作为主要载体的网络漫画平台在中国漫画出版中扮演着重要角色。国内网络漫画平台普遍都推出了各自的 App 应用，迎合了近年来持续移动互联网化的潮流趋势。根据易观千帆监测数据，2017 年第一季度中国移动动漫市场整体活跃人数达到 7234.94 万人，第二季度达到 8946.66 万人，第三季度达到 9584.52 万人。从全年整体情况来看，活跃用户渗透率排名居前的 App 仍然为快看漫画和腾讯动漫，看漫画、咪咕圈圈、网易漫画、漫漫漫画、漫画岛、动漫之家和有妖气漫画等第二阵营 App 与前者相比，仍有较大差距（见表 2、图 1）。

表 2　2017 年 12 月国内漫画应用前 10 名

序号	应用名称	开发商名称	活跃用户（万人）	启动次数（万次）	使用时长（万小时）
1	快看漫画	快看世界北京科技有限公司	2565.40	66863.01	7940.46
2	腾讯动漫	深圳市腾讯计算机系统有限公司	1402.49	41263.85	6342.71
3	看漫画	四川明赋网络科技有限公司	564.65	38876.44	5987.82
4	咪咕圈圈	咪咕动漫有限公司	516.57	2025.66	176.84
5	网易漫画	广州网易计算机系统有限公司	429.28	9259.36	1236.56
6	漫漫漫画	北京有梦文化有限公司	337.60	6477.09	641.97
7	漫画岛	上海戴思软件技术有限公司	280.99	11072.82	1398.90
8	动漫之家	尚科齐北京网络科技有限公司	217.25	8673.74	1278.05
9	有妖气漫画	北京四月星空网络技术有限公司	212.65	2735.80	397.05
10	触漫	广州梦城堡网络科技有限公司	139.36	6341.78	641.33
11	麦萌漫画	上海寒诀商务咨询有限公司	138.07	1842.02	278.95
12	布卡漫画	珠海布卡科技有限公司	114.85	1651.10	228.17

　　注：月活跃用户是指在所选取的时间范围内至少启动过 1 次的用户。通过对 Android 用户访问行为持续监测数据进行属性加权，并根据 iOS/Android 用户调研数据建模得出中国移动互联网用户规模以及相应的用户结构。

　　资料来源：易观千帆（http://qianfan.analysys.cn）。

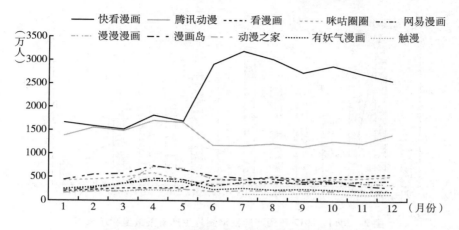

图1　2017 年国内漫画应用前 10 名活跃用户对比

资料来源：易观千帆（http：//qianfan. analysys. cn）。

（二）影视动画深化供给侧结构性改革

在政策调控和市场杠杆的双重引导下，2017 年中国电视动画行业总体上调控数量、提高质量，由数量增长转向质量提升的趋势更加明显。2017年，全年备案公示的国产电视动画片剧目数量为 350 部、145390 分钟，同比分别减少 17. 65% 和 37. 37%（见图 2）；全国制作完成的国产电视动画片 83599 分钟，同比下降 33. 15%，创 2008 年以来最低产量纪录（见图 3）。但由于动画片生命周期相对较长，可循环多年持续播放，从积累数量来看仍十分惊人，目前累计数量达 1993665 分钟，折合约 33228 小时。

目前，我国已形成了以 6 个少儿动画卫星频道和 33 个少儿地面频道为主体、各电视上星综合频道和各地各级电视频道动画栏目为补充的动画播映体系。除了动画专业频道、少儿频道之外，其他电视频道也是我国动画播出平台的重要组成部分。截至 2017 年 12 月，我国已经开播了 6 个少儿动画卫星频道，19 个省、9 个省会城市、4 个计划单列市和 1 个地级市开播了少儿地面频道，以及 3 套付费数字电视动画频道。截至 2017 年末，我国电视节目综合人口覆盖率为 99. 1%。2016 年，全国各级电视频道动画片播出数量为 328864 小

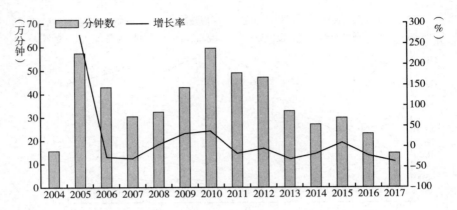

图2　2004～2017年国产电视动画片生产备案数量和增长率

资料来源：国家广播电视总局。

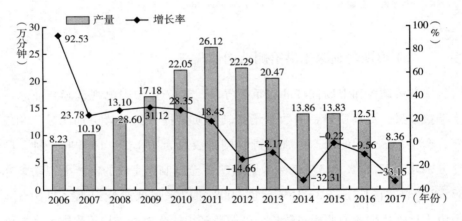

图3　2006～2017年国产电视动画片生产数量和增长率

资料来源：国家广播电视总局。

时，其中国产片319920小时、进口片8945小时，与2015年相比，增长率分别为6.41%、6.85%和-7.36%，国产片和进口片所占比值为97.28∶2.72。动画节目电视播出数量自2012年以来就稳定在30万小时左右，现阶段播出空间已经饱和（见表3）。国产电视动画片经过多年来的持续高速增长，已经从原来的数量相对稀缺转为总体数量相对过剩，这将持续要求国产动画在降低产量的同时更加注重培育精品力作，从粗放式增长向精细化经营方向发展。

表3　2011～2016年全国电视动画播出数量

年份 统计指标	2011	2012	2013	2014	2015	2016	平均值
全年动画电视播出时间(小时)	280254	304877	293140	304839	309060	328864	303506
进口动画电视播出时间(小时)	14822	12063	14015	15883	9655	8945	12564
国产动画电视播出时间(小时)	265432	292814	279125	288955	299405	319920	290942
进口动画电视播出时间所占比例(%)	5.29	3.96	4.78	5.21	3.12	2.72	4.14
国产动画电视播出时间所占比例(%)	94.71	96.04	95.22	94.79	96.88	97.28	95.86

资料来源：根据历年《中国统计年鉴》整理。

　　2017年对于中国电影来说，是极具里程碑意义的一年，《电影产业促进法》自2017年3月1日起实施。《电影产业促进法》的立法初衷在于通过简政放权、加大扶持力度，提高电影产业的工业化和现代化水平。《电影产业促进法》在电影创作摄制、发行放映、产业保障、法律责任等各方面明确了资质审查程序和审查权限，另外，对电影题材监管、虚报瞒报票房收入等行为，均有严格界定和处理办法。《电影产业促进法》的实施，为未来电影产业持续健康繁荣发展提供了有力的法制保障，对电影产业的长远发展具有里程碑意义。

　　近年来，在国家大力发展动漫产业和电影产业的有利政策支撑下，我国动画电影制作和票房市场持续升温。2017年，国产动画电影制作备案158部，制作完成并取得公映许可证的影片有32部，相较2016年有所减少。全年动画电影票房收入为47.50亿元（见图4），其中，进口片33.93亿元，国产片13.34亿元，合拍片0.24亿元，分别占总体的71.42%、28.08%和0.50%（见图5）。2017年总体票房较上年减少32.67%，主要系因缺少像《疯狂动物城》《功夫熊猫3》《你的名字。》《愤怒的小鸟》等进口大片所致。

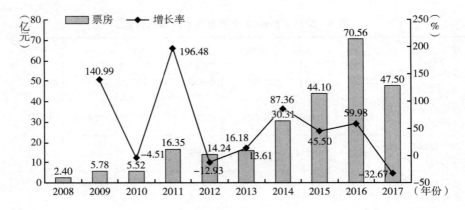

图4　2008～2017年全国动画电影票房收入和增长率

资料来源：艺恩数据（http：//www.cbooo.cn/）。

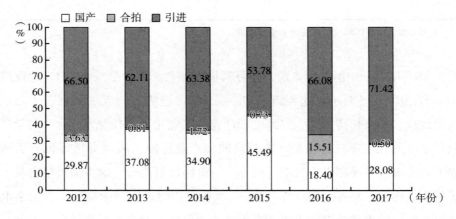

图5　2012～2017年全国动画电影票房收入结构

资料来源：艺恩数据（http：//www.cbooo.cn/）。

（三）视频平台加速布局网络动漫

根据统计，2017年，中国动漫行业用户规模达到3.1亿人，同比增长14.8%，"90后"作为动漫用户的主要群体，占比达到六成。不断增长的动漫用户释放出强大的消费潜力，为中国动漫产业的发展提供了巨大空间和机会。随着动漫产业在文化娱乐产业中的分量越来越重，爱奇艺、腾讯视频、优酷等主流视频网站纷纷发力入局,进行上游制作、中游播出和下游衍生开发在内的全产业链布局,在一定程度上加速了中国网络动画的发展。

海量内容是视频网站入局动画领域的首要策略,2017 年各视频平台播放动画内容数量达到 3882 部,预计平台拥有动画内容数量仍将持续上升。根据统计,2017 年新上线动画超过 600 部,暑期上线动画作品数量最多,是视频网站争夺动漫用户的重要档期(见表 5)。目前,优质头部内容把持着动画平台的流量入口,具有强大的聚集流量的优势,依然是视频网站着力布局动画领域的焦点。亿级播放量以上的优质头部动画内容仍为稀缺资源,联播依然是头部动画作品播放主流,每月在播作品播放量第一名均为联播。从 2017 年视频网站播出动画类别流量分布来看,儿童动画占 48%,青少年动画占 18%,成年人动画占 27%,全年龄动画占 6%。由此可见,经典国产儿童动画是头部内容主力,平台版权覆盖及内容深耕是联播领先主因;新播国产青少年动画数量占流量前十名的五成,成为头部在播内容吸睛实力担当;平台入局国产成年动画,腾讯视频、优酷、爱奇艺等成为自制成年动画主要平台。

表 4 2017 年视频网站新播动画作品部数和播放量

月份	每月新播作品数量(部)	播放量(亿次)	单月播放量冠军作品	冠军作品单月播放量(亿次)
1 月	31	46.5	《熊出没之秋日团团转》	6.0
2 月	15	15.5	《汪汪队立大功 2》	6.0
3 月	16	53.7	《小猪佩奇 2》	5.4
4 月	22	39.7	《超级飞侠 3》	6.8
5 月	45	37.8	《熊熊乐园》	17.2
6 月	60	40.9	《熊熊乐园》	8.2
7 月	118	61.7	《熊熊乐园》	7.5
8 月	171	30.8	《小猪佩奇 2》	29.0
9 月	64	32.1	《熊熊乐园》	7.0
10 月	76	29.1	《小猪佩奇 4》	6.2
11 月	57	37.0	《小猪佩奇 4》	5.4
12 月	20	4.5	《熊出没之探险日记》	22.0

注:每月在播流量冠军作品不包括全集作品。
资料来源:艺恩视频智库,统计周期:2017 年 1 月 1 日至 12 月 31 日。

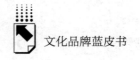

从目前几大视频平台动画影视内容播放情况看，爱奇艺和腾讯视频显示出较强的内容聚合能力，以及针对二次元用户强大的平台影响力，优势显著，这与二者的定位有较大关系，但尚未形成稳定的竞争格局。爱奇艺主打儿童及二次元动画，并独立运营儿童动画 App 奇巴布及二次元动画 App，目前覆盖了国内 40% 以上的国产儿童动画内容资源，爱奇艺自制儿童动画《无敌鹿战队》及多部二次元动画作品等优质内容领航出海，国际一线动画播出平台或预购或购买版权播出。腾讯视频依托腾讯动画参与出品和播放了较多的青少年和成年动画，《全职高手》《斗破苍穹》等动画是其典型代表。从各平台动画内容产生的流量来看，爱奇艺在儿童动画、青少年动画的流量覆盖领先，腾讯视频在成年动画的表现中优势明显。在主流内容为联播的情况下，平台优质内容聚合能力以及对泛次元用户的影响力奠定流量基础。2017 年，爱奇艺在 12 月中有 7 个月成为第一名作品流量最高平台；从长远来看，优质头部动画内容将是视频网站未来在动画领域能否胜出的关键。

二　2017年中国动漫品牌发展现状与亮点

动漫是一种符号化、图像化的、极具表现力的视觉语言表达形式，品牌塑造的发展肇始于原始的文化创意，通过产品化形成了版权，并在商业化的过程中依靠过硬的品质和高涨人气度沉淀为可跨界拓展的 IP 资产，并在长期的商业竞争和自我进化中演变为品牌。

（一）优秀电视动画片数量持续减少

2017 年，《故事奶奶》《熊小米系列之小小画家熊小米》《豆小鸭》《翻开这一页（第三季）》等 43 部优秀国产动画片获得原国家新闻出版广电总局推荐播出，合计 1363 集 17376 分钟，约占全年电视动画片总产量的 20.78%（见表5）。优秀电视动画片数量创 2007 年以来新低（见图6）。

表5　2017年优秀国产电视动画片

序号	片名	制作单位	集数	每集分钟数	总分钟数
1	《故事奶奶》	央视动画有限公司	26	22	572
2	《彩虹宝宝2》	中娱文化股份有限公司	26	11	286
3	《榜样》	湖南电子音像出版社有限责任公司、江通动画股份有限公司	36	12	432
4	《星游记——风暴法米拉（上）》	北京全擎娱乐文化传媒有限公司	3	22	66
5	《小萝卜头》	江苏光线传媒有限公司	52	13	676
6	《阿优之兔智来了（二）》	杭州阿优文化创意有限公司	26	12	312
7	《熊小米系列之小小画家熊小米》	宁海熊小米文化传播有限公司	50	10	500
8	《艾米咕噜》	上海左袋文化传播有限公司	52	11	572
9	《京剧猫之信念的冒险》	北京璀璨星空文化发展有限公司	53	13	676
10	《红游记》	瑞金市红动力文化旅游发展有限公司	26	12	312
11	《新大头儿子和小头爸爸2—日成才》	央视动画有限公司	1	80	80
12	《天行九歌（1～20集）》	杭州玄机科技信息技术有限公司	20	17	340
13	《哈哈大冒险第二季》	上海炫动传播有限公司	26	3	78
14	《阿优学科学（二）》	杭州阿优文化创意有限公司	30	3	90
15	《无敌小鹿》	北京爱奇艺科技有限公司	24	4	96
16	《少年师爷之神秘大盗（第11部）》	浙江特立宙动画影视有限公司	26	15	390
17	《豆小鸭》	优扬（天津）动漫文化传媒有限公司	52	11	572
18	《聪明的顺溜之特殊任务》	深圳市环球数码影视文化有限公司	13	10	130
19	《我的小小美猴王》	央视动画有限公司	52	22	1144
20	《萌鸡小队》	广州奥飞文化传播有限公司	26	12.5	325
21	《少年张謇》	南通妙吧影视动漫有限公司	26	12	312
22	《新成龙历险记》	上海俪薇杰影视文化有限公司	52	13	676
23	《洛宝贝第一季》	杭州漫奇妙动漫制作有限公司	10	11	110
24	《先辈的足迹》	西安维真视界影视文化传播股份有限公司	13	6	78
25	《百变马丁第二季》	上海今日动画影视文化有限公司	26	24	624

序号	片名	制作单位	集数	每集分钟数	总分钟数
26	《快乐集结号》	北京电视台、北京其欣然影视文化传播有限公司	58	10	580
27	《超智能足球2世界大赛篇》	深圳市方块动漫画文化发展有限公司	52	24	1248
28	《东方可儿之摩登学园》	泉州市功夫动漫设计有限公司	52	13	676
29	《成长这东西》	广州昊源动漫科技有限公司	52	13	676
30	《翻开这一页（第三季）》	湖南金鹰卡通有限公司	10	13	130
31	《天天成长记》	深圳天天成长影视有限公司	13	12	156
32	《小鸡彩虹（第86～111集）》	杭州天雷动漫有限公司	26	7.5	195
33	《熊出没之探险日记》	华强方特（深圳）动漫有限公司	52	13	676
34	《聪明的顺溜之雄鹰小子2》	深圳市环球数码影视文化有限公司	52	13	676
35	《猪猪侠之环球日记》	广东咏声动漫股份有限公司	26	15	390
36	《洛宝贝（第二季）》	杭州漫奇妙动漫制作有限公司	16	11	176
37	《三只兔子（二）》	杭州阿优文化创意有限公司	26	2	52
38	《神兵小将2》	南京玉郎鸿鹰影视文化有限公司、央视动画有限公司	26	22	572
39	《探探猫之奇幻马戏团》	广州指幻动漫有限公司	52	13	676
40	《开心森林第二季》	北京爱原创科技有限公司	38	5.33	202.7
41	《我是发明家》	河南约克动漫影视股份有限公司	13	13	169
42	《燃烧的蔬菜之神奇大陆》	杭州欢聚动漫有限公司	26	13	338
43	《小熊尼奥之环球旅行》	南京蔚蓝的海文化传播有限公司	26	13	338

资料来源：国家广播电视总局。

（二）国产动画电影票房大片渐增

全年票房收入突破10亿元的动画影片有《寻梦环游记》《神偷奶爸3》共2部，在5亿元以上的有《熊出没之奇幻空间》1部，在1亿元以上的有《欢乐好声音》《蓝精灵：寻找神秘村》《哆啦A梦：大雄的南极冰冰凉大冒险》《赛车总动员3：极速挑战》《十万个冷笑话2》《大卫贝肯之倒霉特

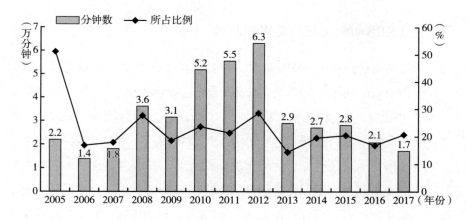

图 6 2005～2017 年全国优秀电视动画片生产数量

资料来源：国家广播电视总局。

工熊》《赛尔号大电影 6：圣者无敌》等 7 部（见表 6）。《熊出没》系列电影自 2014 年推出以来，起初票房维持在 3 亿元以内（《熊出没之夺宝熊兵》2.48 亿元，《熊出没之雪岭熊风》2.96 亿元，《熊出没之熊心归来》2.88 亿元），2017 年的《熊出没之奇幻空间》爆发至 5.22 亿元，凸显出过硬的产品品质和持久的品牌影响力。

表 6 2015～2017 年全国动画电影票房收入前 10 名影片

排名	2015 年	2016 年	2017 年
1	《西游记之大圣归来》*	《疯狂动物城》	《寻梦环游记》
2	《哆啦 A 梦:伴我同行》	《功夫熊猫 3》*	《神偷奶爸 3》
3	《超能陆战队》	《你的名字。》	《熊出没之奇幻空间》*
4	《小黄人大眼萌》	《大鱼海棠》*	《欢乐好声音》
5	《熊出没之雪岭熊风》*	《愤怒的小鸟》	《蓝精灵:寻找神秘村》
6	《疯狂外星人》	《冰川时代 5:星际碰撞》	《哆啦 A 梦:大雄的南极冰冰凉大冒险》
7	《小王子》	《爱宠大机密》	《赛车总动员 3:极速挑战》
8	《精灵旅社 2》	《熊出没之熊心归来》*	《十万个冷笑话 2》*
9	《十万个冷笑话》*	《海底总动员 2:多莉去哪儿》	《大卫贝肯之倒霉特工熊》*
10	《头脑特工队》	《海洋奇缘》	《赛尔号大电影 6:圣者无敌》*

注：标 * 者为国产片或合拍片。

资料来源：艺恩数据（http：//www.cbooo.cn/）。

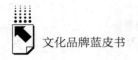

（三）网络动画头部作品影响凸显

从网络动画平台全年播放量来看，排名较高的日本动画作品包括《航海王》《名侦探柯南（国语版）》《龙珠超》等，美国动画作品包括《汪汪队立大功2》《小巴林》《汪汪队立大功3》等（见表7），国产动画作品包括《熊出没之熊熊乐园》《爆裂飞车2》《秦时明月之君临天下》等（见表8）。

各视频网站通过自身综合优势布局动漫产业，其中内容自制、版权内容布局、全产业链开发、国际化合作推动内容出海是平台提升自身竞争力的重要战略。近年来，视频平台开始发力自制动画，至2017年自制作品数量达21部，播放量提升至57亿次，有力推动了中国网络动画的发展。爱奇艺自制动画《万古仙穹》上线第一天VIP收入及VIP会员增长量登顶爱奇艺平台第一名，超过爱奇艺其他自制真人影视和综艺内容；当第一季第4集上线就已凭借会员付费收回动画投资成本；系列作品第二季于3月15日登录爱奇艺播出。腾讯视频（企鹅影视）自制动画《全职高手》上线第9、10集，付费收入达1100万元，上线第11集时，达到1400万元（收入为腾讯视频及B站双平台合计收入）。

表7 2017年视频网站播放量前10名日本和美国动画作品

排名	日本动画作品	播放量（亿次）	美国动画作品	播放量（亿次）
1	《航海王》	45.7	《汪汪队立大功2》	32.2
2	《名侦探柯南（国语版）》	23	《小巴林》	28.8
3	《龙珠超》	15.5	《汪汪队立大功3》*	10.1
4	《捷德奥特曼》*	14.2	《乐高幻影忍者》	8.8
5	《火影忍者》	13.8	《巴塔木儿歌》	8.8
6	《蜡笔小新2》	13.6	《汪汪队立大功1》	6.9
7	《欧布奥特曼》	9.3	《乐高城市系列》	5.5
8	《蜡笔小新6》*	8.1	《芭比之梦想豪宅1》	5.3
9	《迪迦奥特曼》*	8	《成龙历险记》	3.8
10	《名侦探柯南（日语版）》	7.7	《巴塔中文儿歌》*	3.5

注：排名不包含作品全集，标*者为2017年新播剧目。

资料来源：艺恩视频智库，统计周期：2017年1月1日至12月31日。

表 8　2017 年视频网站播放量前 10 名国产动画作品

排名	儿童动画作品	青少年动画作品	成年动画作品
1	《熊出没之熊熊乐园》	《爆裂飞车 2》*	《秦时明月之君临天下》
2	《熊出没之秋日团团转》	《一人之下 2》*	《狐妖小红娘》
3	《超级飞侠 3》*	《巴啦啦小魔仙之飞越彩灵堡》*	《斗破苍穹》*
4	《熊出没之夏日连连看》	《纳米核心 3》*	《全职高手》*
5	《贝瓦儿歌》	《峡谷重案组》*	《武庚纪》
6	《可可小爱》	小破孩有内涵》	《画江湖之不良人 2》
7	《熊出没之冬日乐翻天》	《银河奥特曼》	《画江湖之杯莫停》
8	《超级飞侠 1》	《星学院》	《十万个冷笑话 3》
9	《超级飞侠 2》	《兽王争锋 2 原石之力》	《妖神记》
10	《猪猪侠之超星萌宠》	《我的天劫女友》	《妖怪名单 2》

注：排名不包含作品全集，标 * 者为 2017 年新播剧目。
资料来源：艺恩视频智库，统计周期：2017 年 1 月 1 日至 12 月 31 日。

根据对 2017 年百度搜索风云榜动漫榜单的统计，全年共有 182 个国产动漫上榜。《一人之下》《"狐妖小红娘"》《妖神记》《秦时明月之君临天下》《尸兄》《熊出没》《妖怪名单》《美食大冒险》《血色苍穹》《土豆侠》《中国惊奇先生》《灵域》《天行九歌》《阿拉德：宿命之门》《武庚纪》《理想禁区》等 16 个国产动漫品牌在网络平台上具有较高关注度、知名度和影响力，跻身 2017 年百度搜索风云榜动漫榜单前 30 名（见表 9）。

表 9　2017 年百度搜索风云榜动漫榜单前 30 名

序号	关键词	搜索指数之合计	类别	序号	关键词	搜索指数之合计	类别
1	航海王	36550289	日本	9	进击的巨人	5960173	日本
2	火影忍者	14774594	日本	10	尸兄	5394134	国产
3	龙珠超	13463840	日本	11	名侦探柯南	5023921	日本
4	一人之下	8407783	国产	12	熊出没	4876085	国产
5	狐妖小红娘	8141129	国产	13	妖怪名单	4299549	国产
6	一拳超人	8139583	日本	14	东京食尸鬼	3528347	日本
7	妖神记	7533857	国产	15	妖精的尾巴	3454491	日本
8	秦时明月之君临天下	6858678	国产	16	美食大冒险	3423467	国产

序号	关键词	搜索指数之合计	类别	序号	关键词	搜索指数之合计	类别
17	血色苍穹	3311274	国产	24	阿拉德：宿命之门	2846807	国产
18	银魂	3285227	日本	25	武庚纪	2641667	国产
19	土豆侠	3247871	国产	26	我的英雄学院	2482723	日本
20	你的名字	3243796	日本	27	食戟之灵	2373068	日本
21	中国惊奇先生	3239710	国产	28	蜡笔小新	2302594	日本
22	灵域	3106537	国产	29	理想禁区	2270616	国产
23	天行九歌	2930257	国产	30	刀剑神域	2179686	日本

注：根据百度搜索风云榜动漫榜单（http：//top. baidu. com/category？ c = 5）每日提供的基础数据进行全年汇总，因个别日期采集遗漏，可能与官方实际数据略有出入。

（四）品牌授权助推动漫品牌成长

品牌授权是指授权商将自己所拥有或代理的商标、品牌、形象等知识产权（IP），以合同的形式授予被授权商使用，从而获得许可使用费（Royalty）的经营方式。据国际授权业协会数据显示，2017 年全球授权市场规模为 2716 亿美元，娱乐/角色授权仍然是最大的行业类别，占全球 44.7% 的市场份额，零售额高达 1215 亿美元。中国授权市场以其发展速度和潜力吸引了诸多国际 IP 的进入，活跃在我国授权市场上的 IP 有超过 70% 为国际 IP，且新的国际 IP 进入中国的速度正在加快，中国授权市场成为国内外 IP 必争之地。

根据中国玩具和婴童用品协会品牌授权专业委员会统计，截至 2017 年 12 月，按照企业实际开展授权业务的口径统计，活跃在我国的品牌授权企业总数为 327 家，已经开展授权业务的 IP 为 1032 项。在授权 IP 品类中，娱乐 IP 授权仍占据半壁江山（54%），其次为艺术（14%）和时尚类 IP（13%）。在玩具和婴童用品类授权产品中，主要代表性 IP 包括阿狸、芭比、冰雪奇缘、超级飞侠、迪士尼公主、哆啦A梦、朵拉、愤怒的小鸟、海绵宝宝、托马斯、小黄人、小马宝莉、小熊维尼、小猪佩奇、熊出没、蜘蛛侠等（见表 10）。活跃在我国授权市场上的 IP 国别涉及 27 个国家和地区，其中主要国别为美国

（40%）、中国大陆（26%）、日本（11%）、韩国（6%）、英国（6%）和港澳台地区（3%）。中国授权市场以其发展速度和潜力吸引了诸多国际IP的进入，活跃在我国授权市场上的IP中74%为国际IP，同时，经典的但尚未进入我国或新兴的国际IP进入中国的速度均正在加快。据2017年5月美国《License! Global》期刊发布的2016年全球授权商前150强名单显示，全球授权年度零售额超10亿美元授权商有55家，其中87%的企业已经进入中国市场，其中超过一半以上通过授权代理机构在我国开展授权业务。品牌授权商及其代理机构在我国主要分布在上海（30%）、北京（19%）、广东（17%）、中国香港（9%）及中国台湾（6%）等地。

表10　我国授权产品（玩具和婴童用品类）主要IP品牌

序号	IP 品牌	序号	IP 品牌	序号	IP 品牌
1	AR 魔法学校	23	冬己	45	木奇灵
2	Duda&Dada	24	哆啦A梦	46	轻松熊
3	Hello Kitty	25	朵拉	47	赛车总动员
4	TOM and JERRY	26	愤怒的小鸟	48	史努比
5	阿狸	27	疯狂动物城	49	睡美人
6	阿童木	28	疯狂外星人	50	托马斯
7	巴布豆	29	钢铁侠	51	喜羊羊与灰太狼
8	巴啦啦小魔仙	30	功夫熊猫	52	咸蛋超人
9	芭比	31	怪兽大学	53	小黄人
10	宝马	32	海绵宝宝	54	小马宝莉
11	爆笑虫子	33	海贼王	55	小熊维尼
12	彼得兔	34	花园宝宝	56	小猪佩奇
13	冰雪奇缘	35	加菲猫	57	小公主苏菲亚
14	布加迪	36	赛尔号	58	星球大战
15	咘隆家族	37	铠甲勇士	59	熊本熊
16	超级飞侠	38	乐高	60	熊出没
17	超能陆战队	39	漫威	61	蜘蛛侠
18	聪明的顺溜	40	美国队长	62	植物大战僵尸
19	大嘴猴	41	米菲	63	猪迪克
20	蛋蛋小子	42	米妮	64	猪猪侠
21	刀刀狗	43	米奇		
22	迪士尼公主	44	魔发精灵		

资料来源：中国玩具和婴童用品协会品牌授权专业委员会。

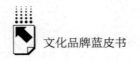

调查还显示，品牌授权商在 2017 年合作的被授权商主要集中在玩具（15%）、服装（11%）、食品饮料（8%）、主题空间（7%）等行业，被授权品类更趋于全面性，其中食品饮料、主题空间及图书出版等行业较 2017 年增速较快。品牌授权商在选择被授权商合作时，除了考虑 IP 本身要与授权产品的类型相匹配，还会从以下五个维度来选择被授权商：①被授权商品的品牌知名度（78%）；②产品销售能力（78%）；③生产研发能力（70%）；④被授权商规模（67%）；⑤被授权商的财务能力（41%）。

我国已经开展授权业务的被授权商所从事的主要行业为玩具游艺（18%）、服装（13%）、礼品赠品（8%）、家居家纺（7%）及主题空间（7%）等，其中图书出版及食品饮料等行业在 2017 年有较快增长。被授权商主要分布在广东（23%）、浙江（16%）、江苏（15%）、上海（13%）和山东（8%）等地。70%的被授权商的授权业务在整个公司业务量中占比在一半以下，这与授权商所青睐的被授权商大多为该行业领头企业相关。在规模较大的被授权商中，授权业务经常只是作为拓展品牌和吸引消费者的营销手段，只占公司整体业务的较小部分。有 94%的被授权商表示，有 IP 授权产品的销售额要高于其他同类产品。我国活跃被授权商在 2017 年度合作过的授权 IP 品类前四类为娱乐（42%）、企业品牌（18%）、艺术（16%）和时尚（11%）。被授权商选择与授权商合作时考虑的重要因素中排在首位的是 IP 与产品的匹配度（81%），接下来是 IP 的知名度和影响力（78%）、版权金费用（47%）、版权方实力和知名度（44%）、版权方给予被授权商后续支持和服务（38%）等。越来越多的被授权商已经认识到，在授权业务中 IP 和自身产品的结合匹配度更为重要。

作为中国授权业的至高荣誉，中国授权业大奖（China Licensing Awards）一直备受行业精英及产业各方关注。2017 年，吾皇万睡、熊出没、阿狸、哆啦 A 梦、罗森、大鱼海棠、小猪佩奇、芭比、大嘴猴、愤怒的小鸟、Pancoat、海绵宝宝、托马斯和朋友等众多知名企业与 IP 参与报名。最终，超级飞侠摘得 2017 年度中国 IP 奖项，大嘴猴摘得年度企业及时尚、生活授权 IP 奖项，《愤怒的小鸟》与麦当劳进行的主题合作成为年度授权推广项目。

以华强方特出品的《熊出没》为例，该作品通过讲述熊大、熊二、光头强之间为了保护森林而发生的搞笑趣事，向广大观众传递"环保、自然、健康、快乐"的理念，以其寓教于乐的内容、丰富细腻的表演、接地气的语言风格，深受广大观众及业内人士喜爱。截至2017年底，《熊出没》系列作品包括《熊出没》《熊出没之环球大冒险》《熊出没之丛林总动员》《熊出没之春日对对碰》《熊出没之夏日连连看》《熊出没之秋日团团转》《熊出没之冬日乐翻天》《熊出没之熊熊乐园》《熊出没之探险日记》等9部电视系列动画片，《熊出没之夺宝熊兵》《熊出没之雪岭熊风》《熊出没之熊心归来》《熊出没之奇幻空间》等4部动画电影，《熊出没之缤纷王座》《熊出没之环球大冒险（丛林篇）：变身勇士》《熊出没之环球大冒险（丛林篇）：无敌火钳》等多台舞台剧，以及《熊出没之环球大冒险（丛林篇）：地鼠大战》《熊出没之环球大冒险（丛林篇）：追踪器》《熊出没之环球大冒险（丛林篇）：狼人之夜》等图书。《熊出没》系列动画还进入美国、意大利、俄罗斯、中东、亚洲、拉美等100多个国家和地区，登录索尼、尼克、Netflix、迪斯尼儿童频道等国际主流媒体频道平台。各地播映后不仅创下高收视率，还得到国外网络媒体的关注与推介，打响了中国动画的知名度。"熊出没"品牌授权业务已覆盖玩具、文具、家居、食品、饮料、童装、童鞋、游戏、装修材料、主题活动等多个行业领域，迄今为止，《熊出没》上市产品达20多类3000余款，品牌认购力超过25亿元，深受市场青睐。目前，《熊出没》的合作伙伴超过100家，与伊利、英菲尼迪、卡夫、安踏等名企强强联手，彰显强大品牌影响力与竞争力。

三 中国动漫品牌建设发展趋势

2017年，原文化部发布《"十三五"时期文化发展改革规划》，其中明确提出要建设和培育动漫和艺术等品牌授权市场，这是"品牌授权"的概念首次出现在文化部五年发展计划中。品牌建设在我国动漫产业乃至文化创意产业发展中的作用和地位将越来越重要。

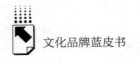

（一）国产动漫品牌影响力持续强化

随着近年来中国动漫产业步入减量提质、转型升级的新阶段，动漫企业在减少动漫产品数量、提升产品质量的过程中进一步强化了品牌意识，纷纷以爆款策略打造超级明星IP。国产动漫IP对品牌授权的商业模式越来越重视，并开始利用后发优势，加快品牌授权的发展步伐。针对2017年暑期档上映的国产动画大电影《大护法》，光线传媒提前做好授权布局，授权周边产品与电影同期上线，并在淘宝众筹、京东众筹等线上渠道受到网友热捧，很多产品超过众筹计划。从2015年国产动画电影票房黑马《大圣归来》到2017年暑期档的《大护法》，我国国产动漫IP在授权之路上迅速成长和成熟，开展授权业务的意识和布局已经深入人心。

（二）国际动漫IP发力进入中国授权市场

中国品牌授权市场以其发展速度和潜力吸引了诸多国际IP的进入，活跃在我国授权市场上的IP中的74%为国际IP，同时，经典的但尚未进入我国或新兴的国际IP进入中国的速度均正在加快。2017年7月，在《神偷奶爸3》上映之际，环球影业推出小黄车ofo和小黄人"黄在一起"的营销事件，这是动漫IP和当下火热的共享单车首次联盟。随后，迪士尼又联手摩拜，发起全城寻找米奇米妮的活动。

（三）动漫品牌加快与泛娱乐产业的融合发展

随着互联网经济对娱乐传媒业的全面渗透，包括文学、动漫、游戏、电影、电视剧等在内的文化形态加速跨界融通，形成了"泛娱乐"的生态体系。以IP为核心的泛娱乐产业成为主流文化业态，为用户提供了多层次、跨媒体、跨平台的深度娱乐体验，具有更好的市场基础和更高的产业价值。从《十万个冷笑话2》的漫画改编电影到《妖怪名单》的漫画改编手游，都在印证动漫品牌的跨界延伸和融合发展。

B.7
游戏业品牌发展报告2018

伽马数据　辛婷婷*

摘　要： 2017 年，中国游戏产业稳步增长，进入存量竞争阶段，呈现由高速发展向高品质发展转变的态势。游戏企业品牌建设意识和品牌打造能力进一步增强，游戏产品品牌类型更加丰富、精细，游戏品牌用户口碑逐渐改善，游戏出海品牌影响力持续增强。但是，目前国产游戏品牌原创性、游戏性、功能性不足，负面舆情较多，且游戏品牌文化内涵缺失，对国家软实力的贡献仍然较弱，需要政府、企业、行业协会等合力推动中国游戏品牌转型升级，促进游戏品牌精致化、多元化、跨界化发展，实现经济效益和社会效益双效统一，成为传播中华文化的重要载体。

关键词： 游戏产业　国产游戏　游戏品牌

一　2017年中国游戏产业发展状况

（一）政策、资本支持力度加强，游戏产业发展环境进一步优化

近年来，国家加强了对游戏产业的支持和引导，进一步推动游戏产业高

---

* 伽马数据，新闻出版广电总局《中国游戏产业报告》的独家制作方；辛婷婷，中国人民大学创意产业技术研究院助理研究员，主要研究领域为文化产业品牌。

品质、健康有序发展。中共中央办公厅、国务院办公厅印发了《国家"十三五"时期文化发展改革规划纲要》提出"加快发展网络视听、移动多媒体、数字出版、动漫游戏、创意设计、3D 和巨幕电影等新兴产业",游戏产业作为新兴产业的重点发展方向备受重视。原国家版权局印发的《版权工作"十三五"规划》提出"持续开展打击网络侵权盗版'剑网行动',强化分类管理,加强对网络文学、音乐、影视、游戏、动漫、软件等重点领域的监测监管,及时发现和查处侵权盗版行为",这为游戏作品维权和品牌打造营造了良好的环境。中共中央宣传部、中央网信办、工业和信息化部、教育部、公安部、原文化部、国家工商总局、原国家新闻出版广电总局联合印发《关于严格规范网络游戏市场管理的意见》,要求政府部门、行业协会、网游企业联合推动,强化价值导向、履行企业主体责任,推动网游转型升级,努力营造清朗网络空间。原文化部出台的《关于推动数字文化产业创新发展的指导意见》提出"加强游戏内容价值导向管理,建立评价奖惩体系,扶持传递正能量、宣传优秀传统文化、弘扬社会主义核心价值观的游戏品牌。改善游戏产品同质化、低俗化现象,培育国产原创游戏品牌产品、团队和企业。大力推动应用游戏、功能性游戏的开发和产业化推广,引导和鼓励开发具有教育、益智功能、适合多年龄段参加的网络游戏、电子游戏、家庭主机游戏,协调发展游戏产业各个门类,促进电竞赛事、电竞直播等新模式健康有序发展",这为游戏品牌发展指明了方向。

游戏具有高估值、业绩增长快速的特征,这使得游戏企业投融资备受资本市场欢迎。截至 2017 年末,中国上市游戏企业数量达 185 家,其中 A 股上市游戏企业 151 家,占 81.6%;港股上市游戏企业 26 家,占 14.1%;美股上市游戏企业 8 家,占 4.3%。另外,新三板挂牌游戏企业数量达 158 家。① 根据 DoNews 发布的《2017 年中国游戏行业投融资报告》,游戏行业 2017 年共发生 164 起资本事件,总额近 392 亿元,其中投融资事件 140 起,

---

① 中国音数协游戏工委（GPC）、伽马数据（CNG）、国际数据公司（IDC）:《2017 年中国游戏产业发展报告》,新华网,2017 年 11 月 29 日,http://www.xinhuanet.com/info/2017 - 11/29/c_ 136786870.htm。

总额约 147 亿元；并购事件 24 起，总额约 245 亿元。① 游戏核心领域投融资事件占比较大，另外游戏产业延伸的电子竞技和直播领域投融资事件也逐渐增加。随着自身业务升级以及积极开拓国际市场的需要，实力雄厚的中国游戏企业积极并购、投资海外知名游戏研发公司，如腾讯收购了 Supercell 公司 84.3% 的股权，游族网络收购了德国的 Bigpoint，等等。

（二）游戏产业增速减缓，步入质量提升阶段

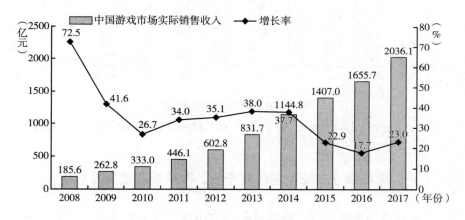

图 1 中国游戏市场规模

资料来源：中国音数协游戏工委（GPC）、伽马数据（CNG）和国际数据公司（IDC）。

中国游戏业发展速度放缓，进入存量竞争阶段。2017 年中国游戏市场实际销售收入达到 2036.1 亿元，同比增长 23.0%，增速逐步放缓（见图1）。2017 年中国游戏用户规模达到 5.83 亿人，同比仅增长 3.1%（见图2）。② 游戏人口红利逐步消失，用户规模逐步触及天花板，用户需求日益追

---

① DoNews 游戏：《2017 年中国游戏行业发生 164 起资本变动，总额近 392 亿元》，百度网，2018 年 1 月 12 日，https://baijiahao.baidu.com/s? id = 1589372689655512259&wfr = spider&for = pc。

② 中国音数协游戏工委（GPC）、伽马数据（CNG）、国际数据公司（IDC）：《2017 年中国游戏产业发展报告》，新华网，2017 年 11 月 29 日，http://www.xinhuanet.com/info/2017 - 11/29/c_ 136786870.htm。

求高品质，游戏产品获取用户日渐困难。在此形势下，游戏产业发展由数量增长日益转入质量提升阶段。

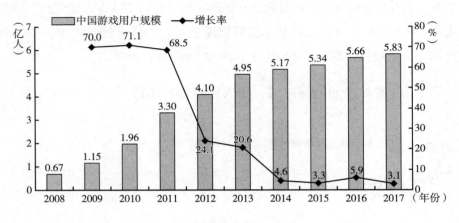

图2　中国游戏市场用户规模

资料来源：中国音数协游戏工委（GPC）、伽马数据（CNG）和国际数据公司（IDC）。

（三）游戏细分市场表现各有千秋，移动游戏成为发展主流

从游戏市场份额来看，移动游戏成为游戏产品发展主流。2017年移动游戏市场实际销售收入1161.2亿元，占比高达57%；客户端游戏市场实际销售收入648.6亿元，市场占比有所减少，占31.9%；网页游戏市场实际销售收入156.0亿元，市场占比大幅下滑，占7.6%；家庭游戏机游戏市场实际销售收入13.7亿元，占比有所增加，占0.7%（见图3）。①

移动游戏虽然增速减缓但依旧保持较高的增长速度，移动游戏产品层出不穷，种类丰富多彩，成为游戏市场竞争最激烈的领域；客户端游戏呈现少而精的发展特征，增长率触底反弹有所回升，竞技类、角色扮演类等老牌端游依旧表现出色，直播带动了客户端游戏的传播，聚拢了大量用户；网页游

---

① 中国音数协游戏工委（GPC）、伽马数据（CNG）、国际数据公司（IDC）：《2017年中国游戏产业发展报告》，新华网，2017年11月29日，http：//www.xinhuanet.com/info/2017-11/29/c_136786870.htm。

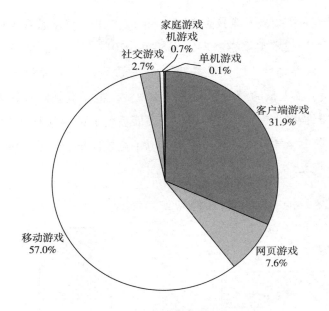

图3 中国游戏细分市场表现

资料来源：中国音数协游戏工委（GPC）、伽马数据
（CNG）和国际数据公司（IDC）。

戏出现负增长，无论是销售收入还是用户规模都出现了大幅度下滑，受新品
数量减少、产品同质化、便捷度不够等因素制约，网页游戏吸引力日渐低
下；社交游戏则随着人们社交和情感需求的日益增加而不断发展。

（四）电子竞技游戏高速成长，发展潜力巨大

2017 年，中国电子竞技游戏市场实际销售收入达 730.5 亿元，同比增
长 44.8%。其中，客户端电子竞技游戏市场实际销售收入达 384.0 亿元，
同比增长 15.2%；移动电子竞技游戏市场实际销售收入达 346.5 亿元，同
比增长 102.2%，成为电子竞技游戏增长主力。[①] 2017 年移动电子竞技游戏

---

① 中国音数协游戏工委（GPC）、伽马数据（CNG）、国际数据公司（IDC）：《2017 年中国游
戏产业发展报告》，新华网，2017 年 11 月 29 日，http：//www. xinhuanet. com/info/2017 -
11/29/c_ 136786870. htm。

快速发展与多人在线战术竞技类游戏（MOBA）并入移动游戏市场以及《绝地求生》等大型战术类手游爆发密切相关。2017 年，顶级电竞游戏比赛如《DOTA2》国际邀请赛、《英雄联盟》S7 总决赛、《王者荣耀》职业联赛（KPL）等吸引了大量的游戏玩家参与和观赏，电子竞技游戏逐渐由专业玩家向普通玩家辐射，受众面越来越广，发展后劲十足。电子竞技发展劲头迅猛，但是目前电子竞技人才缺口严重，电子竞技经纪、专业教练、赛事解说等人才较为匮乏。

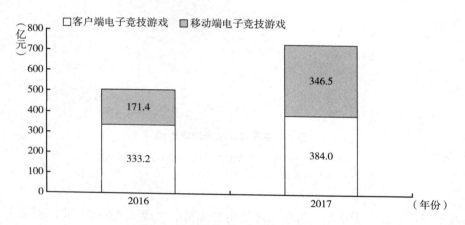

图 4　中国电子竞技游戏市场规模

资料来源：中国音数协游戏工委（GPC）、伽马数据（CNG）。

二　2017 年中国游戏产业品牌发展现状与亮点

（一）游戏企业品牌建设力度持续增强

根据伽马数据品牌影响力评估模型测算结果，2017 年中国游戏企业品牌影响力排行榜前十名如图 5 所示。完美世界在游戏、影视、电竞等多个细分领域布局，形成联动效应，品牌影响力进一步增强。游戏领域，完美世界研发了《诛仙手游》《倚天屠龙记手游》《射雕英雄传手游》等多款游戏；

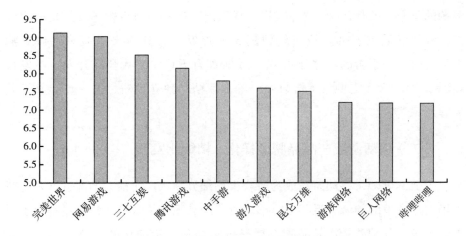

图5　2017年中国游戏企业品牌影响力排行榜

资料来源：伽马数据（CNG）。

影视领域，参与投资拍摄了《新射雕英雄传》《陆贞传奇》等影视剧以及《极限挑战》《向往的生活》等热门综艺；电竞领域，举办了 DOTA2/CS：GO 等品牌赛事，获得众多中央级媒体报道。网易游戏推出了《荒野行动》《终结者2：审判日》《魔法禁书目录》等多款精品游戏，均获得良好的口碑并在社交媒体发酵传播，进一步巩固了其品牌竞争力。三七互娱通过资本运作提升自研游戏能力和泛娱乐扩张能力，打造出《传奇霸业》《永恒纪元》等流量级游戏，发起成立"游心公益"资助偏远地区高中教育发展并积极关爱贫困地区抗战老兵，以良好的社会责任感提升了其品牌形象。腾讯游戏品牌打造主要围绕现象级游戏展开，自主开发和代理现象级游戏如《英雄联盟》《王者荣耀》《绝地求生》等，依靠泛娱乐矩阵，游戏、综艺、电竞各个领域形成联动，迅速扩大了其品牌影响力。《王者荣耀》拥有广泛的用户基础，月活跃用户数量在很长一段时间内排名榜首，经济效益显著，但是《王者荣耀》曲解历史误导小学生、中小学生沉迷于游戏等负面新闻在一定程度上损害了其品牌形象，腾讯游戏积极进行品牌公关，不仅推出了《王者历史课》，而且推出了"99公益，让爱荣耀"等多个公益活动。中手游 IP 游戏和独立游戏双轮驱动迅速提升其品牌竞争力。中手游注重优质 IP

资源的争夺，接连代理"新仙剑""择天记"等多个自带粉丝流量且内容较为精致的优质 IP，并发行《轩辕剑 3 手游版》等 IP 游戏，提升品牌影响力。同时，中手游的"拿手好戏"计划致力于独立游戏合作开发，已发行《蛋蛋军团》《光之城》《蜡烛人》等多款精品独立游戏，进一步提升了其品牌形象。

（二）移动游戏产品品牌多样化、精细化发展

由上文可知，移动游戏成为游戏市场细分领域占比最大的部分，是游戏市场重点竞争的领域。近年来，移动游戏产品无论是数量还是质量都有了很大的突破，移动游戏产品品牌发展呈现多样化、精细化的态势。角色扮演类、多人在线战术竞技类是移动游戏开发数量较多、销售收入较多的产品类型，市场销售收入集中在腾讯游戏、网易等实力雄厚的游戏公司打造的品牌游戏产品之中，卡牌类、策略类、射击类、休闲类等游戏也呈现良好的发展态势，部分游戏公司为了规避竞争风险，在游戏细分市场精耕细作，着力开发卡牌类、休闲类以及二次元游戏、女性游戏产品等，其中也不乏大量的精品游戏。

（三）IP 带动产业融合驱动游戏品牌打造

近年来，IP 游戏数量持续增加，大量的品牌游戏皆是由 IP 改编而成。优质 IP 成为文化产业领域布局的重要发力点，网络文学、影视、动漫、游戏围绕 IP 进行产品设计研发，形成联动效应。首先，网络文学 IP 成为精品游戏制作的重要源泉，被誉为"后金庸时代武侠圣经"的《诛仙》被完美世界改编成同名网游，长期位列移动阅读基地畅销榜榜首的《斗破苍穹》被打造成端游《斗破苍穹 OL》。其次，影视 IP 改编成游戏作品成为游戏品牌打造的重要手段，完美世界影游联动打造了《射雕英雄传》《神雕侠侣》《倚天屠龙记》等精品游戏，此外《倩女幽魂》《花千骨》《楚乔传》等手游作品也是根据影视作品改编而成，影游联动相得益彰。再次，端游 IP 改手游成为游戏品牌延伸的重要方向，由端游改编而成的手游成为

手机游戏品牌的重要组成部分，《梦幻西游》《大话西游》《王者荣耀》《穿越火线》《龙之谷》拥有广泛用户基础和情怀的端游都相继开发了手游产品。

（四）口碑传播成为游戏品牌传播的重要渠道

社交媒体时代，口碑传播因覆盖面广、能及时高效精确地获取用户，进而成为游戏品牌传播的重要渠道。2017 年，现象级游戏《绝地求生》在微博、B 站、贴吧、直播平台等媒体进行传播，在国内没有代理商的情况下，引起了广泛关注，获取大量的用户和流量，并带动其他"吃鸡类"游戏全面爆发。直播是这款游戏品牌传播的主要渠道，不管是国外 Twitch 直播还是国内的虎牙、斗鱼、企鹅电竞、熊猫、龙珠、全民、火猫、战旗等直播平台都对这款游戏进行大量直播。《绝地求生》迅速爆红离不开主播的直播宣传，也离不开游戏玩家的口碑相传。2017 年底，《旅行青蛙》在没有任何商家推广甚至没有汉化版本的情况下，迅速在微博、微信引爆话题，形成病毒式传播，吸引了大量的潜在玩家。网易利用微博、微信、B 站等社交媒体平台进行精准传播，《荒野行动》等精品游戏良好的口碑在社交媒体发酵，《阴阳师》等经典游戏产品在社交平台与消费者形成良好的互动。口碑传播的游戏作品更能激起消费者共鸣，进而增强品牌影响力。

（五）游戏品牌用户口碑逐渐改善

根据伽马数据游戏用户调查数据显示，游戏品牌用户信任状况有所优化，33% 的用户非常信任游戏品牌，比 2016 年增长了近 10%，这主要得益于游戏产品质量的提升、用户体验的改善。同时，游戏企业对独立游戏的研究开发也有助于其提升品牌形象。另外，不太信任和完全不信任的用户数量稍有增加，主要是由于 BUG、付费陷阱、游戏换皮、低俗广告等影响了部分用户的用户体验。在用户认可度方面，游戏品牌的创新力、可持续性、产品质量是最受用户认可的方面，也是最期待提升的方面，因此可见,用户对精品游戏产品的需求依旧旺盛。游戏企业透明度与诚信也是亟待提升的方面,游戏企业在透明度与诚信方面所做的努力依旧与用户的期望差距较大。另外,品牌个性需要进一步突出和强化,客户互动需要进一步优化(见图6、图7)。

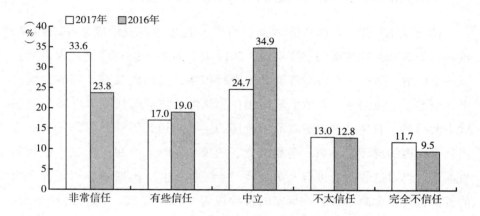

图6 游戏品牌用户信任程度

资料来源:伽马数据(CNG)。

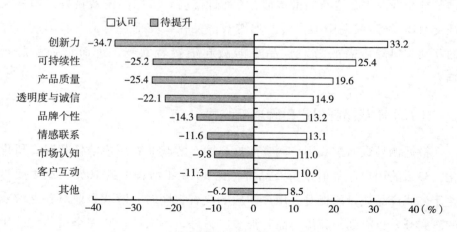

图7 游戏品牌相关方面用户认可状况

资料来源:伽马数据(CNG)。

（六）游戏出海品牌影响力持续增强

2017 年，中国自主研发网络游戏海外市场实际销售收入稳步上升，达82.8 亿美元，同比增长 14.5%（见图 8）。① 中国自主研发网络游戏品牌出海呈现以下特征：①中国自主研发网络游戏品牌出口国家和地区多点开花，覆盖东南亚、欧美、日韩、中东等众多国家和地区；②出口产品类型更加丰富多样，策略类、角色扮演类、多人在线战术竞技类等类型的产品皆有布局，海外出口的中国自研网络游戏品牌有《阴阳师》《最终幻想：觉醒》《王者荣耀》《永恒纪元》《列王的纷争》，等等；③不同规格游戏企业参与全球竞争各辟蹊径，实力强的中国游戏企业选择组建海外团队，资本优势明显的游戏企业选择并购，自研能力强的游戏企业打造优秀产品进入海外市场，中小游戏企业选择与海外发行企业合作或者为海外游戏市场定制开发游戏；④中国自主研发网络游戏品牌国际影响力进一步增强，中国出口的游戏

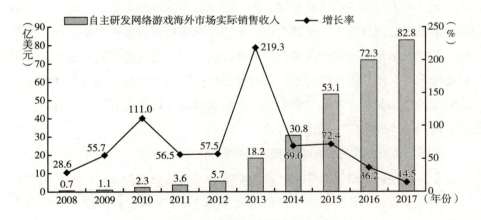

图 8　中国自主研发网络游戏海外市场规模

资料来源：中国音数协游戏工委（GPC）、伽马数据（CNG）和国际数据公司（IDC）。

---

① 中国音数协游戏工委（GPC）、伽马数据（CNG）、国际数据公司（IDC）：《2017 年中国游戏产业发展报告》，新华网，2017 年 11 月 29 日，http：//www.xinhuanet.com/info/2017 - 11/29/c_ 136786870.htm。

品牌经常占据东南亚和日韩游戏排行榜重要位置，中国部分自研游戏品牌还得到了苹果、脸书在全球范围内的推荐。

三 中国游戏品牌建设存在的问题与对策

（一）存在问题

1. 国产游戏原创性、游戏性不足，品牌竞争力有待进一步增强

首先，国产游戏同质化问题严重，原创性不足。模仿成功的游戏范本可以大幅度缩短研发时间并降低成本，而且更容易被市场接纳，能够在一定程度上保证收益，而颠覆性创新则充满了无数风险。因此，国产游戏品牌模仿和抄袭现象明显，同质化问题突出，游戏原创力度不够，存在一定的换皮现象，长此以往会使消费者审美疲劳。其次，国产游戏品牌付费项目多，游戏性不足。跟国外研发的游戏相比，国产游戏大多游戏性不足，玩法上创意不够，但是付费项目众多，烧钱严重，消耗了众多普通玩家的热情。同质化严重、游戏性不足导致我国游戏用户黏性较弱，用户忠诚度不高。拥有广泛用户基础和持久用户黏性的游戏产品大多是国内游戏平台代理的由国外游戏公司研发的精品品牌产品，这类游戏产品游戏性强，玩法内容新颖、有趣，以优质的产品体验来吸引和维系用户。

2. 国产游戏品牌生命周期较短，品牌影响力难以持续

除少数经典端游品牌作品，移动游戏和网页游戏等游戏产品的平均生命周期相对较短，网页游戏的生命周期大多为 3~6 个月，移动游戏的生命周期平均为 3~12 个月，品牌影响力难以持续。长期来看，这十分不利于游戏产业良性循环。长生命周期的精品游戏品牌一方面可以摊薄游戏前期的研发和宣发成本，游戏业务本身可以带来更丰厚的利润；另一方面基于游戏品牌影响力，可以开发游戏衍生品，拓展游戏产业链，从而获得其他收益。国内众多由影视 IP 改编的同名游戏《花千骨》《青云志》《琅琊榜》等上线后长的一年、短的几个月用户规模极速减少，影视剧剧终之后用户数量会出现断

崖式下跌，这主要是由于这类游戏作品主要利用 IP 为游戏导量服务，并未利用优质内容提升原有 IP 价值，这不利于我国超级游戏 IP 品牌的打造，不利于中国游戏品牌在国际舞台上掌握话语权。

3. 国产游戏功能性较弱，功能游戏品牌打造势在必行

目前，我国大部分游戏产品重点开发娱乐功能，社会教育功能相对较弱。我国功能游戏开发尚处于起步阶段，功能游戏数量少且缺乏品牌产品，在提升个人才能、解决现实社会问题方面的作用相对较弱。相关数据显示，在全球年度应用游戏峰会近 4 年发布的共 130 款获奖游戏中，美国独占 90 款，占比达 69.2%[①]，成为美国游戏市场的重要组成部分，而我国的应用游戏占比预估不到 1/10，尚未成气候，功能游戏更为稀缺。从全球来看，目前功能游戏已大量应用于军事、教育、医疗、商业等领域，但目前我国功能游戏仍然是一片蓝海，国内的游戏企业处于代理和初步研发阶段，由于缺乏复合型专业人才，自主研发的能够发挥重要功效的品牌功能游戏作品仍然较少。腾讯开发的《榫卯》《折扇》等游戏形成一定的品牌影响力，是承载传统文化的载体，但是目前国内与不同行业现实场景结合的功能游戏仍然稀缺，是未来游戏品牌打造应重点补齐的短板。

4. 游戏负面舆情频出，品牌形象大打折扣

用户权益维护仍然是中国游戏品牌建设需要重点突破的方向。据伽马数据调研显示，50.3% 的用户曾在游戏中遭遇过盗号、外挂、BUG、诈骗等权益受损的状况[②]，用户权益无法保障是游戏品牌建设的难点和痛点。虽然 46.4% 的用户会联系客服维护自身权益，11.1% 的人会申请法律援助，但完全得到维护与补偿的仅仅占 9.2%，维护或补偿了一部分的也仅占 21.9%，近 70% 的用户权益受损后没有得到维护或补偿。用户权益得不到保障除了网络维权取证困难、步骤烦琐等客观限制外，绝大多数的游戏企业尚未建立

---

① 《游戏产业走向精细化运作国内功能游戏开启发展元年》，同花顺财经网，2018 年 6 月 12 日，http://field.10jqka.com.cn/20180612/c605004509.shtml。

② 伽马数据：《中国游戏企业品牌口碑研究报告》，伽马数据网站，2017 年 9 月 1 日，http://www.joynews.cn/toutiao/201709/0131934.html。

完善的用户权益保护机制也是重要原因。同时，当用户自身权益受损时，27.5%的用户选择用论坛发帖求助，这加速了游戏产品负面信息的传播，进而有损其品牌形象（见图9）。另外，部分游戏负面新闻频出，品牌形象大打折扣。《王者荣耀》被《人民日报》点名指出歪曲历史，误导中小学生，严重损害了其品牌形象。众多青少年沉迷于游戏无法自拔，用父母手机为游戏大额充值的负面新闻越来越多，还有部分游戏包含暴力、色情因素损害了青少年的身心健康，进而严重损害了相关游戏的品牌形象。

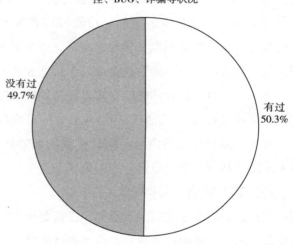

用户在游戏中是否遭遇过盗号、外挂、BUG、诈骗等状况

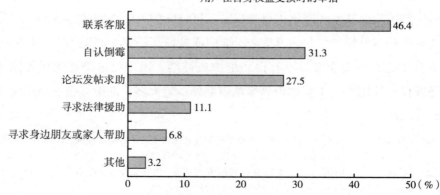

用户在自身权益受损时的举措

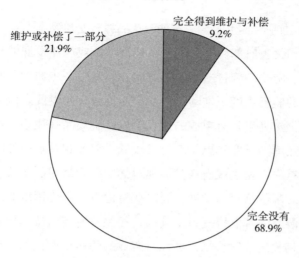

图9　游戏用户权益损害及维权状况

资料来源：伽马数据。

5. 国产游戏品牌文化内涵缺失，对于文化软实力的贡献较弱

游戏作为一种文化产品，承载着价值观和文化理念，目前国产游戏作品作为传播先进文化载体的作用未能充分发挥。首先，中国游戏品牌未能更好地传承和创新中华优秀传统文化。历史悠久、底蕴丰厚的中华优秀传统文化是游戏作品创作的重要灵感源泉，也是中国特色游戏品牌打造的重要法宝，但是目前国产游戏作品对于优秀传统文化内涵的挖掘不够深入、对于优秀传统文化的解读和应用不够准确，甚至存在一定的歪曲历史的现象。其次，中国游戏品牌未能充分体现和传播社会主义核心价值观。目前大部分国产游戏仍然是纯娱乐导向，以娱乐消费为目的追求高额的经济利益，缺乏社会主义核心价值观精神内核，未能将正向价值观潜移默化地融入游戏作品中，未能充分发挥游戏作为传播先进文化的重要载体作用。整体上看，中国游戏品牌对于国家软实力的贡献较弱，而国外的众多游戏品牌则潜移默化地融入了本国和本民族的价值观，向全世界游戏玩家宣扬本国的文化理念。

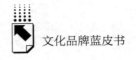

（二）发展对策

1. 政府部门加强引导和监管，推动游戏品牌转型升级

近年来，相关政府部门出台了一系列推动游戏产业发展的政策文件，为游戏产业发展、游戏品牌打造指明了方向，同时进一步加大了对游戏违规内容和经营活动的监管力度，推动着游戏产业健康有序发展。但是，目前我国游戏品牌发展仍然处于相对粗放的发展阶段，游戏品牌往往仅拥有较高的品牌知名度，而品牌美誉度和忠诚度仍然较低，需要相关政府部门进一步加强指导和监管。首先，相关政府部门加强对优质游戏品牌的支持，推动正能量中国特色游戏品牌的培育和发展，同时扶持建设一批应用游戏品牌和功能游戏品牌，补齐游戏品牌发展短板。其次，相关政府部门持续加强对游戏品牌的监管，完善相关的法律法规，加大对游戏品牌知识产权的保护，及时查处侵权盗版行为；重点加强对用户规模大、影响力强的游戏品牌的监管；提高随机抽查和日常检查频次，并向社会大众提供公开投诉监督窗口，调动社会群体的力量，共同推动游戏品牌形象提升。最后，政府部门推动建立游戏投诉平台，当企业未能及时响应、及时处理游戏用户的投诉需求时，游戏投诉平台一方面可以及时解决用户的问题，另一方面可以对游戏企业形成有力的监督，推动其加强品牌口碑建设。

2. 游戏企业增强主体责任意识，积极提升品牌形象

游戏企业应增强主体责任感，提供高品质游戏产品和体验，努力提升品牌形象。首先，游戏企业应加强游戏产品的内容管理，加强符合主流价值的正能量游戏的研发，让中华文化的精髓在游戏作品中被准确传承下去，创意驱动增强游戏的可玩性，同时探索游戏产品除了娱乐功能之外的其他功能，为消费者提供正能量、高品质的精神文化娱乐体验，努力改变社会公众对游戏的偏见和误解。其次，游戏企业在产品设计上要严格执行实名制，精确划分用户年龄群体，根据不同年龄设定不同的规则。做好游戏内容分层，减少暴力、色情等不良内容对青少年的影响；适度控制用户的停留时长和消费额度，避免沉迷于游戏，尤其是要限制未成年人每天的登录时长以及设定未成

年人消费限额。最后，游戏企业要探索建立用户权益保护机制，积极为用户提供一个安全、稳定的运行环境，加强用户权益保护，提升品牌形象。

3. 行业协会制定、完善行业规范，推动游戏品牌正向发展

相关行业协会应充分发挥作用，增强行业自律，推动行业健康规范发展。首先，相关行业协会加快制定和完善游戏行业公约及游戏行业研发运营"行规"，从游戏的研发设计到运营各个环节制定相应的行业自律规范，划出底线和红线，推动游戏内容健康发展。其次，相关行业协会协助游戏企业建立并完善内容管理制度，加强游戏企业正向内容研发、审核队伍建设，引导企业依法依规经营。最后，相关行业协会呼吁游戏企业加强自查自纠，推动游戏企业建立上线前审查、更新时审查以及实时动态监察的长效机制，坚决做到不打擦边球、不碰监管红线、自觉抵制并清除不良内容。

四　中国游戏品牌未来发展趋势

（一）游戏品牌日益精致化、多元化、跨界化

首先，游戏品牌日益精致。当前，"80后"、"90后"以及正在成长的"00后"逐渐成为玩游戏的主力军。他们从小接触游戏，见证了中国游戏的一步步发展，这一代游戏玩家对游戏有强烈的自我判断和认知，消费观念升级，套路化的游戏已无法满足他们的消费期待，玩家对游戏性的要求越来越高，对精致游戏的需求越来越旺盛，高质量内容成为游戏品牌打造的必然要求，完善、平衡、有趣的游戏系统则将成为刚需。其次，游戏品牌趋向多元。"80后""90后""00后"受欧美文化、日韩文化以及中国文化等文化的综合影响，个性鲜明，需求偏好多元，几大类主流游戏类型已不能完全覆盖他们的需求。未来的中国游戏品牌矩阵类型将更加丰富和细分，二次元游戏、女性游戏、功能游戏等都将实现新的突破。最后，游戏品牌寻求跨界融合。成熟的游戏品牌发展到一定阶段会寻找更广阔的舞台进行跨界合作，从游戏品牌逐步走向大众品牌。游戏品牌不仅仅与文化领域的影视、动漫、直

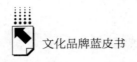

播等进行跨界融合，而且逐步融入实体经济各个行业，例如 CF 将品牌虚拟的 IP 具象化，推出别克君威 GS 穿越火线联名限量款汽车，将品牌更加立体地渗透到社会生活中。

（二）品牌将成为游戏吸量的重要法宝

游戏人口红利消耗殆尽，游戏获取用户越来越困难。传统渠道宣传的流量入口极其有限，而且大部分流量入口难以吸引用户的眼球，传统粗放式的导量模式获取用户越来越困难。游戏产品和用户都在自我优化，游戏用户消费习惯逐渐由被动投放向主动选择转变，用户主动向优质产品聚拢。产品品质成为游戏吸量的基础，品牌将成为游戏吸量的重要手段。暴雪娱乐具有良好的品牌口碑，具有规模庞大的粉丝群并且具有良好的用户黏性，旗下的游戏产品一上线，用户数量和活跃度都遥遥领先。《梦幻西游》也是品牌吸量的一个典型案例，凭借多年的 IP 沉淀，游戏未上线时就已经备受期待，使得与渠道谈判的时候可以获得充分的话语权。在端游大获成功之后，《大话西游》品牌知名度和影响力进一步增强，端游改手游后品牌吸量效应依旧显著。

（三）社交圈在游戏品牌建设中发挥越来越重要的作用

首先，社交媒体成为游戏品牌传播的重要渠道。口碑传播在游戏品牌传播中发挥着越来越重要的作用，微信、微博等社交平台推送以及朋友推荐成为用户获取游戏信息的重要渠道，社交媒体传播成为游戏品牌获取用户的重要方式。其次，游戏玩家社区平台作为游戏品牌传播的专业渠道，既能促进游戏品牌的精准传播，同时还为游戏企业改良、开发游戏提供及时、宝贵的建议反馈，在一定程度上能反哺游戏品牌的发展。游戏玩家社区聚拢了大量的忠实用户，他们会分享自己的游戏成果、发表自己的游戏体验和感想，等等，引发广泛讨论，促进了游戏品牌传播。同时，用户反馈建议等有利于游戏企业准确把握用户感受和需求，为游戏产品改良及后续开发精品游戏提供重要的参考借鉴。

（四）社会效益对游戏品牌的影响力将持续增强

游戏产品属于文化产品，具有意识形态属性，这一特性决定了游戏产品必须坚持社会效益和经济效益双效统一。目前游戏产业的社会效益还不足以与其经济效益相匹配，是游戏品牌发展需要重点强化的方向。游戏产业作为文化产业中争议性较大、负面新闻较多的行业，新闻舆论导向对游戏品牌的影响力持续扩大，社会效益好坏直接关系到游戏品牌的社会信誉和品牌形象。游戏内容符合主流文化认知、未成年人有效监管、游戏玩家权益保护等是游戏企业品牌建设必须克服的重点和难点。随着国家相关部门对游戏监管力度的加大以及游戏作品自身不断优化升级，社会效益好的游戏品牌将备受推崇、广泛传播，依靠良好的口碑提升品牌知名度和美誉度，而社会效益差的游戏产品通过口碑发酵使其品牌价值严重受损。

B.8
旅游业品牌发展报告2018

韩东庆*

摘　要： 2017 年以来，旅游业品牌呈现多样化的发展态势，以"旅游＋"跨界融合丰富品牌内容，以 IP 力量带动旅游业品牌，以短视频营销推动网红旅游品牌走俏，然而在旅游业品牌发展中，品牌危机事件频发、同质化严重、营销传播互动性不足等一些固有的问题依然存在，并制约着旅游业品牌的发展。随着文化和旅游部组建，从顶层设计上更加支持鼓励文化和旅游融合发展，未来文旅融合品牌发展、科技的广泛应用将驱动旅游业品牌深度发展、"旅游＋"将推动旅游业和其他行业品牌融合发展。

关键词： "旅游＋"；品牌危机；品牌营销互动性；品牌同质化；文旅融合

根据国家文化和旅游部发布的《2017 年全年旅游市场及综合贡献数据报告》统计数据显示：2017 年，国内旅游市场高速增长，出入境市场平稳发展，供给侧结构性改革成效明显。国内旅游人数 50.01 亿人次，比上年同期增长 12.8%；入出境旅游总人数 2.7 亿人次，同比增长 3.7%；全年实现旅游总收入 5.40 万亿元，增长 15.1%。初步测算，全年全国旅游业

＊ 韩东庆，中国海洋大学文化产业管理专业硕士研究生，主要研究领域为旅游业和演出业品牌发展。

对 GDP 的综合贡献为 9.13 万亿元，占 GDP 的 11.04%。旅游直接就业 2825 万人，旅游直接和间接就业 7990 万人，占全国就业总人口的 10.28%（见图 1）。

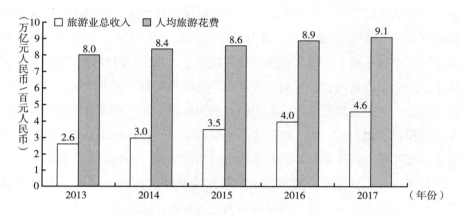

图 1　2013～2017 年国内旅游业总收入和人均旅游花费

资料来源：2013～2017 年《中国旅游业统计公报》。

现如今人们对产品的品质与服务要求不断提升，性价比较高的品牌更容易满足消费者的需求，同时品牌优势是商家赢得市场的关键。在此背景下，各地旅游企业需要在注重品牌文化内涵上下功夫，形成优质的旅游品牌，以品牌感染顾客，以品牌的宣传来带动市场。

一　2017年旅游业品牌发展现状

（一）利好政策不断

品牌建设事关旅游业未来可持续和良性发展，我国政府对旅游业品牌建设历来重视。2017～2018 年国家在出台的一系列旅游业政策中有很多涉及品牌方面的内容。

2017 年 6 月原国家旅游局发布《全域旅游示范区创建工作导则》，明确提出要丰富品牌旅游产品，要打造特色品牌、整体品牌和具有国际影响力的目的地品牌。在打造特色品牌方面，要求增强要素型旅游产品吸引力，深入挖掘民间传统小吃，建设特色餐饮街区，进一步提升星级饭店和绿色旅游饭店品质，发展精品饭店、文化主题饭店、经济型和度假型酒店、旅游民宿、露营、帐篷酒店等新型住宿业态。在打造整体品牌方面，要求提升园区型旅游产品品质，强化 A 级景区、旅游度假区、旅游休闲区、旅游综合体、城市公园、主题乐园、大型实景演出和博物馆、文化馆、科技馆、规划馆、展览馆、纪念馆、动植物园等园区型旅游产品设施配套，实现节约、集成和系统化发展。在打造具有国际影响力的目的地品牌方面，要求发展目的地型产品，按照村、镇、县、市、省打造具有国际影响力的目的地品牌。此外，还要求实施品牌营销战略，不断塑造特色鲜明的旅游目的地形象，打造主题突出、传播广泛、社会认可度高的旅游目的地品牌，提升区域内各类品牌资源，建立多层次、全产业链的品牌体系，变旅游产业优势为品牌优势。2018年 3 月 9 日《国务院办公厅关于促进全域旅游发展的指导意见》（国办发〔2018〕15 号）出台，明确提出要实施品牌战略。其中要求着力塑造特色鲜明的旅游目的地形象，打造主题突出、传播广泛、社会认可度高的旅游目的地品牌，建立多层次、全产业链的品牌体系，提升区域内各类旅游品牌影响力。

上述国家政策的出台不仅为我国旅游业品牌建设指明了方向，而且还提出了具体的品牌建设内容，有利于实现旅游业品牌快速化发展。

（二）"旅游 +"跨界融合，丰富品牌内容

"旅游 +"是 2017 年至今的旅游业的关键词。旅游与各类细分产业融合，有利于实现由旅游内部的品牌自循环向外部开放的"旅游 +"品牌转变。在国家层面，也出台了一系列的政策鼓励支持旅游与其他行业或产业进行融合。2017 年 2 月 5 日，中央一号文件《中共中央、国务院关于深入推进农业供给侧结构性改革加快培育农业农村发展新动能的若干意见》正式发布，首次写入"旅游 +"概念。文件提出：大力发展乡村休闲旅游业，充分发挥乡村各类物质与非物质资源富集的独特优势，利用"旅游 +""生

态 + "等模式,推进农业、林业与旅游、教育、文化、康养等产业深度融合,丰富乡村旅游业态和产品,打造各类主题乡村旅游目的地和精品线路,发展富有乡村特色的民宿和养生养老基地,鼓励农村集体经济组织创办乡村旅游合作社,或与社会资本联办乡村旅游企业,多渠道筹集建设资金,大力改善休闲农业、乡村旅游、森林康养公共服务设施条件,完善休闲农业、乡村旅游行业标准等。

2017 年 6 月,原国家旅游局发布了《全域旅游示范区创建工作导则》,明确提出创建原则是突出融合共享。大力推进"旅游 +",实现旅游业与其他行业的磨合、组合和融合,促进旅游功能全面增强,使发展成果惠及各方,让游客能满意、居民得实惠、企业有发展、百业添效益、政府增税收,形成全域旅游共建共享新格局。推动"旅游 +"城镇化、工业化、商贸、农业、林业、水利、科技、教育、文化、卫生、体育、交通、环保和国土等领域融合发展,打造出很多新的旅游品牌,丰富旅游产品,增加旅游品牌的有效供给。例如,"旅游 + 农业"会碰撞出田园艺术景观、阳台农艺等创意农业和具备旅游功能的定制农业、会展农业、众筹农业、家庭农场、家庭牧场等新型农业业态品牌;"旅游 + 林业"会涌现出"森林人家""森林小镇"等新型的旅游品牌;"旅游 + 水利"将水利设施建设融入旅游元素和标准,开发观光、游憩、休闲度假等水利旅游品牌;"旅游 + 相关产业"丰富了旅游品牌的内涵和内容,外延了旅游品牌的范围,推动旅游品牌内容和外延创新性发展。2017 年 5 月 19 日,中国十大科技旅游基地推出,湿地旅游、中医药健康旅游、体育旅游、冰雪旅游、工业旅游、森林旅游、研学旅游等争相发展。同时,"旅游 +"模式孕育出许多旅游新业态,比如低空旅游基地、科教研学旅游基地、田园综合体等。目前旅游行业的外延越来越广阔,"旅游 +"无疑将为旅游业与众多相关行业融合共赢提供机遇,而游客也将获得全新的出游体验。

(三)行业标准发布,保驾护航规范旅游行业品牌发展

只有明确规范行业标准,才能推动旅游业品牌的打造。新时代旅游业与

其他产业融合发展的过程中出现了新的旅游业态和新的载体，如旅游民宿、以文化为主体的旅游饭店和精品酒店等新的旅游品牌。很多游客旅游时将民宿作为住宿的首要选择，一些地方的旅游民宿已成为地方旅游的特色品牌和核心吸引元素。但是一些民宿无章可循、无规可依、质量参差不齐，导致问题很多，不仅损害了游客的利益，更不利于旅游业尤其是旅游民宿业的良性健康发展和品牌化打造。但是，民宿从开始产生的几年时间里，到现在一直是一种非标准化的住宿形态，尚无管理规范进行直接的监督和管理。当前我国大陆地区的民宿一种是依托家庭房子进行家庭式经营为主，另一种是热爱生活有情怀且有经济基础的个人将其作为一种爱好，因此缺乏品牌培育意识，导致问题百出。民宿、客栈、精品酒店、公寓等非标住宿在 2017 ～ 2018 年成了众多游客出游时的新选择，包括洱海边的小院、上海弄堂里的老房子，等等，人们对于住宿越来越讲情怀。不过由于非标住宿质量参差不齐，也曝出一些负面事件，如 2017 年"十一"假期，一位游客在北海涠洲岛旅游时投诉所订客栈房间质量和网上宣传明显不符；2017 年 11 月，丽江的一家客栈在接到客人关于房间蚊虫多的投诉后，居然回复出"蚊子是宠物，熏死要赔钱"的不当话语。

为解决上述出现的问题，加强行业品牌标准化和规范化程度，2017 年 8 月，国家旅游局公布了《旅游经营者处理投诉规范》（LB/T 063 – 2017）、《文化主题旅游饭店基本要求与评价》（LB/T 064 – 2017）、《旅游民宿基本要求与评价》（LB/T 065 – 2017）、《精品旅游饭店》（LB/T 066 – 2017）等 4 项行业标准，2017 年 10 月 1 日起开始实施。2017 年 10 月，国家标准《休闲主体功能区服务质量规范》（GB/T34409 – 2017）正式发布，各类休闲业态、设施、服务等内容都有了明确规范。2017 年 12 月 1 日，国家旅游局批准公布了《国家工业旅游示范基地规范与评价》行业标准，该标准规定了国家工业旅游示范基地的术语和定义、基本条件、基础设施及服务、配套设施及服务、旅游安全、旅游信息化、综合管理等内容。上述标准的出台对于规范旅游行业中的文化主题旅游饭店、旅游民宿和精品旅游饭店品牌发展以及未来品牌打造具有积极意义。

（四）不断完善基础设施，为品牌建设提供基础保障

厕所看似很小的一个场所，却事关旅游业品牌打造中的重要一环。在旅游业基础设施建设方面，各项举措不断被提出。2017 年 11 月，习近平总书记就推进"厕所革命"做出重要指示。习近平指出，厕所问题不是小事情，是城乡文明建设的重要方面，不但景区、城市要抓，农村也要抓，要把这项工作作为乡村振兴战略的一项具体工作来推进，努力补齐这块影响群众生活品质的短板。2017 年 11 月 19 日，国家旅游局发布《全国旅游厕所建设管理新三年行动计划（2018～2020）》，明确提出 2018～2020 年再建旅游厕所 6.4 万座，实现厕所革命"数量充足、分布合理，管理有效、服务到位，环保卫生、如厕文明"的新三年目标。

（五）"IP"力量带动旅游业品牌

综艺节目、影视剧、动漫角色、音乐、选秀节目等领域 IP 都在时时刻刻影响着人们的出游决策，如何把这些 IP 用好，如何更多地发展出属于中国自己的原创旅游 IP 品牌，是旅游行业和相关企业需要思考的问题。

近年来，一些知名度较高的综艺节目、影视剧、动漫角色、音乐、选秀节目在带动旅游业发展上很是有效，如在电影领域，电影《小时代》系列的火爆，尤其是影片中充满欧洲建筑色彩的画面和场景，使得拍摄场地上海的泰晤士小镇名声大噪，小镇品牌价值节节上升，现在已经成为非常著名的旅游景点。在电视剧领域，2017 年，电视剧《欢乐颂 2》在全国热播，其中的拍摄地江西婺源也随之火爆，婺源旅游品牌再一次令人注目。在综艺节目领域，综艺节目《奔跑吧兄弟》在北京的古北水镇拍摄"古镇奇遇记"，使得旅游地古北水镇品牌知名度暴增。在 2017 年的众多综艺节目中，有一个新的非常值得关注的现象是出现了很多以民宿为主题的节目，如《亲爱的·客栈》《青春旅社》《三个院子》等。《亲爱的·客栈》是由湖南卫视打造的 12 期以经营民宿客栈为主题的真人秀节目。由明星夫妻或者情侣用 20 天的时间共同经营一家民宿客栈，在经营民宿的过程中感受自己的内心

世界、当地的人文情怀和寻找最想要的生活状态。《青春旅社》是东方卫视打造的也是以经营青春旅社为主题的明星和素人相结合的励志节目。在节目中民宿经营者倾听来自五湖四海的游客的故事和生活，共同诉说青春。《三个院子》是江苏卫视推出的以"共享生活"为主题的体验和观察游客的真人秀节目。不同分组的明星是"Life Sharing"的发起人，分别住进三个民宿院子里，接待不同性格的游客。明星和素人共同分享生活，在分享之中体会生活百态。这些以民宿为主题的综艺节目，随着综艺节目的热播，无形之中带动了民宿品牌的影响力和知名度。

（六）利用短视频营销，网红旅游品牌走俏

当前我们已经进入自媒体时代，各行各业利用自媒体等新兴媒体营销屡见不鲜。国家也提倡利用新媒体对旅游业品牌进行营销推广。如 2017年 6 月原国家旅游局发布《全域旅游示范区创建工作导则》，明确提出创新全域旅游营销方式，有效运用高层营销、公众营销、内部营销、网络营销、互动营销、事件营销、节庆营销、反季营销等多种方式，借助大数据分析，充分利用微博、微信、微电影、App 客户端等新兴媒体，提高全域旅游宣传营销的精准度、现代感和亲和力。2018 年 3 月 9 日《国务院办公厅关于促进全域旅游发展的指导意见》（国办发〔2018〕15 号）指出要实施系统营销，塑造品牌形象，充分运用现代新媒体、新技术和新手段，提高营销精准度。

旅游业营销在新媒体应用中，利用短视频营销在近两年得到快速的发展，尤其是 2017 年，短视频行业盛况空前，很多城市旅游品牌因为短视频的传播而声名鹊起。以短视频抖音为例，2017 年至今因为抖音而爆红网络的旅游城市和旅游品牌数不胜数，而且抖音短视频打破了人们对传统旅游城市和旅游品牌的固有认知和印象，打开了旅游城市或旅游品牌的新的品牌认知大门。如因为传统历史色彩浓厚、以古色古香著称、以传统历史文化而名扬四海的西安古城，由于抖音短视频"永兴坊摔碗酒""毛笔酥"等一时之间爆红网络，使得人们对西安古城有了全新的认知。很多城市也因为短视频

而走红，重庆、济南、大理、丽江等城市的很多地点被抖音刷屏。这些地方也成为网红地标和城市旅游当中的网红品牌。

二　旅游业品牌存在的问题

虽然我国 2017 年全年实现旅游总收入 5.40 万亿元，在全球旅游总收入排名中仅次于美国，但是我国旅游业国际化的长远发展任重道远。其中缺少国际知名品牌成为制约我国旅游业发展的最重要因素，且相比于国外，我国旅游业品牌仍存在一些问题。

（一）旅游业品牌危机事件频发

由于我国旅游业处于快速发展的时期，虽然国家和相关部门也逐步加强监督和管理，但是旅游业品牌危机事件时有发生。而且随着新媒体和互联网的发展，旅游业品牌危机事件得到快速传播，呈现全民传播、快速传播、去中心化传播和影响范围广等特点，更是增加了监管的难度。在 2017 年不论是旅游地区、旅行社、旅游代理和服务机构频频被曝出危机事件，不仅考验着旅游行业和政府的应变能力，旅游业品牌危机带来的危害也是巨大的，很有可能使得苦心经营的品牌瞬间瓦解，最重要的是损害了我国旅游业的整体品牌形象。如 2017 年 10 月，在线旅游品牌携程被推上了舆论的风口浪尖，遭受了巨大的品牌危机，起因源于一篇自媒体文章《一年 100 亿？揭秘"携程"坑人"陷阱"》在社交媒体上的广泛传播。文章主要揭示了携程"强买强卖""坑人没商量"，讲述了消费者在携程上预订机票、火车票等时，系统会强制捆绑搭售很多额外的项目，如酒店优惠券、专车、贵宾休息室等，消费者莫名会增加很多费用。对此，起初携程进行否定，指责文章造谣诽谤，然后有很多微博大 V 和知名艺人现身说法讲述自己被捆绑搭售的经历，再加上众多消费者有相似被捆绑销售、搭售的经历，使得携程的品牌危机达到了高潮，必将对携程的品牌形象造成不利影响。11 月 11 日，央视曝光了丽江古城"风花雪月连锁客栈（初见店）"和"亲的客栈·丽江水墨

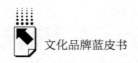
印象店"两家客栈的美团电商业务存在"刷单炒信、自己写好评、差评随意删"等不正当竞争行为。其中，"风花雪月连锁客栈（初见店）"在客人反映房间内有蚊虫叮咬半夜无法入睡时，客栈前台人员回复"这（蚊子）是我们养的宠物，熏死了要赔的，一百块钱一只"，引发网友热议。这也对丽江古城旅游品牌的打造产生不利影响。

（二）旅游业品牌营销互动性不足

虽然近年来很多旅游品牌利用新媒体对其进行营销，取得了良好的效果，很多旅游品牌一夜成为网红品牌。但是大多数的品牌营销都是单向地向消费者输入，而消费者反馈的却很少，整体而言与消费者缺乏互动。传统的旅游景区或相关的旅游企业营销方式主要是对旅游品牌进行单一的推广，旅游景区或相关的旅游服务企业缺乏与消费者的互动，从而消费者也只是被动地接受品牌的推广和认知。

随着互联网和新媒体的发展，当前很多旅游景区或相关的旅游服务企业纷纷开设网站、微博、微信等平台，借助互联网和新媒体进行品牌宣传、营销和传播，在与游客的互动当中通过问卷调查、在线客服、投诉建议等栏目进行。但是纵览大部分旅游景区或相关旅游企业的营销方式，都忽略了与消费者的互动交流，消费者的反馈渠道也很少。

（三）旅游业品牌同质化愈发严重

无论在全国还是在同一区域内，很多旅游企业利用某一名人或某一事件等 IP 打出同样的品牌，不仅品牌相同，在旅游产品、旅游内容上也是大同小异，由此导致旅游业品牌同质化愈发严重，缺乏特色。比如当前火爆的古镇旅游。古镇旅游火爆主要基于两点，第一点是古镇内具有传统的原生态的体验项目和体验价值，让游客获得最大化的体验性；第二点是应当具备便捷的交通条件。然而放眼全国各个地方的古镇旅游，无论是外在的建筑空间布局、建筑特色和特色旅游产品开发等，还是内在的经营理念和方式上，几乎都是清一色的。古镇旅游品牌同质化的现象非常严重。走进古镇当中，地面上铺的都是青石板路、两边都是迎风招展的彩旗和同一装修布局风格的店铺。而店铺内的旅游纪念产品与其他地区的一模一样，都是同一个工厂生产的，在很多古镇里都能看到。同质化的手链、钥匙链、帽子，等等，比比皆是。大众旅游化时代虽已到来，但是古镇旅游并未实现百花齐放的竞争格局，反而同质化竞争的现象越来越严重。很多古镇品牌都陷入了同质化的窠臼之中，形成千人一面的建筑布局和千篇一律的经营形态。没有特色化的发展和不注重旅游体验价值，同样的建筑、同样的街道、同样的店铺、同样的产品，等等，使得很多古镇旅游成为一次性的消费品。

比如，2017年电视剧《白鹿原》使得白鹿原的名声再次火热，白鹿原这一品牌IP也成为众多资本热捧的对象。在很短的时间之内，很多将白鹿原作为宣传点和卖点，以白鹿原为主题的旅游品牌项目如影视城、民俗村、观光园等拔地而起。然而这些旅游项目虽然打着白鹿原的旗号，但是景区内的元素和产品却是基本雷同，主营业务都是"陕西小吃"。由于以白鹿原为主题的旅游项目众多，如在同一地区就分布着白鹿原生态文化观光园、白鹿原民俗村、白鹿原影视城和白鹿仓景区等。这些旅游项目的白热化和同质化竞争，不仅不能增强白鹿原的品牌影响力和提升文化品牌价值，反而在无形之中对白鹿原这个IP品牌造成了巨大的损害。

（四）品牌传播不足

传播在旅游业品牌建设、发展和塑造的过程中具有十分重要的作用，是促进旅游业品牌可持续发展的重要手段，纵观当前旅游业品牌的传播，存在诸多的问题制约旅游业品牌建设。首先在传播主体上，旅游业品牌的拥有者应当是传播的主体，然而当前很多旅游业品牌不注重传播的重要性，认为把企业或景区经营好，地方政府主要进行传播宣传，因此就过度依赖地方政府进行传播，地方政府反而成为旅游业品牌传播的主体。同时，很多旅游企业或景区还未建立品牌部等专业的统筹品牌传播建设发展的部门。其次在传播力度上，当前虽然有很多旅游企业通过广告宣传、促销、产品、公关等手段和形式进行品牌传播活动，然而在实际中，大多数都是蜻蜓点水般地进行传播活动，在传播力度上不够深入，未能深入地对品牌进行传播。比如在西安市丝绸之路旅游品牌传播中，虽然西安的大唐西市博物馆在 2017 年入选了第三批国家一级博物馆，是国家一级博物馆当中的唯一一家非国有博物馆，但是从受众调查中发现，选择大唐西市作为旅游景点的外地旅游者少，受众对丝路博物馆和风情街的认知模糊，知名度低。[①] 然后在传播的手段使用方面，很多旅游业品牌传播手段和传播理念也十分落后。当前我们已进入"互联网＋"时代，根据第 42 次《中国互联网络发展状况统计报告》的统计数据，截至 2018 年 6 月，我国网民规模达 8.02 亿，互联网普及率为57.7%。但是很多旅游景区依然固守传统观念，选择报纸、杂志、图书、电视、广播等传统媒体进行品牌信息传播，而依托"互联网＋"路径进行传播的旅游业品牌建设道路则会越走越远。最后在自媒体快速普及化的当下，虽然有很多的旅游业品牌开设了自媒体平台，但是在内容上更新次数较少，未能与游客实现有效的互动，在运营能力方面有所欠缺，也导致传播的不足。

三　旅游业品牌发展对策建议

随着社会经济的不断发展，人们生活水平的不断提升，消费水平和消费种类也在急剧扩展，在很大程度上促进了我国旅游业的快速发展和进步。但随之而来的旅游业自身也出现了品牌危机事件频发、建设意识薄弱、发展定位不明确、营销互动性不足、同质化现象严重等一些问题，所以迫切需要对旅游业品牌发展进行充分的考虑，从多方面、多角度综合提出相应的措施和手段。

（一）加强新媒体环境下旅游品牌形象危机传播应对策略

随着新媒体在现代传播中的广泛应用，应当完善在新媒体环境下的旅游

---

① 张琳月：《西安"新丝绸之路"旅游品牌传播策略研究》，硕士学位论文，西北大学，2017。据中国优秀博硕士学位论文全文数据库：http://cdmd.cnki.com.cn/Article/CDMD‐10697‐1017270247.htm。

品牌危机传播的应急机制，提早预防及时规避旅游品牌危机。

首先，旅游管理部门应加强日常管理监督，旅游主体也应当加强自我管理，诚信经营防微杜渐，树立品牌意识，维护好地区和行业的旅游品牌，合力将危机事件扼杀在摇篮当中，净化危机事件滋生的土壤。其次，当危机事件发生传播时应在不同阶段和时期采取不同的针对性措施。在危机潜伏期，这一时期如果不对危机进行及时的处理，那么会引发危机的爆发和扩散。因此管理部门应加强危机意识，对于游客的投诉建议一定要认真对待及时处理。当前好多旅游品牌危机事件都是由于处理不及时或处理不当，导致危机的扩散化。纵观众多的旅游品牌危机事件，本来在消费者和旅游品牌之间能够得到妥善解决的事件，然而由于旅游品牌处理不当，导致消费者对事件进行曝光，由此品牌危机愈演愈烈。此外旅游管理机构还应当建立危机事件的预警机制，在网络上监测本地区旅游品牌的投诉建议等，做到建立危机环境监测机制，尽量避免危机的爆发。在危机爆发期，对旅游品牌的影响最大，应当建立快速的应急反应机制，及时回应社会关切，邀请媒体参与成立调查小组，还原事件的真相，依法依规进行处理，由此将对旅游品牌的影响降低到最小限度。在危机过后期，这一时期是旅游品牌的重塑期。提高自我和外部的监督管理，加大旅游业的整治力度，积极塑造正面的品牌形象，将危机事件对品牌的不良影响转变为品牌发展的机遇。

（二）品牌差异化、特色化发展

罗塞尔·瑞夫斯的 USP 理论主张，强调产品特性，实行差异化传播。通过创造独特的形象，摆脱产品同质化，能够在受众（包括潜在受众）心中创造一个独特位置。[1] 在旅游业品牌同质化日益严重的今天，游客想寻求不一样的差异化产品和体验，因此进行差异化的品牌塑造是众多旅游景区和企业脱颖而出的重要砝码。品牌差异化和特色化发展不仅能够打破自身同质化发展的限制，而且能够赢得市场和消费者的认同和喜爱。具体来说，旅游

---

① 陈培爱：《广告学概论》，高等教育出版社，2010，第 90 页。

企业和景区在品牌定位上要实现差异化的品牌定位，在品牌内容建设上要实现品牌内容的特色化建设发展。以红色旅游为例，当前红色旅游在我国方兴未艾，如火如荼。各地都建设各种各样的红色旅游景点，然后很多地方只拥有一小部分红色资源就开始打造红色景点或项目，导致这些景点和项目都是同质化发展。在品牌定位上，大多数定位为红色之都、红色基地、爱国主义教育基地，等等。在品牌定位无差别的情况下，品牌内容上更是大同小异，很多红色景点建设的都是相同的内容，在建筑上模仿当年的建筑，在体验项目上几乎都是设置的一起吃大锅饭、穿军装和草鞋、学编草鞋、重温当年的革命故事，等等。这些内容游客第一次会感到很新鲜，但是很难做到二次消费。因此在旅游业品牌定位的过程中要结合地方特色因地制宜打造自身独特的优势品牌，在旅游业品牌内容建设上要体现内容的个性化和差异性，防止千篇一律。例如，目前我国绝大多数景区所出售的旅游纪念产品基本为专业的批发采购，产品雷同、质量低劣，只有根据自身特点和品牌内涵研发出极具地域特色的旅游商品，才能提升消费者的购买欲，丰富旅游体验。[①] 此外为了防止同质化的倾向，还应当增强游客的参与度，让游客参与到景区或项目的建设当中，增强游客的体验价值。

（三）建立品牌营销和传播的互动机制

吉尔摩和派恩指出："企业以服务为舞台，以商品为道具，以消费者为中心，创造出使消费者参与，值得消费者回忆的活动。"[②] 旅游业品牌需要与游客建立营销和传播上的互动机制，才能实现品牌的可持续发展。首先，旅游业品牌主体应当树立品牌营销传播的理念，增强品牌营销传播的意识，认识到品牌营销传播对扩大旅游业品牌知名度、提升旅游业品牌的市场竞争能力具有重要作用，真正地投入人力、物力到品牌营销传播中。其次，要以游客为中心，满足游客多样化的消费和情感需求，增强游客在品牌消费中的

---

① 丁烨：《基于旅游产业转型升级下的旅游品牌推广策略》，《社会科学家》2017 年第 11 期。
② 约瑟夫·派恩、詹姆斯·吉尔摩：《体验经济：工作是剧场，业务是舞台》，哈佛商学院出版社，1999，第 89～108 页。

体验性，满足消费者的体验需求，增强营销传播过程中与游客的互动性，实现与游客的双向互动交流。在互动体验过程中，游客可以参与到品牌产品的生产与设计当中，充分发挥游客的主观能动性，调动了游客的积极性，尽可能地让游客参与到品牌塑造的全过程当中。然后，要完善受众反馈系统，从传播学的角度而言，品牌的传播是一个互动的过程。一方面，反馈信息有助于传播者把握受众需求，促进品牌健康发展；另一方面，信息反馈能成为传播策略制定的依据之一。在具体的实施过程中，不仅要创建受众信息反馈系统，如旅游品牌的网站、微信公众号、微博等，而且还要打通反馈渠道，渠道的通畅是保证信息能够流通的重要条件。还要及时处理受众反馈信息，通过对受众反馈的分析，可以进一步了解受众需求以及受众对旅游品牌的态度与认知，区分旅游品牌发展的不同受众，为旅游品牌的发展提供更加科学的依据。[①] 最后，要将"互联网+"技术和手段运用到品牌营销传播的全过程当中，强化网络营销传播的作用，加强自媒体的使用，通过短视频、微博、微信等自媒体手段实现营销传播最大化。

四　旅游业品牌发展趋势

（一）更多文化旅游品牌涌现

2018 年的国务院机构改革中，旅游部和文化部合并成文化和旅游部，并在 2018 年的"两会"上获得通过。未来文化和旅游融合发展的趋势将会越来越明显，而且二者融合的进度将会越来越快。2016 年 12 月，国务院发布《"十三五"旅游业发展规划》，提出旅游总收入年均增长 11% 以上，旅游直接投资年均增长 14% 以上。到 2020 年，旅游市场总规模达到 67 亿人次，旅游投资总额 2 万亿元，旅游业总收入达到 7 万亿元。2017 年 4 月

① 张晨莲：《湖南省县域旅游品牌发展现状与对策研究》，硕士学位论文，湖南师范大学，2016。据中国优秀博硕士学位论文全文数据库：http://cdmd.cnki.com.cn/Article/CDMD-10542-1016092650.htm。

《文化部"十三五"时期文化产业发展规划》发布，明确提出要到 2020 年，文化产业整体实力和竞争力明显增强，培育形成一批新的增长点、增长极和增长带，全面提升文化产业发展的质量和效益，文化产业成为国民经济支柱性产业。当前我国文化产业发展正处于大发展的重要战略机遇时期。无论是旅游业还是文化产业，其未来发展任重道远。旅游业和文化产业要想实现高质量的快速发展，只有二者实现强力的融合才能顺应未来产业发展的趋势。当前正处于文化和旅游加快融合的阶段，品牌化是带动文化产业和旅游业发展的重要抓手，需要更多的文化旅游品牌带动文化旅游业的发展。随着二者融合的进程和力度加快，未来将会有更多的文化旅游品牌涌现。

（二）科技力量驱动旅游业品牌深度发展

随着旅游业与其他行业融合进程的加快和科技各行各业中的广泛应用。科技和旅游业融合的趋势越来越显著。在融合的过程中，科技已从传统旅游业中的从属者变成如今旅游业中不可或缺的一个重要元素和项目。未来科技力量将会驱动旅游业品牌向深度发展，主要体现在两个方面。

一方面是未来将会涌现更多的科技旅游品牌。2017 年 3 月，原国家旅游局和中国科学院发布"首批中国十大科技旅游基地"。很多著名的科技场所和科技项目成为旅游基地和旅游品牌，如贵州黔南 500 米口径球面射电望远镜、中国科技馆、中国科学院青岛海洋科考船、中国科学院西双版纳热带植物园，等等。在游览这些旅游品牌时不仅会有优美的自然风景和各具特色的地域风光，如中国科学院西双版纳热带植物园、贵州黔南 500 米口径球面射电望远镜等，而且还能感受到科技之美。这些科技场馆和项目的品牌化发展能够支撑旅游业的发展，而旅游业则会有利于这些场馆和项目的传播。未来随着科普教育的普及和科普资源的增多，更多的科技旅游品牌将会涌现。

另一方面科技在旅游业的应用不断增强。现代科技手段如大数据、人工智能、VR、AR 等为旅游业的品牌赋能，推送旅游业品牌更加深入发展。依靠大数据、数字科技和人工智能的广泛应用，游客将更加全面地掌握旅游的信息。越来越多的游客在安排住宿前，会通过科技了解目的地及住宿环境，未来超过80%的游客则希望能通过 VR 体验后，再做决定。据国际数据资讯公司预测，到 2020 年，人工智能将推动全球旅游业收入超过 470 亿美元。"知道客户在哪、客户将去哪、客户有何种行为"的旅游企业将能够分到很大的一块蛋糕。① 科技手段和技术在旅游业品牌中的应用，能够增强游客的参与感和体验互动价值。在主题公园中，当前很多主题公园里的电影和电影院中的电影不同之处在于与观众的互动性大大增强。如华强方特的球幕影院《飞越千里江山》在影片结尾加上宋徽宗的回眸。在旅游业品牌中实景剧场和全息剧场通过现代科技手段展示超真实的场景，让游客在观看旅游演出时仿佛身临其境，体验感大大增强。此外"沉浸式"互动体验新技术的 AR 和 VR 技术也使得游客的体验感大大增强，有利于旅游品牌的打造。

（三）"旅游＋"推动品牌融合发展

2017 年 10 月 18 日，习近平总书记在党的十九大报告中强调，中国特色社会主义进入新时代，我国社会主要矛盾已经转化为人民日益增长的美好生活需要和不平衡不充分的发展之间的矛盾。旅游业是实现"美好生活"的重要抓手和举措。然而当前旅游业单一化发展的格局和现状则不利于"美好生活"的建立。实施"旅游＋"战略，实现旅游业品牌和多业态融合发展，有利于形成合力和组合发展的格局，满足人们对"美好生活"的需要。如上海"旅游＋"产业融合发展大格局已基本构建，构建起旅游业与文化、商务、体育、工业、农业、科技、卫生、金融、交通、气象等融合发展的"1＋10＋n"大旅游产业体系。在"旅游＋"的推动下上海市旅游业品牌价值和影响力快速提升。截至 2017 年底，上海共有国家生态旅游示范区 4 个，A 级景区 101 个，红色旅游基地 34 个，特色文化博物馆约 120 个，达标工业旅游景点 67 个，体育旅游休闲基地 13 个。② 在具体领域如"旅

---

① 尹婕：《2018，中国旅游什么样？》，《人民日报（海外版）》2017 年 11 月 22 日。
② 沈则瑾：《建设具有全球影响力的世界一流旅游城市——上海构建"旅游＋"产业融合发展大格局》，《经济日报》2018 年 2 月 22 日。

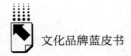

游 + 农业"有利于延长传统农业产业链,增强传统农业的产业链价值,扩展传统农业发展新模式,实现传统农业新功能,打造田园综合体新品牌,"旅游 + 交通"有利于实现创新融合发展,实现个性化的旅游交通服务如当前流行的房车旅游等。因此"旅游 + "能够推动旅游业和其他行业品牌融合发展,提升区域旅游业品牌新形象。

案 例 篇

Annual Report on Cases of Cultural Enterprises Brands

B.9

腾讯音乐：打造中国数字音乐娱乐生态

陈 鸿*

摘　要： 中国数字音乐市场环境持续转好，数字音乐多样化发展，数字音乐平台差异化运作，音乐市场国际影响力不断提升。腾讯音乐娱乐集团作为中国数字音乐领域最具影响力的企业，通过多元化应用音乐版权，围绕数字专辑、会员订阅、演艺直播、粉丝经济等创新商业模式打造品牌产业链，致力于提供多元化、高品质的内容服务和互动体验，并积极进行国际化布局，引领中国数字音乐国际化发展。

关键词： 数字音乐　腾讯音乐娱乐集团　品牌策略

---

* 陈鸿，比达咨询首席分析师，主要研究领域为数字音乐。

一 中国数字音乐发展概况

从起源来说，数字音乐是从早期的蜡盘唱片、黑胶唱片到后来的磁带、CD发展而来，主要区别在于传播媒介的不同。数字音乐用数字格式存储，是可以通过网络来传输的音乐，且传输后品质不会发生变化，根据人们的需要被下载和删除，传播不再依赖于实体媒介。

1993年，MP3音频压缩技术诞生，可以将一首CD音乐压缩到只有几个MB的容量，开启了数字音乐的在线自由交流；2004年，中国数字音乐进入产业化发展阶段，由于欠缺相应法律法规，整个行业野蛮发展，盗版问题尤为突出；2005年我国第一部《互联网著作权行政保护办法》颁布，在政府监管力度的加大以及各大唱片公司的严厉打击下，数字音乐市场发展走向规范化。

2013年，大批在线音乐网站因版权问题关闭，主流唱片公司和网络音乐服务商达成合作，行业加速商业模式探索。2015年的"剑网行动"，使得数字音乐版权正版化成为不可阻挡的浪潮，基本肃清了数字音乐的盗版问题；2018年初，腾讯音乐娱乐集团与网易云音乐就各自独家版权内容达成99%以上的开放共享，中国在线音乐市场进入全新的发展阶段。

（一）中国数字音乐行业发展PEST分析

1. 政治环境

2017年5月，《国家"十三五"时期文化发展改革规划纲要》中首次将"音乐产业发展"列入"重大文化产业工程"，为音乐产业未来良性发展、快速增长指明了目标和方向。2018年初，国家版权局先后约谈了主要的网络音乐服务商和音乐公司，要求它们促进网络音乐全面授权和广泛传播，避免独家授权，并强调将进一步加强网络音乐版权的监管。

2. 经济环境

2018年第一季度国内生产总值198783亿元，按可比价格计算，同比增长 6.8%。全国居民人均可支配收入 7815 元，同比名义增长 8.8%，人们物质生活水平的提高，将会带动精神娱乐市场的发展。

资本布局数字音乐领域，为音乐市场带来资金支持。根据"音乐财经"公众号的统计，2017 年音乐泛娱乐产业主要共有 76 起融资事件，同比上年上升了 28.8%，涉及公司 73 家，其中不要音乐、心喜文化、友唱 M – Bar、麦爱文化 4 家企业完成了两轮或两轮以上的融资。在大平台方面，腾讯音乐娱乐集团有望实现 IPO 上市计划，网易云音乐完成 7.5 亿元融资，太合音乐加速投资产业布局。

3. 社会环境

随着经济的不断增长，人民生活水平逐步提高，我国消费结构和消费观念升级，精神文化消费在日常消费中的比重上升。据国家统计局数据显示，2017 年我国人均教育文化娱乐消费支出 2086 元，增长 8.9%，增速显著。

根据相关统计，"90 后""00 后"年轻一代音乐付费习惯逐渐养成，音乐行业版权互授逐步实现，音乐创作商业变现逐渐成熟，这都促进了市场的良性发展。

4. 技术环境

首先，AI 人工智能、5G 应用技术不断发展，将为数字音乐创造便利的应用场景和使用环境。其次，VR 科技将为用户营造音乐虚拟空间，提供沉浸式服务。另外，用户对高品质音乐的需求衍生出技术先进的音乐设备，并推动智能传输及音频传输技术的成熟，将会进一步提高音乐质量。

（二）中国数字音乐市场发展现状

1. 粉丝经济带动数字音乐付费市场崛起

目前，购买数字专辑成为粉丝和歌手互动的常规方式，也是粉丝与歌手的一种情感纽带。现阶段，实体唱片市场规模不断萎缩，受益于粉丝效应，歌手数字专辑销量不断攀升。另外，各大音乐平台都在制定合适的收费机制，版权清晰的音乐内容可按照唱片公司和音乐人的要求在平台上实现付费下载，音乐人能够从音乐版权中获得分成，维护他们的切身利益。粉丝经济

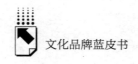

正在改变数字音乐平台的传统营销模式，粉丝经济将付费推向了常规，促进数字音乐正版化进程。

2. 差异化内容带来平台差异化运作

由于市场竞争的持续加剧，数字音乐平台发展定位逐渐具有鲜明的差异。一方面，QQ 音乐、酷狗音乐、酷我音乐内容规模大、多元，可满足用户的不同听歌需求；另一方面，网易云音乐、虾米音乐更独立小众，偏向扶持独立音乐。未来数字音乐平台将从功能性创新过渡到社交和内容运营创新，以用户为导向进行精细化挖掘，提供更具兴趣吸引力的内容。

3. 多元产品生态发掘音乐在视听、社交、直播上的多元价值

数字音乐的盈利模式，除了传统会员收费和广告收益外，其他音乐产业同样具备巨大商业潜力：一是音乐直播，粉丝用户在与歌手在线互动直播中，能够通过虚拟物品付费、增值服务付费实现变现；二是售卖音乐衍生产品，音乐衍生产品不再局限于艺人周边产品，而是延伸到生活用品、食品、电子产品等多个领域甚至建立起音乐电商平台；三是 O2O 服务，即线上线下相结合，互联网行业与传统行业跨界合作。

4. 音乐市场环境持续转好，音乐内容多样性发展

在政策的引导和监管下，数字音乐市场环境转好，数字音乐平台加大市场投资力度，从获取音乐版权为用户提供数字音乐服务向数字音乐产业链上游转移，通过原创音乐扶植计划和联合出品等方式，催生多样的音乐内容。版权更加规范，付费用户数量激增，使得用户对于数字音乐有了更多元的需求。

（三）中国数字音乐市场国际化影响力的提升

正版化使得音乐的价值得以回归，平台的多种商业模式极大地推动了用户付费习惯的养成，音乐产业正在开启新未来。受音乐流媒体付费订阅用户激增的影响，流媒体成为音乐市场新动力，中国数字音乐国际化提上日程。

1. 中国音乐市场地位不断提升，受到全球瞩目

过去的五年到十年间，中国音乐市场从盗版猖獗、无人付费的"反面

教材"，到如今正版化、商业模式创新的"正面能量"，中国数字音乐内容付费模式不断成熟，内容变现能力提升，推动中国音乐产业的突破与创新，中国音乐市场已跻身全球前十位。随着"90后""95后"成为中国数字音乐消费主力，中国数字音乐还有巨大潜力可挖掘，戛纳 MIDEM 国际音乐博览会出现中国音乐平台的声音、腾讯音乐出席新加坡 Music Matters 等都进一步表明了中国音乐市场爆发的巨大潜力正在受到全球的关注。

2. 数字音乐助推中国音乐市场收入增长

根据国际唱片业协会（IFPI）发布的《2018 全球音乐报告》，2017 年全球录制音乐市场增长 8.1%，行业总收入为 173 亿美元，受乐迷对流媒体（特别是对付费订阅的音频流媒体）推崇的驱动，数字音乐收入增长 19.1%，达 94 亿美元，首次占到全球音乐产业收入总额的一半以上（54%）。截至 2017 年底，共有 1.76 亿音乐流媒体付费订阅用户，推动流媒体在录制音乐总收入中的份额为 38.4%。流媒体收入的增长抵消了实体收入 5.4% 的下滑与下载收入 20.5% 的跌幅，流媒体已经成为拉动全球录制音乐市场的新动力。

3. 数字音乐带领中国的商业模式和文化"走出去"

数字音乐版权化、多元商业模式、生态化发展为中国音乐对外输出带来更多机会，数字音乐以一触即达的便利性、快捷性成为连接中国与国际乐坛的纽带。如果说，数字音乐国际化的上半场是将全球音乐引入国内，那国际化的下半场将拉开中国音乐和文化"走出去"的序幕。

二 中国数字音乐产品分析

（一）数字音乐产品满足日益增长的用户多元需求

用户对数字音乐产品的需求包括初级需求（听音乐、看歌词、看 MV、查看歌手信息、可以评论分享等操作）、高级需求（获取更多样化的音乐体验，发现新歌曲，了解歌手、提高音乐品位、有发展机会等）和其他需求

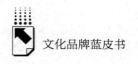

（无广告干扰、操作使用便利、内存小等）。短视频、直播、社交的发展，也让数字音乐实现了进一步的横向多元发展，通过"音乐＋图文""音乐＋视频"的形式实现社交互动，进一步满足用户的多元需求。

1. 短视频领域

短视频对音乐的解读是另外一种方式的具象化，可以提供更多的感受，吸引一些独特的用户享受数字音乐；音乐短视频这类碎片化内容更容易吸引用户的注意力，无论是对音乐人还是音乐歌曲，都将迎来更多的发展机会。

2. 直播领域

伴随直播社交文化的兴起，围绕内容 IP 形成垂直圈层，间接影响着更广泛的用户市场，受其影响的数字音乐领域明星与素人都有机会创造 IP 经济。

3. 社交领域

音乐具有天然的社交属性，数字音乐在社交领域占据重要的地位。用户购买数字专辑，既可以将这些歌曲分享给社交网络上的朋友，也可以将歌曲应用于其他场景，还可以在直播中使用这些歌曲。这样的社交属性并不局限于某个数字音乐平台，而是适用于整个中国音乐产业，很好地满足了用户的社交表达和分享需求。

（二）数字音乐产品优劣势分析

1. 腾讯音乐

腾讯音乐旗下拥有 QQ 音乐、酷狗音乐和酷我音乐三大优势数字音乐平台，三大平台发展重心和核心优势均有所区分，通过不同的产品定位满足不同用户群体需求，实现了更大范围的人群覆盖。

（1）QQ 音乐。

产品定位：提供数字专辑付费、音乐社交互动等众多强大功能，以粉丝为切入点，构建多元音乐生态圈。

优势：背靠腾讯，用户规模大，曲库资源丰富，泛娱乐生态圈赋能 QQ 音乐；构建音乐生态链，打造全方位、多元化的明星互动娱乐模式；腾讯原创音乐人扶持计划在创作和宣发领域扶持音乐人，为 QQ 音乐带来优质内容。

劣势：用户基数较大，个性化推荐难度较高，推荐结果不够精准。

（2）酷狗音乐。

产品定位：涵盖听歌、直播、K歌等服务的一体化娱乐平台，通过电视剧歌曲、明星专访直播运营听歌板块，借助唱K、直播突出"新玩法"。

优势：背靠腾讯，曲库规模大，以K歌、直播、星乐坊为特色，获得腾讯泛娱乐体系的资源支持；服务范围广，产品包括软件（听歌、电台、直播等）和硬件（耳机、音响等）。

劣势：品牌年轻化不足，欠缺对年轻用户的吸引。

（3）酷我音乐。

产品定位：具有规模庞大的无损音乐库，免费向广大用户提供方便流畅的在线音乐，围绕"畅听好音乐"打造音乐硬件链，进行覆盖软硬件的音乐生态布局。

优势：背靠腾讯，获得腾讯资源体系支持；开辟"HiFi专区"，呈现专业级无损音频；依托人工智能和深度学习算法，多个维度深度分析用户需求；酷我音乐深耕技术领域，并全面支持高音质传输协议，实现软硬件一体化的高音质体验，让更多的用户享受到科技发展带来的品质音乐享受。

劣势：用户体验欠缺，功能缺乏创新点。

2. 其他数字音乐平台

与腾讯音乐旗下QQ音乐、酷狗音乐、酷我音乐相比，网易云音乐主打社交创意营销，在数字音乐产品中脱颖而出；虾米音乐则赢得小众群体的喜爱。

（1）网易云音乐。

产品定位：网易云音乐是以UGC内容为核心，专注于发现与分享的音乐产品，通过歌单、评论等原创内容吸引用户，构建音乐生态圈。

优势：背靠网易，获得网易资源支持；定位音乐社交，有丰富趣味的PGC/UGC推荐和大量社区动态内容，用户社区参与感、活跃度较好；拥有优异的个性化推荐机制，电台FM以主播为核心构建自己的原创节目。

劣势：网易云产品主要是歌单电台，并没有直播，MV量少。

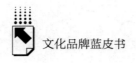

（2）虾米音乐。

产品定位：虾米音乐是阿里巴巴集团旗下的音乐服务应用，也是国内最具权威性、专业性和综合性的音乐播放平台。

优势：背靠阿里，获得阿里资源支持；主推经典音乐；跟很多节目合作，比如好声音。

劣势：阿里音乐旗下虾米音乐只有部分迎合主流音乐；歌曲库存较少且不能缓存。

（三）腾讯音乐旗下 QQ 音乐、酷狗音乐最受大众的喜爱

各大品牌音乐经过多年的竞争，在 2018 年 5 月主要数字音乐品牌竞争格局中，腾讯音乐旗下的 QQ 音乐、酷狗音乐最受大众喜爱，渗透率分别为70.3%、69.6%；网易云音乐位列第三，渗透率为38.8%（见图1）。

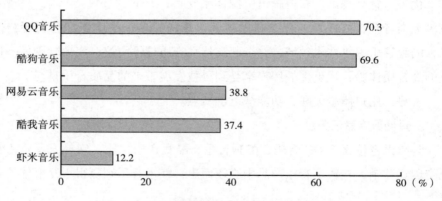

图1　2018 年主要数字音乐品牌活跃用户渗透率

三　中国数字音乐用户分析

（一）中国数字音乐覆盖群体属性分析

中国数字音乐覆盖群体主要包含音乐消费者和音乐内容生产者两大类，

音乐消费者以学生、白领、时尚人群、IT 从业者等为主，音乐内容生产者以歌手、音乐人、DJ、唱片公司为主，这两类群体的特征和具体需求如表 1 所示。

表 1　中国数字音乐覆盖群体用户属性分析

目标用户	细分群体	特征	需求
音乐消费者	学生	年轻，时间丰富，喜爱互动评论	1. 能够在平台便捷地找到自己喜爱的音乐； 2. 对音乐单曲、专辑、歌单进行评论互动； 3. 分享自己喜欢的音乐，听朋友分享的音乐； 4. 在音乐上互动找到志同道合的群体
	白领	工作有一定的压力，碎片化时间较多	
	时尚人群	热爱音乐和潮流，有个性和方向（如嘻哈）	
	IT 从业者	工作压力较大，需要放松身心	
音乐内容生产者	歌手	传播作品，与歌迷互动，创建自身品牌	1. 扩大知名度和传播广度，吸引更多的用户； 2. 更多地展示自己，增加与歌迷的互动； 3. 利用粉丝经济盈利
	音乐人	原创作品源于此处，有大量的优质作品需要挖掘	
	DJ	由电台传播作品	
	唱片公司	扩大知名度，获利	

（二）中国数字音乐用户收入分布和阻碍用户付费因素分析

根据比达咨询数据中心调查数据显示，数字音乐大部分用户月收入集中在 8000 元以下，其中 QQ 音乐用户月收入 3000 元以下用户最多，占比三成；酷狗、酷我音乐用户大部分月收入在 3000 ~ 8000 元，而网易云音乐与其他音乐 App 呈现较明显差异，用户月收入高于平均水平（见图 2）。随着数字音乐付费意识的提升，无付费意识已不再是阻碍用户付费的主要因素，收入及音质成为阻碍数字音乐用户付费的主要因素（见图 3）。

（三）促进数字音乐用户付费原因分析及付费类型分布

在促进数字音乐用户付费原因方面，选择能享受更多音乐作品的用户占比 60.7%，排名第一；选择可享受高音质内容的用户以 56.8% 的占比排名

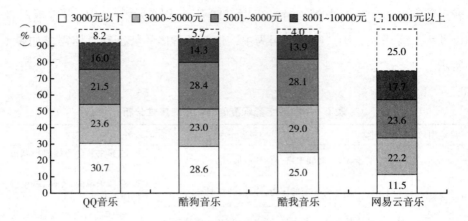

图2　2018年中国主要数字音乐App消费者月收入分布

资料来源：比达咨询数据中心。

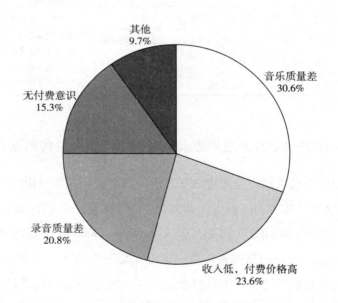

图3　2018年阻碍数字音乐用户付费因素分布

资料来源：比达咨询数据中心。

第二；为获得更多会员权益而付费的用户占比为55.9%，排名第三位（见图4）。市面上围绕粉丝经济打造的在线音乐商业模式以"付费音乐""明

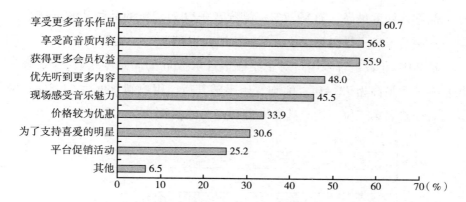

图 4　2018 年促进中国数字音乐用户付费原因

资料来源：比达咨询数据中心。

星包月""K 歌/主播""在线演出"四大类为主。2018 年中国数字音乐用户付费类型分布中，开通会员、享受更多特权的用户占比最多，排名第一；购买单曲或专辑的用户占比 63.5%，排名第二（见图 5）。

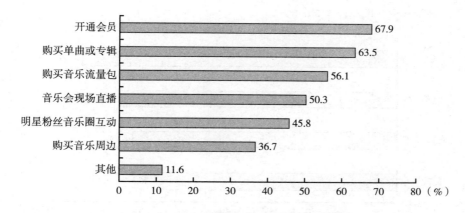

图 5　2018 年中国数字音乐用户付费类型分布

资料来源：比达咨询数据中心。

（四）用户对数字音乐产品认知度分析

从 2018 年数字音乐用户对主要数字音乐 App 品牌认知度来看，QQ 音

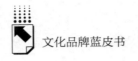

乐的品牌认知度最高，为89.7%；酷狗音乐以71.2%的品牌认知度排名第二位；网易云音乐排名第三位，品牌认知度为65.9%（见图6）。

从2018年数字音乐用户对主要数字音乐App的满意度来看，QQ音乐用户满意度最高为73.4%；酷狗音乐跟随其后，用户满意度为64.8%；网易云音乐排名第三位，用户满意度为61.5%（见图7）。

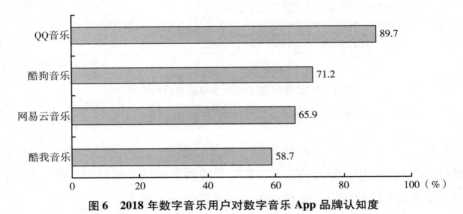

图6 2018年数字音乐用户对数字音乐App品牌认知度

资料来源：比达咨询数据中心。

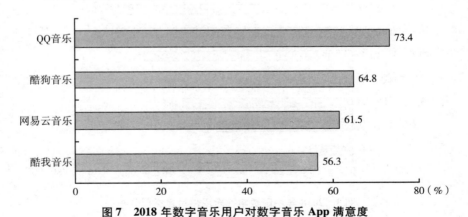

图7 2018年数字音乐用户对数字音乐App满意度

资料来源：比达咨询数据中心。

（五）用户对数字音乐品牌喜好分析

2018年，腾讯音乐、阿里音乐、网易云音乐进入全面版权互授阶段，用户可在数字音乐平台获得更好的视听体验。从 2018 年数字音乐用户首选音乐 App 来看，六成以上的用户会选择 QQ 音乐、酷狗音乐以及网易云音乐，来满足多种音乐需求（见图 8）。

随着数字音乐的发展，基本上形成了腾讯音乐、阿里音乐、网易云音乐三大音乐格局，从 2018 年数字音乐用户常用音乐 App 来看，九成以上用户常使用的音乐 App 分别是 QQ 音乐、酷狗音乐、网易云音乐和酷我音乐（见图 9）。

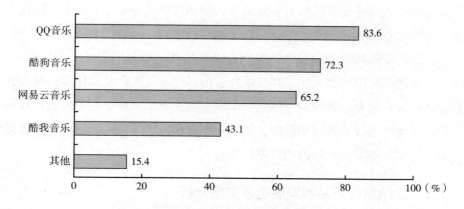

图 8 2018 年数字音乐用户首选音乐 App

资料来源：比达咨询数据中心。

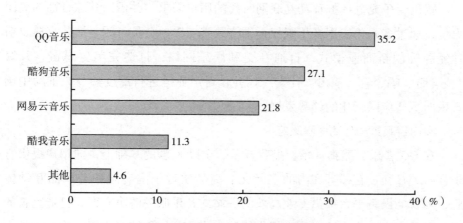

图 9 2018 年数字音乐用户常用音乐 App

资料来源：比达咨询数据中心。

四 中国数字音乐品牌案例分析——以腾讯
音乐娱乐集团为例

（一）腾讯音乐品牌结构和业务线分布

腾讯音乐娱乐集团（Tencent Music Entertainment Group，TME）旗下包括音乐流媒体和社交娱乐两大主要业务，涵盖酷狗音乐、QQ 音乐、酷我音乐、全民 K 歌四大产品。

腾讯音乐的品牌定位与愿景主要为以下几点：①向用户提供音乐视听、社交、直播等在内的多元化、高品质音乐内容服务与产品互动体验；②为智能设备平台提供专业高效的一站式音乐服务解决方案，打造完善的音乐娱乐生态；③为中国音乐人提供便捷、优质的原创培育土壤；④为海内外内容提供商、终端厂商提供广阔的用户推广平台。

（二）腾讯音乐品牌发展竞争策略分析

1. 打造品牌产业链

腾讯音乐充分挖掘移动互联网时代的用户需求，并借助其综合性的集团力量，通过多元化应用音乐版权，围绕数字专辑、会员订阅、演艺直播、粉丝经济等创新商业模式，打通社交和娱乐网络，打造完美生态链，升级"找、听、唱、看、演出、社交"体验，对产业链进行深度参与，推动中国音乐向更适应国际化的趋势发展。

2. 内容服务＋互动体验策略

在 QQ 音乐、酷狗音乐、酷我音乐、全民 K 歌的基础上，向用户提供音乐视听、社交、直播等在内的多元化、高品质音乐内容服务与产品互动体验，为智能设备平台提供专业高效的一站式音乐服务解决方案，打造完善的音乐娱乐生态。为中国音乐人提供便捷、优质的原创培育土壤；为海内外内容提供商、终端厂商提供广阔的用户推广平台。

3. 品牌优势

第一，腾讯音乐拥有多元化内容，腾讯音乐旗下 3 大数字音乐平台均有各自的特性，注重多元化发展，提供多种特色服务；第二，腾讯音乐商业模式全面，包括广告、付费音乐、直播，等等；第三，腾讯音乐积极进行泛娱乐布局，除了注重优质音乐内容自制，还投资出品了《明日之子 2》《创造 101》等高品质音乐节目；第四，腾讯音乐积极进行国际化布局，与 Spotify 互相持股。

4. 品牌劣势

首先，腾讯音乐国际化发展缺少可以参考借鉴的样板，面临众多未知挑战；其次，付费用户规模进一步扩大，精准推送和定制服务难度升级。

（三）腾讯音乐娱乐集团中国音乐市场发展策略

1. 扶持原创

腾讯音乐娱乐集团通过联合出品综艺、联合设立厂牌、原创音乐人计划，进行原创音乐人和原创音乐内容扶植。

（1）腾讯音乐人计划。

2017 年 7 月提出，集合 QQ 音乐、酷狗音乐、酷我音乐、全民 K 歌、酷狗直播、5Sing 六大产品的力量，从线上线下多角度、多渠道做好围绕原创音乐人的全产业链服务，并提出"三年让音乐人收入 5 亿元"的目标。2018 年 4 月，腾讯音乐人计划再次战略升级推出"原力计划"，加大作品征集和落地力度。

（2）联合设立厂牌。

腾讯音乐与索尼音乐联合建立电音厂牌 Liquid State，平台直接介入上游音乐内容的创作，致力于发掘、培育亚洲各地的电音人才，推动原创内容创作，同时亦将全力支持有意开拓并扩展亚洲市场的国际艺人。

（3）联合投资出品。

腾讯音乐成为《明日之子 2》和《创造 101》两档大热网综的联合出品方。一方面，两大节目产生的优秀内容进一步丰富了腾讯音乐内容库，增加更加多

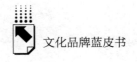

元的内容服务；另一方面，节目从传播到内容沉淀都将会与腾讯音乐旗下包括QQ音乐、酷狗音乐、酷我音乐、全民K歌等在内的产品产生联动，并通过多元的音乐娱乐方式在用户中不断进行发酵，让优质的内容得到最好的传播。

原创扶持案例

酷我音乐。2018年酷我音乐携手《中国乐队》面向全国百所高校发起"中国校园乐队扶持计划"，该计划与《中国乐队》节目同期面向全国范围内高校在校生开启。参赛者在酷我音乐上传优秀作品就有可能和酷我音乐签约，并发行数字专辑，为有作品、有人气的校园青年搭建了通往歌手梦的通道。针对高校年轻人，为坚持电台梦的学子创造机会。这些内容的生产者和受众同为高校学生，通过酷我音乐平台的"回炉再造血"，包装成符合年轻人收听习惯的音乐作品或电台节目再进行二次输出。

全民K歌。2018年7月，全民K歌和王者荣耀联合打造的原创音乐人扶持大赛"星途计划"第二季正式开启，在扶持原创音乐人实现音乐梦想的同时，也为王者荣耀的玩家创造了一个展现才华的舞台。第二季"星途计划"与首季相比，除延续上一届签约、享受平台伴奏打赏收益分成外，获胜曲目还将成为王者荣耀新秀单曲，作为王者新秀单曲对外发布的同时，享受由全民K歌和王者荣耀双平台带来的联合资源投放曝光，意味着获胜选手将享受更具力度的宣发模式。从全民星歌声、校园星歌声到"星途计划"，全民K歌一直致力于寻找更多的音乐新生力量，助力更多有才能的音乐素人和等待机遇的专业音乐人。

2. 音乐公益

2018年，腾讯音乐公益计划发布，包含"音乐关爱、文化传承、音乐教育"三个战略，通过全平台之力并联结多方力量，挖掘音乐包括社会价值在内的多元价值。

（1）音乐关爱。

用音乐传递爱，呼吁社会关注特殊群体，用小而暖的公益方式打动人，强化腾讯音乐娱乐集团温暖的社会责任形象。

2017年与2018年，腾讯音乐娱乐相继为"钢琴少年"周博涵打造《听见星星的声音》《来自星星的礼物》两张公益关爱数字专辑，为"来自星星的孩子——自闭症儿童"发声，用音乐对自闭症儿童等特殊的小艺术家们给予帮扶；挖掘音乐治愈能力，开发音乐治疗研究等系列专项，让更多人获得来自音乐的力量与勇气。

有温度的音乐专辑，让音乐不仅有艺术性，而且具备社会价值。腾讯音乐通过星娃纯净的钢琴演奏，为大众展现特殊群体丰富多彩的艺术世界，也力图为这些特殊的"艺术家"打造一个舞台，鼓励他们展现自己的才华。

音乐关爱案例

QQ音乐。2018年6月，山东省公安厅交通管理局指导，QQ音乐、山东教育卫视、山东人民广播电台等单位联合主办的2018年"橙色护航助力高考"行动启动。活动动员社会各界，扎实做好服务高考的各项保障工作，深入推进"平安行·你我他"行动，共同为高考考生创造安全畅通的道路交通环境。

全民K歌。2017年全民K歌联合腾讯公益、爱的分贝于9月3日至9月9日发起公益歌唱活动，呼吁社会关爱听障群体。该活动开始短短7天就吸引了2万多人参与，发布3万多个唱歌视频，共收到90多万K币，相关收入将由全民K歌、腾讯基金联合捐赠给《爱的分贝聋儿救助》项目。

（2）音乐教育。

建立线下音乐教育基地，从最底层也是最欠缺的地方提供音乐教育，在赋能音乐梦想的同时，更是传承了民族文明。腾讯音乐娱乐集团不断用音乐教育来承担相应社会责任，在输出更多社会价值的同时，也提升了音乐行业在社会公益层面的整体声望。

腾讯音乐娱乐集团联合陈一丹基金会于2018年发起的线下音乐及文化教育基地——乐圃音乐空间将为少数民族及偏远地区的孩子们带来多元音乐

教育的机会，也将为本土教师提供更为专业、系统、持续的培训。

除了构建教育基地，还将定期邀请音乐人、歌曲志愿者和爱心企业等参与乐圃音乐空间的各类活动，推进当地特色文化传承和打造系列民族文化专项。

（3）文化传承。

音乐是大众最广为认知的文化内容，此前，音乐定位与应用更多地被放在娱乐和商业消费层面，忽略了音乐更多元的价值。在国家文化建设进一步加强的大趋势下，音乐内容需要从大众层面的娱乐应用上升至社会价值输出层面的爱与正能量传递，注重文化传承，更好地成为民族文化传承的载体。在文化传承的过程中，腾讯音乐娱乐集团同样也能够实现正能量的品牌价值输出。

腾讯音乐娱乐集团联合中国演出行业协会、新华网推出"新民韵计划"，通过打造系列民族音乐公益数字专辑，保留和弘扬民族文化。

文化传承案例

酷狗音乐：酷狗参与"传统音乐复兴计划"，向全国观众直播经典，首场演出"倪惠林颖施师徒直播首秀"，表演者倪惠英是国家一级演员、粤剧非物质文化遗产传承人。酷狗还推出了一系列与传统音乐、非遗相关的直播项目，包括与广东文化艺术节联合推出"隽永非遗季"项目，与广东卫视合作《国乐大典》等传统文化系列项目。通过直播这种方式让年轻人更加喜爱传统文化，挖掘传统文化潜在经济价值，真真正正为传统文化造血。

QQ 音乐：2018 年 7 月，QQ 音乐携手故宫博物院、腾讯 Next Idea 共同打造的全新文创项目——"古画会唱歌"音乐创新大赛，首次用音乐"解锁"故宫典藏的十幅古画，邀网友为其"唱作"。大赛中，故宫博物院开放其典藏的《清明上河图》《韩熙载夜宴图》《步辇图》《洛神赋图》等在内的十幅千年名画，由 QQ 音乐联合 AI 人工智能、唱作歌手及原创音乐人，以这十幅古画为灵感进行歌曲创作，鼓励年轻人以音乐为触点，共同探索通过现代音乐"活化"传统文化的创新方式，也让更多年轻人生动感知传统文化 IP 的魅力。

（四）腾讯音乐娱乐集团国际化发展策略

深入参与高水准、高级别的行业论坛或活动是推动产业发展的重要方式，同时也是扩大音乐品牌影响的重要方式。随着中国国际地位的不断提升以及中国音乐市场的发展壮大，搭建国际沟通桥梁能有力地推动中国音乐产业发展。腾讯音乐娱乐集团正在以自身方式积极进行国际化探索，引领中国数字音乐国际化发展。

1. 新加坡 MUSIC MATTERS

2017 年，被誉为亚洲娱乐产业前瞻之门的 Music Matters 亚洲音乐论坛在新加坡举行，新加坡 Music Matters 专门设置了"中国音乐论坛"，而腾讯音乐是唯一受邀的内地数字音乐平台。腾讯音乐娱乐集团此次率领中国原创音乐代表——热地乐队和 KAWA 乐队在 Music Matters 进行了精彩的表演。

腾讯音乐此次助力热地乐队和 KAWA 乐队参加 Music Matters，一方面是扶持中国原创音乐人，让极具中国民族特色的原创音乐走上国际舞台；另一方面，腾讯音乐娱乐集团也借助 Music Matters 这个国际舞台，让中国的原创音乐与全世界不同的音乐文化发生碰撞与交流。

2. TENCENT MUSIC CONNECTS

腾讯音乐打造了 Tencent Music Connects（TMC）全球音乐产业峰会，TMC 全球音乐产业峰会聚焦全球音乐产业最前沿与核心的问题，核心在于邀请海内外业界领袖，搭建一个全球级的高端对话平台，让世界听见中国，同时也让中国加速成长为更加国际化的音乐市场。

3. "一带一路"上的中国音乐

2018 年 5 月，腾讯音乐携手环球网启动了"'一带一路'上的中国音乐"活动，将 20 首融合了中国古代诗词、音律和现代元素的数字音乐带到其他国家。

作为中国音乐的一张名片，腾讯音乐正在把越来越多的中国音乐带上国际舞台。兼具本地发展与国际化传播，腾讯音乐让世界听到中国，其前瞻性

的国内与国际化布局，在文化传承以及中西文化音乐桥梁搭建上都体现出独一无二的优势，也为中国数字音乐市场的发展注入持续的生命力。

中国音乐市场不论在文化还是在市场价值上，都尚有较大提升空间。腾讯音乐为中国音乐在流媒体时代的发展提供了一个范本。

（五）腾讯音乐、阅文集团、腾讯互娱对比分析

1. 腾讯音乐

（1）生态。

向用户提供"找、听、唱、看、演出、社交"在内的多元化、高品质音乐内容服务与产品互动体验，为智能设备平台提供专业高效的一站式音乐服务解决方案，打造完善的音乐娱乐生态。

（2）业务。

包括音乐流媒体和社交娱乐两大主要业务，涵盖酷狗音乐、QQ 音乐、酷我音乐、全民 K 歌四大产品。

2. 阅文集团

（1）生态。

目前已经形成了由知识产权运作、互动社区和改编娱乐产品三个主要板块构成的业务体系，链接读者、作家、内容改编伙伴等成员，共同构建成以阅文集团为中心、联动各方的生态圈。

（2）业务。

包括起点中文网、创世中文网、云起书院等原创文学业务，榕树下、中智博文、聚石文华等图书业务，天方听书、懒人听书等音频听书业务以及QQ 阅读、起点读书等移动产品阅读服务。

3. 腾讯互娱

（1）生态。

以互联网和移动互联网为基础，通过腾讯游戏、腾讯文学和腾讯动漫三大实体平台培育、输出 IP，延展出游戏、文学、动漫、影视、周边商品五大产品类型，打造立体多元的互动娱乐体验生态。

（2）业务。

包括网络游戏、在线小说出版、小说改编游戏、影视剧、儿童阅读、听书、动漫、IP 授权等系列泛娱乐业务。

（六）腾讯音乐品牌策略总结

1. 平台联动，多产品组合形成集团优势

2016 年 7 月，腾讯与中国音乐集团合并数字音乐业务，腾讯音乐娱乐集团成立。腾讯音乐在业务模式上，形成了自己的多元布局，以"音乐"为核心，打造泛娱乐生态，满足用户听看唱玩等多种需求。相比其他数字音乐平台，腾讯音乐已经形成了集团力量优势。

2. 扶植原创，传播优质内容

腾讯音乐推出腾讯音乐人计划，致力于为整个音乐行业构建一个完善的原创音乐生态；联合出品综艺节目从传播到内容沉淀都会与腾讯音乐旗下包括 QQ 音乐、酷狗音乐、酷我音乐、全民 K 歌等在内的产品产生联动，并通过多元的音乐娱乐方式在用户中不断进行发酵，让优质的内容得到最好的传播。

3. 战略出海，国际化布局完成

2018 年 1 月，腾讯音乐与索尼音乐联合成立全球"亚洲第一电音厂牌"——Liquid State；6 月，由腾讯音乐集团打造的 Tencent Music Connects 音乐产业峰会首站落地北京，为中国音乐产业搭建了一个与全球碰撞交流的平台，加速中国数字音乐市场国际化进程。

B.10
爱奇艺：拓展互联网视频品牌多元化

孙　晔*

摘　要： 互联网视频产业面临着新的政治、经济、社会文化和技术环境的机遇和挑战。作为该行业的重要品牌，爱奇艺面临着来自网络直播、短视频等行业外部的挑战，同时也面临着来自腾讯视频、优酷土豆、芒果TV等行业内部的竞争压力。爱奇艺在明确自身品牌理念、定位、优劣势的基础上，通过扩展内容、提升技术、多元营销、多元变现等方式应对挑战，实现品牌价值的提升。

关键词： 爱奇艺　品牌　多元变现

一　互联网视频产业环境分析

作为互联网视频行业的重要品牌，爱奇艺面临着政策环境、经济环境、社会文化环境和技术环境的机遇和挑战。

（一）政策环境

随着互联网视频产业的快速发展，对于互联网视频的制度化、法制化建设不断完善。2014年《关于推动传统媒体和新兴媒体融合发展的指导意见》出台，意见要求适应互联网传播的特点，积极推动媒体融合发展。该意见标

---

* 孙晔，中国人民大学新闻学院博士研究生，主要研究领域为传媒经济。

志着互联网视频成为主流媒介，为互联网视频行业的长期发展提供了良好的契机。此外，2015 年发布的《三网融合推广方案》《中共中央关于繁荣发展社会主义文艺的意见》，从形式和内容上推动了互联网视频行业的快速发展。

除了顶层设计，不同的国家相关部门出台相关监管政策，促进了互联网视频行业的健康发展。2017 年 6 月 1 日，国家广播电视总局（原国家新闻出版广电总局）出台《关于进一步加强网络视听节目创作播出管理的通知》，对网络视听节目的创作播出提出进一步要求。此外，2017 年 8 月，出台了《关于加强网络视听节目领域涉医药广告管理的通知》，要求各互联网视听节目服务单位要担负起主体责任，严格遵守广告管理相关法律法规。从趋势上看，对于互联网视频行业的政策监管涉及范围越来越广，从节目内容到广告内容，对于互联网视频行业的监管越来越注重长期利益。

除了针对互联网视频行业的直接政策监管，2017 年出台的一系列版权政策也为互联网视频行业的发展提供了良好的环境。2017 年 2 月国家版权局出台《版权工作"十三五"规划》，对全国版权工作进行了全面部署。此外，中国新闻媒体版权保护联盟、数字版权保护技术应用产业联盟的成立、"剑网 2017"的持续推进，也为互联网视频行业的发展营造了良好的产业环境。

（二）经济环境

互联网视频品牌的发展需要经济的支持。一方面，居民可支配收入持续增长，文化消费占比逐年增高。2017 年，全国居民人均可支配收入为 25974 元，同比上年增长 9%。其中，城镇居民可支配收入为 36396 元，增长率为 8.3%；农村居民人均可支配收入为 13432 元，增长率为 8.6%。[①] 居民可支配收入的提高为互联网视频产业的发展提供了较好的经济基础。此外，居民

---

① 资料来源：《中华人民共和国 2017 年国民经济和社会发展统计公报》，国家统计局网站，2018 年 2 月 28 日，http：//www.stats.gov.cn/tjsj/zxfb/201802/t20180228_ 1585631.html。

文化支出不断提高。2017 年，全国居民人均消费支出达到 18322 元，增长 7.1%；城镇居民人均消费支出为 24445 元，增长 5.9%；农村居民人均消费支出为 10955 元，增长 8.1%。从消费占比看，2016 年，居民教育文化娱乐人均消费为 1915 元，2017 年增至 2086 元。[①] 随着生活水平的提高，在消费结构中，文化消费的占比逐步提升，文化消费的重要性日益凸显，从消费端奠定了产业发展的基础。

另一方面，数字经济的快速发展为互联网视频创造了良好的产业环境。近年来，我国数字产业持续发展，规模达到 27.2 万亿元，在 GDP 中的占比为 32.9%，总量位居全球第二。[②] 数字产业的发展拉动了互联网视频产业的发展。2016 年，互联网视频产业规模达到 640 亿元，从业人数达到数十万，成为拉动产业增长的重要板块。因此，从经济环境说，居民可支配收入的增长、产业自身活力为未来互联网视频产业的发展创造了较好的经济环境。

（三）社会环境

互联网视频用户规模的增长、居民文化消费的转型、生活方式的转变促进互联网视频产业进一步发展。

首先，随着互联网视频用户的增长，居民文化消费也转向在互联网平台进行消费。截至 2017 年 12 月，我国网民规模达到 7.72 亿人，互联网普及率达到 55.8%，超过全球平均水平 4.1 个百分点。其中新增网民数量为 4074 万人，增长率为 5.6%。[③] 互联网用户的平稳增长，为互联网视频产业的发展提供了人数基础。在此基础上，互联网视频用户快速增长。从用户数

---

① 资料来源：《中华人民共和国 2017 年国民经济和社会发展统计公报》，国家统计局网站，2018 年 2 月 28 日，http：//www.stats.gov.cn/tjsj/zxfb/201802/t20180228_1585631.html。

② 资料来源：《中国数字经济规模占 GDP 比重 32.9%，"互联网＋"促千行百业转型升级》，中华人民共和国中央人民政府网站，2018 年 4 月 20 日，http：//www.gov.cn/xinwen/2018-04/20/content_5284200.htm。

③ 资料来源：中国互联网络信息中心（CNNIC）：第 41 次《中国互联网络发展状况统计报告》，中国网信网，2018 年 1 月 31 日，http：//www.cac.gov.cn/2018-01/31/c_1122346138.htm。

量上看，截至 2017 年 12 月，网络视频用户规模达到 57892 万人，网民使用率为 75%。手机网络视频用户规模达到 5.49 亿，较上年增加 4870 万，占手机网民的 72.99%。① 巨大的用户基数，为互联网视频产业的发展提供了重要基础。

其次，从用户消费能力看，月收入在中高等水平的网民群体占比最高。截至 2017 年 12 月，月收入在 2001 ~ 3000 元、3001 ~ 5000 元的群体占比分别为 16.6% 和 22.4%。2017 年，我国网民规模向高收入群体扩散，月收入在 5000 元以上群体占比较 2016 年底增长 3.7 个百分点。② 较高收入水平的网民促进了互联网视频用户消费观念的转型升级，增强了用户的付费意愿。2017 年，互联网视频付费用户比例达到 42.9%，其中，每月支出 40 元以上的会员比例达到 26.0%。③ 互联网视频用户付费比例的提升拓宽了互联网视频产业的变现渠道。

（四）技术环境

技术的快速发展，在一定程度上改变了互联网视频行业内容生产、传播渠道和最终呈现、效果反馈的形式，为互联网视频行业持续增长提供了动力。人工智能、语音智能、视频加速技术、虚拟现实等技术的发展给互联网视频行业带来了良好的技术环境。

首先，传输速度的提升促进了互联网视频行业的全面升级：5G 技术的发展能够满足互联网视频行业对于网络传输速度的需求，能够促进互联网视频内容形态的升级。除了整体传输速度的升级，各大视频网站也不断升级新

---

① 资料来源：中国互联网络信息中心（CNNIC）：第 41 次《中国互联网络发展状况统计报告》，中国网信网，2018 年 1 月 31 日，http://www.cac.gov.cn/2018 - 01/31/c_1122346138.htm。

② 资料来源：中国互联网络信息中心（CNNIC）：第 41 次《中国互联网络发展状况统计报告》，中国网信网，2018 年 1 月 31 日，http://www.cac.gov.cn/2018 - 01/31/c_1122346138.htm。

③ 资料来源：前瞻产业研究院：《网络视频付费用户超 4 成　未来仍将保持高速增长》，前瞻网，2017 年 11 月 30 日，https://bg.qianzhan.com/report/detail/459/171130 - dd5df30f.html。

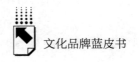

技术。爱奇艺通过云计算，构建"云＋端"的复杂系统架构，构建了全球规模最大的混合视频网络 HCDN，CDN 网络节点总数逾 500 个，总服务带宽 30Tbps，能够重复保证不同地区不同网速的各种精度的播放能力。[①]

其次，在内容呈现方面，技术催生并融入了内容呈现的多种创新形态，单以视频领域为例，就有直播、短视频、竖视频、交互视频等花样。[②] 除了不同类型的视频内容呈现形式，VR、AR 等技术的运用还提升了用户的体验。目前，优酷、爱奇艺等互联网视频网站都开通了 VR 频道，丰富了互联网视频内容呈现形式，满足用户的多元需求，提升了用户的体验。

最后，大数据、人工智能等技术能够深度、准确挖掘用户的需求。如绿镜技术作为大数据和人工智能的深度结合，能够通过用户观影行为的数据，反推用户需求和心理偏好，将内容进行人工智能剪辑，最后推出能够满足用户需求的内容。大数据技术、程序化购买等为广告的精准营销提供了技术支持。

二 互联网视频行业的竞争分析

随着互联网的快速发展，技术革新了文化消费的形式。互联网视频、网络直播、短视频、知识付费成为居民文化消费的重要内容。作为互联网视频的重要品牌，爱奇艺发展过程中既面临着其他互联网传媒形式的竞争，也面临着行业内部的压力。

（一）行业外部竞争

在行业外部，网络直播平台、短视频平台成为爱奇艺重要的竞争对手。网络直播兴起于 2005 年，其主要形式是以 YY、六间房为代表的秀场直播。在历经 10 年发展后，2016 年网络直播迅速崛起，成为传媒产业重要的板

---

① 资料来源：《Netflix、亚马逊、爱奇艺，三大视频巨头技术之路》，搜狐网，2017 年 1 月 5 日，http：//www.sohu.com/a/123485427_313170。

② 资料来源：《从内容生产到信息分发，技术如何重塑资讯生态》，搜狐网，2017 年 11 月 2 日，https：//www.sohu.com/a/201769738_570245。

块。从用户人数看，截至 2017 年 12 月，网络直播用户规模达到 4.22 亿。其中，游戏直播用户规模达到 2.24 亿，较上年底增加 7556 万，占网民总体的 29.0%；其中真人秀直播用户规模达到 2.2 亿，较上年底增加 7522 万，占网民总体的 28.5%。[①] 游戏直播和真人秀直播业务的发展，促进了网络直播产业的快速发展。截至 2017 年 12 月，互联网直播市场规模达到 340 亿元。[②] 网络直播以其互动性吸引用户，成为重要的传媒形式，分流了互联网视频的受众。作为互联网视频的重要品牌，爱奇艺发展过程中面临着网络直播带来的竞争压力。

此外，短视频产业的快速发展在一定程度上抢夺爱奇艺的娱乐时长，与之形成竞争关系。不同于互联网视频，短视频的特点是其在传媒产业的竞争中发挥优势。一方面，从内容看，短视频网站的内容以 UGC 为主，内容生产者同时也扮演着内容消费者的角色。与互联网视频高额内容成本相比，短视频内容成本较低；另一方面，从传播看，短视频内容时长较短，传播速度较快。传播渠道除了自有平台，也可以嵌入其他媒介。短视频在内容传播方面的优势有利于参与用户的增加和市场空间的拓展。从用户方面看，截至 2018 年 3 月，短视频月活跃用户高达 4.6 亿，且月使用总时长达 67.3 亿小时，人均单次启动人数达 9.26 次，用户黏性较大。[③] 目前，短视频也已经形成了内容付费、广告收入、平台分成等多元化的变现模式。短视频在用户和变现方式方面与互联网视频具有趋同性，其发展一定程度上冲击了爱奇艺品牌的发展。

（二）行业内部竞争

除了行业外部竞争，爱奇艺还面临着互联网视频其他品牌的竞争压力。

---

① 资料来源：中国互联网络信息中心（CNNIC）：第 41 次《中国互联网络发展状况统计报告》，中国网信网，2018 年 1 月 31 日，http://www.cac.gov.cn/2018 - 01/31/c_1122346138.htm。
② 资料来源：克劳锐：《2017 视频直播行业报告》，TechWeb 网站，2017 年 12 月 6 日，http://www.techweb.com.cn/data/2017 - 12 -06/2615402.shtml。
③ 资料来源：《短视频行业调研分析报告》，搜狐网，2018 年 4 月 25 日，http://www.sohu.com/a/229423093_114819。

目前，互联网视频行业市场格局趋于清晰。BAT 布局的爱奇艺、优酷土豆、腾讯视频处于市场中的第一梯队，市场份额占比为 25.9%、20.6% 和 28.1%；乐视、芒果 TV、搜狐以 16.8%、5.9%、2.7% 的市场份额处于第二梯队。① 从六大互联网视频平台的发展趋势看，爱奇艺行业内的主要竞争对手为优酷、腾讯视频和芒果 TV。爱奇艺、优酷、腾讯视频和芒果 TV 既有共性，也有各自的竞争优势。

1. 优酷

优酷于 2006 年 6 月上线，是我国发展较早的互联网视频平台，运营经验较为丰富。作为阿里巴巴文化娱乐集团优酷事业群的视频平台，优酷的定位为"开放多元青春娱乐平台"，确立了"这世界很酷"的品牌理念。从定位上看，优酷的属性为娱乐性，旨在搭建开放平台，为用户提供多元化的内容和服务；从品牌理念看，"这世界很酷"是优酷致力为用户实现的目标，通过丰富多元的内容让年轻用户的娱乐更加阳光，感受到"世界很酷"。为了实现品牌目标，发挥竞争优势，优酷提出了 3 + X、6 + V 的内容矩阵的战略。3 + X 是优酷影视剧的方向，其中 3 为欢乐喜剧、燃血青春、纯美绝恋三种类型电视剧，X 为超级热剧。基于此，优酷购买了《一千零一夜》《猎毒人》《拥抱幸福》《婚姻历险记》等多种类型的剧集版权；此外，优酷将 X 重点放在自制剧集，打造出《白夜追凶》《SCI 谜案集》《镇魂》等不同类型的爆款剧集。6 + V 是优酷综艺节目的方向，其中 6 为脱口秀、戏剧、真人秀、亲子类、偶像养成、音乐，V 为垂直爆款。2018 年，优酷推出了《这就是街舞》《这就是铁甲》《这就是对唱》《这就是灌篮》等不同类型的"这！就是"系列综艺节目；此外，《火星情报局 4》《挑战吧太空》《满足吧好奇心》《想想办法吧爸爸》等不同类型的综艺节目也是优酷内容矩阵的重要部分。除了全新内容矩阵的打造，优酷还购买早期播出经典电视剧的播放权，如《甄嬛传》《射雕英雄传》（1983 年版）等。这些重复观看频次

---

① 资料来源：中银国际证券：《传媒互联网行业 2018 年度策略》，金融界网站，2018 年 1 月 11 日，http://istock.jrj.com.cn/article, yanbao, 30286201.html。

高、有一定受众基础的电视剧也成为优酷的竞争力。除了内容的构建，优酷在广告方面，开始打造为品牌营销高级定制的模式。2017 年 12 月，优酷与同为阿里旗下的阿里妈妈品牌营销团队继续整合，双方基于大数据和 Uni Marketing 全域营销，为品牌提供基于全链路的整合数字化商业服务，开创了内容全域营销的全新模式。①

2. 腾讯视频

腾讯视频于 2011 年 4 月上线，是腾讯布局娱乐产业的一个重要环节。成立初期，腾讯视频缺乏明确的品牌定位；直到 2016 年其确立了"不负好时光"的品牌理念。该品牌理念从用户的感性诉求出发，通过品牌故事的形式，引发用户的情感共鸣。此外，腾讯确立了"内容为王、用户为本"的价值观，旨在通过品牌升级，为用户提供差异化的优质内容。基于对用户需求的洞察与情感沟通，腾讯视频始终坚持以"头部精品"加"细分受众"进行立体化内容布局，精准触达不同圈层的用户。② 在剧集方面，腾讯重视自制网剧的质量，用"大演员"拍摄"大 IP"。2018 年腾讯自制剧目包括《全职高手》《沙海》《鬼吹灯之怒晴湘西》在内的多部 IP 剧；除了自制剧，腾讯与正午阳光、柠萌影业、唐人影视、新丽传媒等进行合作，购买独家版权，打造独家内容优势；在自制综艺方面，与爱奇艺相比，腾讯自制综艺类型更加多元化：既包括选秀综艺的《创造 101》《明日之子 2》，也包括儿童类综艺《放开我北鼻 3》《不可思议的妈妈 2》，文化类综艺《拜托了冰箱4》《脑力男人时代 3》，情感综艺《幸福三重奏》等。腾讯视频通过不同类型的节目，对用户进一步进行细分，满足不同用户的多元需求，实现差异化竞争。

3. 芒果 TV

芒果 TV 是传统电视台转型互联网，实现媒介融合的产物。芒果 TV 依

---

① 《抢占未来娱乐营销 C 位，爱奇艺、腾讯视频和优酷纷纷来加戏》，搜狐网，2018 年 5 月 18 日，http://www.sohu.com/a/232078405_587311。

② 《腾讯视频 2018 内容矩阵重拳出击 这些热剧网综让你不负好时光》，腾讯网，2017 年 11 月 8 日，http://tech.qq.com/a/20171108/042531.htm。

托湖南广电进行发展，其优势在于湖南卫视提供的内容、人才和既有粉丝。从内容看，芒果TV具有湖南卫视内容的独播权，实现卫视和互联网视频平台的联动发展。此外，湖南卫视作为娱乐化进程较为成熟的电视台，综艺节目运营较为成熟。芒果TV能够深度运营湖南卫视现有的王牌节目，实现节目内涵的深度挖掘。同样，湖南卫视拥有节目运作经验较为丰富的员工，为芒果TV人才制作提供了动力。此外，芒果TV是全国7家持有双牌照的广电企业之一，硬件终端厂商、互联网内容运营商必须与7家持有双牌照的广电企业合作才可以生产并销售互联网电视。而这是现有BAT布局的视频网站爱奇艺、优酷土豆、腾讯所不具有的重要渠道优势。

综上，爱奇艺未来的发展在行业外受到网络直播、短视频等新兴形式的挑战；在行业内受到优酷、腾讯和芒果TV的挑战。

三　品牌自身分析

（一）爱奇艺品牌发展历程

1. 2010~2012年：品牌探索期

2010~2012年，爱奇艺处于品牌的探索期。在该阶段，百度筹备视频公司、提出品牌主张和开通新频道。2010年1月百度任命龚宇为CEO，筹备独立视频公司，并将网站命名为奇艺。2010年2月，提出了"悦享品质"的品牌主张。2010年4月奇艺正式上线。

随着用户数量的增加，奇艺不断开通新的内容板块，进行品牌业务的探索：2011年奇艺推出了会员专区、App专区以及片花频道。此外，奇艺不断丰富网站内容：2011年7月，奇艺先后上线自制剧和自制综艺《在线爱》和《爱GO了没》，并购买获千余集精品动漫独播权。2011年11月26日，其品牌进行升级，开始使用"爱奇艺"名称以及推出全新标志。为了实现品牌的全面升级，2012年，爱奇艺引进法国真人秀节目、日本动漫，推出人物访谈节目，与卫视合作升级"大平台推热剧"战略。在广告营销方面，爱奇艺推出"浮屏"技术、启动2亿元广告投放计划。在业务探索期，爱奇艺实现月独立用户2.3亿，月度累计观看时长实现420亿分钟的突破，为品牌的快速发展奠定了基础。

2. 2013~2015年：快速发展期

2013~2015年，爱奇艺品牌进入快速发展期。资本运作为品牌发展提供了资金保障；内容构建提升了爱奇艺的品牌价值。

在资本运作方面，2013年5月，爱奇艺以3.7亿美元收购PPS视频业务，并将爱奇艺与PPS进行合并，实行统一管理。2014年11月，百度为爱奇艺引入小米投资，并同时追加对爱奇艺的3亿美元投资。资本的注入为爱奇艺购买内容版权、进行内容自制、升级广告营销提供了资金保障。

在内容构建方面，爱奇艺与影视公司、电视台进行全面合作，完善影视内容资源。其中，爱奇艺购买了《青春那些事儿》《天天有喜》《老无所依》《来自星星的你》《爱情公寓4》《舌尖上的中国第二季》《爸爸去哪儿》《一步之遥》《奔跑吧兄弟》《花千骨》《实习生》《我去上学了》等热门内容的版权；同时，爱奇艺加大对自制综艺、自制剧的投入，《灵魂摆渡》《废柴兄弟》《晓松奇谈》《来自星星的继承者们》《TFBOYS偶像手记》《奇葩说》《盗墓笔记》等丰富了爱奇艺的内容资源，吸引了用户的参与度。

经过三年快速发展，爱奇艺品牌在用户数量和观看时长上实现了突破。2015年，爱奇艺的月度用户数量达到2.73亿、App的月度观看时长达23.5亿小时，位居行业首位。[①]

3. 2016年至今：整合发展期

随着互联网的发展、竞争的激烈，爱奇艺从2016年开始整合发展，实现多元变现。除了传统的营销广告外，开始拓展直播秀场、电子商城、漫画、小说、娱乐资讯、电影票、游戏等。该时期除了大力发展自制业务、降低成本，还通过不断延伸产业链，实现多元变现。

---

① 资料来源：《艾瑞2015年全年视频数据：行业格局剧变》，中国经济网，2016年2月2日，http://www.ce.cn/cysc/tech/gd2012/201602/02/t20160202_8716101.shtml。

（二）爱奇艺的品牌目标

2010年3月5日，爱奇艺确立了"悦享品质"的品牌理念，该理念体现了品牌对于自身的定位。作为双边平台，用户和广告主都是爱奇艺品牌理念重要的目标对象。从用户的角度来说，"悦享"是对用户体验的重视，希望用户能在视频观看中得到愉悦的享受，旨在为用户提供内容丰富、观看流畅的高品质产品。爱奇艺从革新播放技术、丰富视频内容等方面吸引新用户、增加原有用户的黏性。从广告主的角度来说，广告是爱奇艺重要的收入来源。爱奇艺"悦享品质"的理念旨在满足广告主的需求。一方面，用户是爱奇艺吸引广告主的重要基础。爱奇艺通过"悦享品质"提高用户的黏性，向广告主售卖用户的注意力资源；另一方面，"悦享品质"也是对广告主的承诺。爱奇艺在庞大用户数量的基础上，不断革新广告投放方式，通过大数据分析用户需求、程序化购买优化营销方式，实现用户精准营销的需求。

针对会员，爱奇艺的品牌理念随着市场的需求不断更新。2015年爱奇艺针对VIP服务，邀请杨洋、Anglebaby、黄渤三位代言人，为"90后""80后""70后"用户传递"新轻奢主义"的概念，旨在突出"追剧不等待、海量随心看、视听更震撼"的VIP服务的核心理念；随着付费用户的持续增加，用户之于视频网站的作用愈加明显。因此，2016年爱奇艺更加关注付费用户的价值主张和全方位的娱乐需求，并在此基础上邀请陈伟霆、赵丽颖为品牌首席推荐官，向用户传递"给我想要的"。在该理念的引导下，爱奇艺与影视公司、电视台积极合作购买电视版权内容，同时也积极生产原创内容，为VIP用户提供更加优质的内容和服务；2017年爱奇艺借助《中国有嘻哈》的热播，在定位上更加注重年轻人的市场；在品牌理念上更加重视用户对其品牌的认同感和归属感。在此基础上，爱奇艺邀请吴亦凡作为品牌首席会员非凡体验官，确立"敢骄傲、一起燥"的新品牌理念。在该理念的引导下，爱奇艺从关注内容体验向价值表达转向。爱奇艺VIP品牌理念的不断更新体现了其精神价值的转化。

（三）爱奇艺品牌 SWOT 分析

目前，在爱奇艺品牌发展中，存在用户、资本、内容的优势，同时高额的成本和版权保护的难度在一定程度上制约着其发展速度。此外，互联网的快速发展、技术的革新成为品牌未来价值提升的重要因素，而同行业的竞争、内容审查的不可预测则成为其威胁（见表1）。

表 1

优势（S）	劣势（W）
内容丰富 资本支持 用户资源	内容成本 技术成本
威胁（T）	机会（O）
腾讯、优酷和芒果 TV 的威胁 内容审查不确定性	互联网的持续普及

1. S: 优势

作为互联网视频行业的巨头企业，爱奇艺在品牌价值实现的过程中既有其独到的优势也存在不足，在不断变化的市场中既有机会也有威胁。首先，从优势来看，资金、内容、用户是爱奇艺发展的重要优势。互联网视频行业作为高成本行业，资金对支撑业务发展有重要的意义。虽然爱奇艺自成立以来处于亏损状态，未来可能持续亏损，但是充足的资金是其内容扩张、技术升级、服务优化的重要基础。自成立以来，爱奇艺一直有较为稳定的资本来源用以支持其不断发展。其中，百度是爱奇艺发展过程中提供资金的重要角色。2011 年，百度以 4500 万美元认购奇艺 B 轮优先股，为爱奇艺快速发展注入资金；2012 年 11 月 3 日，百度收购原爱奇艺第二大股东普罗维登斯所持股份，成为爱奇艺的第一个大股东。2013 年，百度 3.7 亿美元收购 PPS，实现 PPS 与爱奇艺的合并，为爱奇艺进一步扩张提供资本运作；2014 年 11 月 19 日，百度为爱奇艺引入小米的 3 亿美元战略投资，实现二者在互联网领域的深度合作。为了提高融资能力，2015 年爱奇艺开始为新三板和战略

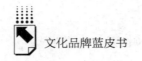

新兴板上市准备。2018 年 3 月 29 日，爱奇艺在美国纳斯达克挂牌上市，拟融资 15 亿美元。从爱奇艺成立到上市来看，在百度的支持下，雄厚的资本是爱奇艺不断扩张、购买版权、技术升级的重要保障。

　　资本的支持给爱奇艺内容的扩充提供了可能，较为优质的内容是爱奇艺发展的重要驱动力。目前，爱奇艺的内容板块较为丰富，涉及全网影视、奇秀直播、商城、泡泡广场、风云榜、游戏中心等板块。其中视频影视内容是爱奇艺内容板块的核心，截至 2017 年 12 月 31 日，爱奇艺的内容库总量超过 70000 种，包括电视剧、综艺节目、电影、儿童节目、纪录片、动画、体育节目等各种类型的节目。[①] 从类型看，爱奇艺的剧集既包括购买版权的剧集，也包括自制剧集。为了增加平台内容的话语权，爱奇艺不断加大自制比例。爱奇艺发布的 2018 年的 223 头部内容，包括 79 部大剧、54 部综艺节目、90 部娱乐生态内容。其中，79 部影视剧自制剧 40 部、版权剧 39 部，自制剧占比超过 50%，高于腾讯和优酷的自制剧占比。[②] 除了直接的内容，泡泡广场、商城作为爱奇艺内容的下游，也是其不断延伸产业链、实现多元变现的重要形式。商城销售以剧集为核心的周边产品；泡泡广场打造社群，提高了用户的参与度，增加了用户的黏性。

　　作为双边平台，用户也是爱奇艺重要的优势。从用户活跃度看，2018 年 3 月，爱奇艺月活跃用户数为 4.89 亿人，月日均活跃用户数为 1.18 亿。用户活跃度在互联网视频行业中占据首位。从用户黏性看，爱奇艺 2018 年 3 月使用时长达到 44.33 亿小时，同比增长 21.04%，位列首位。[③] 也就是说，用户选择爱奇艺的频次高、时间长，用户黏性较高。庞大的用户基础是

① 资料来源：《爱奇艺 IPO 招股说明书》，美国证券交易委员会网站，2018 年 2 月 27 日，https：//www. sec. gov/Archives/edgar/data/1722608/000119312518060890/d487167df1. htm # toc。

② 资料来源：《79 部大剧、54 部综艺、223 部头部内容，更懂娱乐的爱奇艺如何爆屏 2018？》，和讯网，2017 年 11 月 2 日，http：//news. hexun. com/2017－11－02/191488171. html。

③ 资料来源：《2018 年 3 月移动视频市场：爱奇艺多项指标领先　腾讯视频日均活跃用户数降为行业第三》，科学中国网，2018 年 4 月 25 日，http：//science. china. com. cn/2018－04/25/content_ 40305657. htm。

爱奇艺向广告商售卖的重要资源。除了普通用户，会员用户促进了爱奇艺营收结构的优化升级。随着内容消费的升级，用户付费意愿的提升和付费习惯的养成，会员用户成为促进互联网视频产业发展的重要动力。从数量看，爱奇艺会员用户不断增加，截至 2017 年 12 月 31 日，爱奇艺用户数量增长至5080 万人，较 2016 年增长 2000 万人；截至 2018 年 2 月 28 日，会员用户已增至 6010 万人。[①] 相对于其他互联网视频网站，爱奇艺的会员人数最高，这是其未来变现的重要基础。

2. W：劣势

虽然爱奇艺有资金、内容和用户优势，但是成本一直是制约爱奇艺发展的重要因素。成本因素包括两个层面的含义：一是技术成本，二是内容成本。在技术成本方面，为了增强用户的观看体验，爱奇艺需要不断提升1080p、4K 清晰度视频、Dolby 音效以及 HCDN 视频传输技术；为了提升用户画像准确度，把握用户内容偏好，爱奇艺需要提升大数据处理技术或者与数据公司进行合作；为了提升视频内容的呈现形式，爱奇艺需要继续在VR、AR 技术上进行投入。基于此，巨大的技术成本是制约用户发展的重要因素。在内容成本方面，其成本既包括版权购买的成本，也包括自制内容生产、研发成本。其中，爱奇艺用于购买版权内容和合作制作内容的成本快速增加，由 2016 年的 75.41 亿元增长至 2017 年的 126.16 亿元，增长幅度高达 67.3%；[②] 此外，爱奇艺基于用户的原创作品数量不断增加，也产生了10.029 亿元的内容分成成本。因此，目前内容成本是爱奇艺难以盈利的重要制约因素。

3. O：机会

互联网的持续普及是爱奇艺发展的重要机遇。截至 2017 年 12 月，我国

---

① 资料来源：《爱奇艺 VIP 会员规模达 6010 万　或将引起 VIP 热潮》，中国网，2018 年 4 月 10 日，http：//www.dzwww.com/yule/yulezhuanti/yanpo/201804/t20180410_ 11272114733.htm。

② 资料来源：《爱奇艺 IPO 招股说明书》，美国证券交易委员会网站，2018 年 2 月 27 日，https：//www.sec.gov/Archives/edgar/data/1722608/000119312518060890/d487167df1.htm # toc。

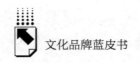

网民规模达 7.72 亿人，全年共计新增网民 4074 万人。互联网普及率为 55.8%，较 2016 年底提升 2.6 个百分点。① 而目前互联网视频用户的规模为 5.79 亿人，因此，其用户人数存在着较大的增长空间。

4.T：威胁

目前，爱奇艺的外部威胁主要集中在两个方面：一是优酷土豆、腾讯视频、芒果 TV 等带来的竞争压力；二是内容审查的不确定性。

爱奇艺面临着来自同行业较为激烈的竞争压力，主要为第一梯队的优酷土豆和腾讯视频，以及来自第二梯队的芒果 TV。优酷土豆、腾讯视频、芒果 TV 分别依托阿里巴巴集团、腾讯与爱奇艺争夺用户、广告客户的资源。优酷土豆、腾讯视频资本实力更为强大，因此其通过购买热门内容的独家版权、加大自制内容的投入力度来实现竞争。芒果 TV 依靠湖南卫视内容的独家版权进行差异化竞争。

除了竞争压力，政策的不确定性也是爱奇艺面临的重要威胁。爱奇艺发展的核心为内容，目前对于内容的把控是爱奇艺面临的较大困难。目前，对于互联网视频内容的审查愈加严格，这增大了内容的不确定性。

（四）爱奇艺品牌发展应对策略

政策的支持、版权环境的完善、技术的升级、同行业的竞争压力给爱奇艺未来品牌的发展带来了机遇与挑战。面对不断变化的新环境，爱奇艺从内容供给、大数据运用、技术提升、多元变现等多方面应对环境和竞争的挑战。

1.扩展内容，丰富品牌内涵

首先，内容是爱奇艺品牌发展的核心资源。优质且差异化的内容是吸引用户的重要基础，而用户则关系到爱奇艺品牌与广告主的议价能力。因此，内容是爱奇艺提升品牌价值的重要竞争力。为了满足用户日益多元化的需

---

① 资料来源：中国互联网络信息中心（CNNIC）：第 41 次《中国互联网络发展状况统计报告》，中国网信网，2018 年 1 月 31 日，http：//www.cac.gov.cn/2018 - 01/31/c_ 1122346138.htm。

求、提高用户在平台的活跃度、增加用户黏性，爱奇艺需要进一步丰富平台内容。一方面，抓取用户平台浏览数据，把握用户的内容偏好。在此基础上，与影视公司、电视台建立良好的关系，有针对性地购买版权，在降低成本的同时，满足受众的需求；另一方面，加大原创内容的制作力度、增值内容 IP。在 PGC 内容生产方面，爱奇艺将目标人群定位在年轻受众，并投入大量资金制作符合年轻受众审美的品牌综艺，实现自制内容的升级。2018年爱奇艺针对年轻受众再次推出国内首档偶像竞演类养成真人秀《偶像练习生》，并在收官之日达到 28.3 亿的播放量，微博话题 134.9 亿，上榜微博热搜 577 次。[①] 爱奇艺通过《偶像练习生》实现了自制内容的创新，挖掘了年轻受众亚文化的商业价值，探索出网络综艺多元商业变现之路，提升了爱奇艺自制节目品牌的价值。因此，爱奇艺未来在定位年轻化的基础上，不断挖掘契合年轻受众价值观的文化形式，在此基础上制作差异化内容。此外，爱奇艺需要不断提升内容的衍生价值，将自制内容打造成可以持续变现的 IP，联动内容、社群和商品的持续发展。

2. 提升技术，促进品牌升级

其次，技术是影响互联网视频产业的重要因素。因此，提升技术是爱奇艺未来应对挑战的重要举措。爱奇艺技术的提升主要体现在两个方面：一是提高大数据挖掘、清洗、分析的技术；二是提高视频内容的呈现技术。一方面，爱奇艺需要继续构建以用户为核心的数据库，通过提升大数据技术、深度学习技术等手段做好用户分析，实现内容的精准推送，从而提高用户的黏性。此外，广告是爱奇艺实现盈利的重要板块。提升大数据分析技术、为广告商提供精准服务是爱奇艺品牌应对内外部挑战的重要举措。爱奇艺需要继续推进与百度的紧密合作，加强对用户的精准分析和定位能力，提升广告目标和潜在消费者的匹配度，提升广告活动的效率。另一方面，随着硬件设备的多元化，爱奇艺需要继续开发用于音频、视频和

---

① 李锋：《偶像养成 元年开启》，新浪网，2018 年 4 月 16 日，http：//finance. sina. com. cn/roll/2018 - 04 - 16/doc - ifzcyxmv1581266. shtml。

内容传送的技术，优化其在不同硬件设备上内容显示的技术，优化用户多屏娱乐体验。在内容呈现方面，爱奇艺需要通过提升 4K 高清视频质量、HDR 成像、杜比全景声音像效果等技术，为用户提供流畅、清晰的视频内容，提升用户的观看体验；此外，爱奇艺需要加大移动 VR 设备的投入，通过 360VR 技术为用户提供更加身临其境的观看体验，满足用户的多元观看需求。因此，爱奇艺未来需要不断提升大数据技术、优化视频呈现技术，提升个体用户的娱乐体验、实现广告主精准营销的需求，从而提高品牌运营效率、增加投资回报。

此外，付费用户是互联网视频的重要资源。因此，爱奇艺应对挑战的另一个举措是为付费用户提供一定的专门化服务，不断挖掘付费用户的商业价值。截止到 2017 年 12 月 31 日，爱奇艺付费用户达到 5080 万人，会员收入达到 65.36 亿元，占总体营收的 37.6%。[1] 也就是说，付费用户成为爱奇艺收入的重要形式。根据爱奇艺招股说明书的数据，77.4% 的用户付费是为了观看 VIP 专属内容，73.6% 的用户付费是为了跳过广告，73.2% 的用户付费是为了能够提前观看热门影视内容。也就是说专属 VIP 的服务是吸引用户的重要权益。此外，相对于普通用户，付费用户黏性较大。90% 的付费用户对现有会员模式较为满意，愿意向身边的人推荐所用网站的 VIP 服务。[2] 付费用户在未来将成为网络视频行业持续发展的重要动力。因此，爱奇艺品牌发展的一个重要途径是为付费用户提供更加专门化的服务，在增加现有用户黏性的同时，吸引新用户成为付费会员。除了延续现有的付费用户优先看、VIP 专属内容和跳过广告外，爱奇艺未来可以通过将 VIP 用户的权益与节目内容、爱奇艺泡泡社群和商城相联系，扩大付费用户的权益，优化付费用户的服务，提升爱奇艺 VIP 品牌的价值。

---

[1]　资料来源：《爱奇艺 IPO 招股说明书》，美国证券交易委员会网站，2018 年 2 月 27 日，https：//www.sec.gov/Archives/edgar/data/1722608/000119312518060890/d487167df1.htm # toc。

[2]　资料来源：《爱奇艺 IPO 招股说明书》，美国证券交易委员会网站，2018 年 2 月 27 日，https：//www.sec.gov/Archives/edgar/data/1722608/000119312518060890/d487167df1.htm # toc。

3. 多元营销，拓展品牌传播

再次，通过多元营销的方式，扩大爱奇艺品牌的宣传力度。一方面，对于推出的网剧、综艺节目等单体品牌，爱奇艺应该结合内容、结合流行趋势进行宣传，扩大单体品牌的影响力。《中国有嘻哈》以导师吴亦凡的"你有freestyle?"为切入点，结合当下年轻人喜爱的鬼畜等风格，有计划地在微博、爱奇艺等平台投放自制视频，引起受众兴趣，为后续品牌传播奠定受众基础；在节目过程中，根据抓住选手的个人特色和节目中的矛盾冲突，在微信公众号等自媒体平台、微博等社交媒体平台、《爱奇艺早班机》《嘻哈头条》等视频媒体平台进一步传播，引发更广泛的关注。从《中国有嘻哈》的成功经验看，爱奇艺对于单体品牌的宣传要结合其内容，在宣传初期通过已有流量明星的热度带动节目热度；在宣传中期，结合节目情节，根据不同媒体类型投放不同的宣传内容，实现二次传播，扩大节目的宣传范围。在这个过程中，爱奇艺需要引导已有节目粉丝进行二次创作，实现由节目－粉丝－普通受众的逐级传播，不断扩大品牌的宣传范围。对于爱奇艺品牌而言，单体品牌的成功营销肯定了爱奇艺内容制作的能力，增加了爱奇艺品牌的知名度和美誉度，为品牌整体传播奠定了基础。另一方面，对于爱奇艺整体品牌，爱奇艺应该开展线上和线下的营销活动提升品牌知名度。在线上，爱奇艺与无线运营商进行合作，为在移动设备使用爱奇艺客户端提供数据流量；在线下，爱奇艺通过邀请会员现场参观等活动增加用户忠诚度；此外，爱奇艺邀请明星代言的同时，推出相关视频，通过不同的媒体发布热门话题，将品牌价值嵌入其中，实现线上线下联动传播。因此，为了应对行业内外挑战，实现品牌更大范围传播，爱奇艺未来应继续从单体品牌和整体品牌两方面出发，联动线上线下，结合热点，实现品牌更大范围传播，进一步扩大爱奇艺品牌的知名度和美誉度。

4. 多元变现，提升品牌价值

最后，爱奇艺仍然处于亏损状态，因此，多元变现是爱奇艺未来发展的重要方向。和优酷土豆、腾讯、搜狐等其他互联网视频平台相同，爱奇艺最初的收入来源为广告。但是，随着用户付费意识的增强、付费能力的提升，

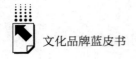

爱奇艺的收入结构正在发生变化。爱奇艺总营收从 2015 年的 53.186 亿元增长至 2017 年的 173.784 亿元。其中付费会员的收入大幅度提升，由 2015 年的 9.967 亿元增长至 2017 年的 65.36 亿元，增长了 555.76%；其会员收入的占比也由 18.7% 上升至 2017 年的 37.6%。① 虽然爱奇艺不断提升会员收入，但是与会员收入占比超过 75% 的 Netflix 相比，爱奇艺会员收入依然有上升的空间。因此，未来爱奇艺要挖掘会员商业价值，增加会员收入。此外，虽然爱奇艺广告占比不断下降，但是广告收入持续上升，广告依然是爱奇艺营收的重要来源。因此，爱奇艺要利用大数据，提升广告精准营销的能力，满足广告商多元化的需求。除了广告和会员两种传统的变现方式，爱奇艺还依靠现有内容产品延伸产业链，开拓衍生品市场，增加变现方式。爱奇艺将自制内容打造成可持续发展的 IP，将 IP 内容与粉丝社群的泡泡圈子、直播板块、电商板块、衍生品授权平台等整合联通，打造后续 IP 开发和衍生品授权的商业空间，实现多元变现，增加营收。

---

① 资料来源：《爱奇艺 2017 年总营收约 173 亿元　会员收入为 65 亿元》，新浪网，2018 年 2 月 28 日，http://tech.sina.com.cn/i/2018 – 02 – 28/doc – ifyrwsqk1108593.shtml。

掌阅科技：用工匠精神铸造
中国数字阅读品牌

范宏达*

摘　要： 数字阅读行业作为新兴的互联网领域的细分行业具有良好的发展前景，掌阅作为我国数字阅读行业的领军企业有其独特的企业文化和企业运营体系。本文通过分析掌阅所处互联网数字阅读行业的宏观政策环境、行业竞争环境和掌阅自身品牌运营情况，通过品牌定位分析、品牌策略及实施分析、品牌营销分析等深入剖析掌阅发展情况，明确品牌竞争优势和劣势，并建议通过拓宽融资渠道、自主版权内容发展等方式应对市场挑战，实现品牌价值的进一步提升。

关键词： 数字阅读　掌阅　品牌分析

一　品牌环境分析

掌阅主营业务为互联网数字阅读服务和增值服务业务。根据中国证监会《上市公司行业分类指引（2012年修订）》，掌阅所处行业属于"信息传输、软件和信息技术服务业"中的"I64互联网和相关服务"。下面就掌阅所在数字阅读行业的监管体制、法律法规及产业政策、数字阅读行业发展情况做一定的介绍并分析影响行业的有利和不利因素。

---

* 范宏达，中国人民大学创意产业技术研究院助理研究员，主要研究领域为文化品牌评估。

（一）监管体制、法律法规及产业政策

1. 行业主管部门和行业监管体制

数字阅读是互联网信息技术行业和数字出版行业交叉形成的细分行业，行业行政主管部门主要有中共中央宣传部、国家文化和旅游部、国家新闻出版署（国家版权局）、全国扫黄打非办公室等。

2. 主要法律法规及产业政策

随着数字阅读产业的快速发展，对于数字阅读的制度化、法制化建设不断完善。

2009 年 7 月国务院出台的《文化产业振兴规划》（以下简称"《规划》"）是我国第一部文化产业专项规划，标志着文化产业上升到国家战略。《规划》指出："要大力发展有声读物、电子书、手机报和网络出版物等新兴出版发行业态。"从国家战略的高度定义了数字阅读的发展方向。此外，2013 年 11 月中国共产党第十八届中央委员会第三次全体会议通过的《中共中央关于全面深化改革若干重大问题的决定》、2013 年 8 月国务院出台的《关于促进信息消费扩大内需的若干意见》、2017 年 5 月中共中央办公厅、国务院办公厅制定的《新闻出版业"十三五"时期发展规划》都提出在形式和内容上促进数字阅读产业的快速发展。

除了国家层面对数字阅读行业具有指导性的政策法规，各相关部门也对数字阅读行业有一定的规范。国家版权局、原信息产业部出台的《互联网著作权行政保护办法》，原新闻出版总署出台的《电子出版物出版管理规定》，原信息产业部出台的《互联网出版管理暂行规定》，原国家新闻出版广电总局出台的《网络文学出版服务单位社会效益评估试行办法》等文件均对数字阅读行业有一定的规范。整体来看，国家和各相关部门均对数字阅读监管趋于完善和严格，另外，随着政策法规的完善，数字阅读市场的乱象在一定程度上得以纠正，盗版等数字阅读行业的痛点和难点在逐步得到解决。

（二）中国互联网数字阅读产业发展概况

1. 中国数字阅读市场发展迅速，数字阅读用户数量持续增长

2010 年后中国的数字出版业已初具规模。数字出版物主要包括在线动画、在线教育、数字报纸、数字期刊、网络原创文学出版物等。

根据《2016～2017 中国数字出版产业年度报告》，2012 年后国内数字出版业增长趋于稳定，保持在 30% 左右，2016 年，市场规模为 5720.85 亿元，同比增长 29.9%（见图 1）。

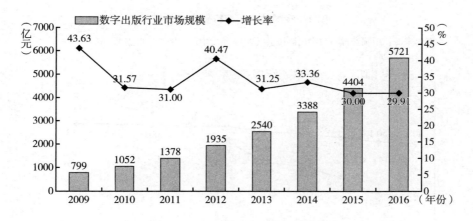

图 1 我国数字出版行业市场规模

资料来源：中国新闻出版研究院《中国数字出版产业年度报告》。

数字阅读是数字出版业的重要组成部分。根据《2017 年度中国数字阅读白皮书》，2017 年我国数字阅读行业市场规模同比增长 26.7%，市场规模达到 152 亿元（见图 2）。

根据《第十五次全国国民阅读调查》，自 2013 年以来，我国成年国民图书阅读率趋于稳定，2017 年达到 59.1%；自 2012 年以来我国成年国民数字化阅读方式的接触率迅速上升，2013 年突破 50%，2017 年达到 73%；2017 年全国在线阅读的国民人数占比达 59.7%，其中进行过手机阅读的国民达 71%（见图 3）。

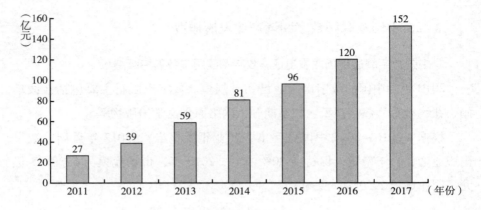

图2　我国数字阅读行业市场规模

资料来源：中国音像与数字出版协会《2017年度中国数字阅读白皮书》。

图3　我国成年国民图书阅读率及数字化阅读接触率

资料来源：中国新闻出版研究院《全国国民阅读调查》。

2.移动网民数量迅速增长，移动阅读成为数字阅读的主要方式

移动互联网用户和流量由于移动智能终端如智能手机、平板电脑、电子阅读器等产品逐渐走进国民生活、移动网络带宽的不断升级以及 WiFi 布局逐步完善等原因快速增长。根据《中国互联网络发展状况统计报告》，截至2017 年底，我国手机网民数量达 7. 34 亿，手机已经成为所有移动互联网终端中第一大上网终端设备，使用率达到 97. 5%（见图4）。

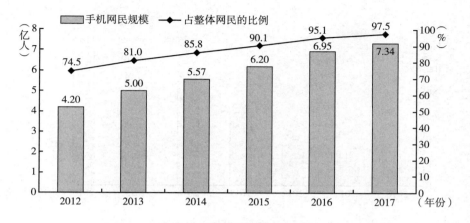

图4　我国手机网民规模

资料来源：CNNIC《中国互联网络发展状况统计报告》。

在发展的早期阶段，移动阅读行业的产品基于电信运营商的移动梦网、移动报纸和互联网公司的 WAP 网站，由于非智能手机缺乏操作性、系统扩展、应用维护等，以及当时国内的移动网络带宽不足，移动阅读用户数量不多，商业模式仍处于探索阶段。

智能手机的出现和普及，iOS、Android 操作系统的出现以及持续改进，移动阅读应用的功能和用户体验得到了显著增强。另外，随着移动互联网基础设施和宏观政策环境的发展、完善，为移动阅读行业提供了成熟的产业环境和庞大的客户需求。

根据《中国移动阅读市场年度综合报告》统计，我国移动阅读市场规模 2010～2016 年的复合增长率为 56.54%，2016 年移动阅读市场规模为 118.6 亿元，同比增长 17.43%（见图5）。自 2014 年开始，手机阅读应用的使用率仅次于手机即时通信、手机搜索、手机音乐，手机阅读应用成为手机各应用中第四类常用应用。

根据《第十五次全国国民阅读调查》，中国成年国民手机阅读率 2012～2017 年迅速增长，2017 年 71.0% 的成年国民进行过手机阅读，手机成为各类数字阅读增长最快的载体（见图6）。

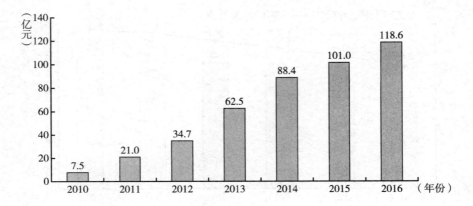

图5 我国移动阅读市场规模

资料来源：易观智库《中国移动阅读市场年度综合报告》。

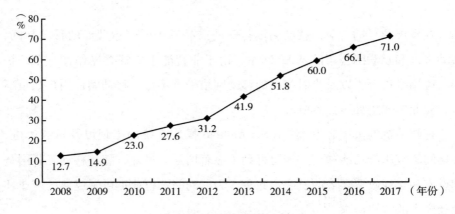

图6 我国成年国民手机阅读率

资料来源：中国新闻出版研究院《全国国民阅读调查》。

　　智能终端出现并不断丰富阅读应用服务、4G 网络基建的完善与上网资费的降低、专业从业人员的增多和优质阅读内容的不断产出等因素促进了移动阅读行业的快速增长。同时，传统出版社对移动阅读的态度更加开放，提升了移动阅读的精品内容供给；移动阅读体验在移动技术发展和资本刺激下快速发展，随着移动阅读内容制作更精细化、渠道更为完善，用户的阅读需求得到进一步激发。

2014 年，我国移动阅读的商业模式基本形成，即阅读企业主要通过用户付费获取收益。主要的移动阅读厂商掌握阅读内容制作、移动应用、发布渠道等核心资源并初步形成自身的核心竞争力，移动阅读市场进入门槛提高并建立竞争壁垒。国内主要的移动阅读厂商已初步完成市场布局，战略目标转移至内容和服务，通过丰富内容资源，提升服务质量，从而有效提高用户体验，抢占市场。移动阅读厂商与上下游企业形成联动效应，开始探索整个产业链的版权运营。另外，移动支付由于第三方支付平台的逐渐兴起变得更为便捷安全，也加速了用户付费习惯的养成。

3. 网络原创文学用户数量大，运营模式丰富多元

网络原创文学以其创新的内容、较低的写作门槛和便利的传播渠道逐渐成为数字阅读的主要领域之一。根据《第 41 次中国互联网络发展状况统计报告》，2017 年 12 月我国网络原创文学用户规模达 3.7774 亿，同比增长 13.4%（见图 7）；网络原创文学使用率为 48.9%，同比增长 3.3%。

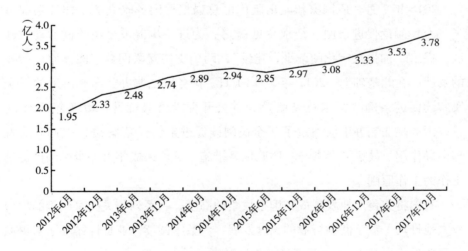

图 7　我国网络文学用户规模

资料来源：CNNIC《中国互联网络发展状况统计报告》。

网络原创文学依靠互联网的便捷性实现快速传播，凭借优质的内容迅速培养一批忠实的读者，然后通过实体图书出版、影视剧拍摄、游戏制作等形

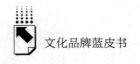
式深度挖掘 IP 衍生价值，实现泛娱乐产业的交叉融合。

4. 传统版权机构数字化趋势逐渐明朗

近年来，中国的数字出版业逐渐成熟，移动互联网产业也发展迅速。出版社、报社等传统版权机构逐渐对数字出版持开放态度，已经清晰地认识到参与数字阅读产业链的重要性，积极响应国家呼吁实施的"互联网＋"战略，寻求高效利用版权资源和创新商业模式，实现传统阅读与新兴数字阅读的深度融合。

（三）影响行业发展的有利因素和不利因素

1. 有利因素

（1）国家政策大力支持发展数字出版产业和开展全民阅读活动。

2014 年、2015 年和 2016 年，"倡导全民阅读"连续三次写入政府工作报告。

2016 年 2 月，原国家新闻出版广电总局根据国务院立法工作计划起草了《全民阅读促进条例（征求意见稿）》，为进一步促进全民阅读活动的开展，提出"加强数字化阅读平台建设"，明确支持互联网数字阅读服务行业的发展。在此基础上，2017 年 3 月 31 日，国务院法制办公布修改后的《全民阅读促进条例（征求意见稿）》，并公开征求公众意见。2017 年 5 月 26 日，国务院法制办审议通过了《全民阅读促进条例（草案）》，强调政府发挥主导作用、鼓励社会参与、明确保障措施、关注未成年人等全民阅读促进工作的工作原则。

我国将文化产业发展放到国家战略的高度，一系列相关国家政策的出台极大地推动了数字阅读行业的长远发展，为数字阅读产业良性循环运营提供了重要保障。

（2）互联网信息技术高速发展，细分领域商业化程度迅速提高。

由于计算机客户端时代数字阅读体验和便捷程度与实体书难以相比，因而数字阅读服务用户认可度不高。在早期阶段，移动阅读行业由于功能手机在用户界面、应用体验、系统扩展等方面的不足以及国内移动网络带宽不完善、资费高昂，另外优质内容、用户数量都不具规模，所以移动阅读行业并未形成明确的商业模式。

移动互联网的爆发促使互联网数字阅读服务行业形成成熟的产业环境并刺激了大量客户需求，形成产业的良性循环，构成可持续的商业模式。随着移动互联网的深入发展，数字阅读的产业环境将得到进一步优化，并与泛文化娱乐产业其他领域的各种资源深度整合，实现创新发展。

（3）国民阅读习惯逐渐养成，数字阅读利用碎片化时间满足用户需求。

据《第十四次全国国民阅读调查》统计，2016 年我国成年国民图书阅读率为 58.8%，数字化阅读方式的接触率为 68.2%，55.3 的成年国民进行过网络在线阅读，66.1% 的成年国民进行过手机阅读。

国民阅读习惯为数字阅读带来庞大的需求基础，而数字阅读的迅速发展进一步凸显其吸引力。在当下生活节奏加快、时间碎片化的社会背景下，以便携性和用户体验为主的数字阅读比传统图书更能够贴合人们的需求，使人们更好地在碎片化的时间中满足阅读需求，使数字阅读成为人们日常文化娱乐活动的重要组成部分。

2. 不利因素

（1）知识产权保护机制不健全，正版阅读意识和习惯待养成。

我国对文学内容的知识产权保护机制不健全，文学盗版内容传播渠道广泛，遏制困难，损害了版权所有者的合法权益，盗版文学作品通过互联网传播尤为迅速，对数字阅读服务行业造成了强大冲击。现今虽然我国对盗版打击力度不断加大，并对知识产权保护机制的完善做了大量工作，但盗版状况彻底遏制、国民正版阅读意识和习惯的培养仍需长足努力。

（2）传统出版行业资源分散，数字化整合仍有难度。

目前，网络原创文学诞生于互联网，数字阅读的形式与生俱来，网络原创文学仍是数字阅读的主要形式。另外在整合市场资源、推动行业发展方面得益于网络原创文学高度市场化运行，能够让网络原创文学在创作、发行等运营推广上更高效。

尽管数字阅读能够让阅读市场整体环境更加高效，但因为我国传统出版

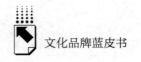

行业存在垄断和地方保护的现象，条块分割、资源高度分散，在这种情况下，数字阅读厂商在整合传统图书资源和利用传统图书内容上仍具有较大困难。

二　行业竞争分析

前文分析了掌阅所在数字阅读行业的宏观政策环境和行业发展特点，总结了影响行业发展的有利和不利因素，在此基础上本部分进一步分析数字阅读行业的竞争特点，从数字阅读产业链与市场参与者的地位分析、行业竞争的具体情况分析、行业壁垒的形成和特点分析，深入剖析数字阅读行业竞争焦点和发展趋势，为下文掌阅品牌分析提供基础。

（一）互联网数字阅读服务产业链及行业主要参与者

数字阅读产业链如图 8 所示：

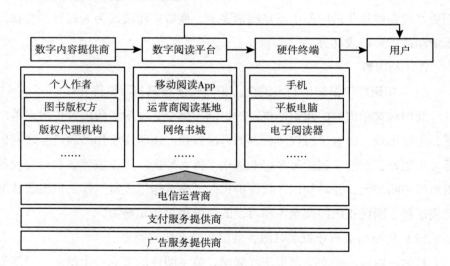

图 8　数字阅读产业链

注：数字内容提供商、数字阅读平台是数字阅读产业链中最重要的环节。

数字内容提供商主要包括传统图书的版权方和网络文学原创作者或经营网络原创文学的公司。版权运营是当前数字内容提供商主要的运营模式，版权运营是指通过签约原创作者或收购原创作品的方式取得版权并将版权出售给内容发布商获得收入。

数字阅读平台通过聚集网络文学和电子化的出版图书，为终端用户提供数字阅读渠道以满足其阅读需求。通过向用户提供阅读增值服务获取收入是当前数字阅读平台的主要经营模式。

（二）行业竞争状况

1. 行业市场化程度

互联网信息技术行业和数字出版行业交叉形成了数字阅读市场，其市场化程度主要受以下两方面影响。

（1）互联网信息技术行业高度市场化。

以技术为核心的互联网信息技术行业随着技术变革而快速崛起，"轻资产、高增长、高风险"的行业特征使得大量民营企业进入，运作机制灵活，经营模式和盈利方式多样，技术创新驱动其利润增长，在国民经济和居民生活中发挥愈来愈重要的作用。

互联网信息技术行业通过高效的信息传播技术和手段消除信息不对称，降低了传统企业渠道和品牌的溢价，在促进传统产业升级的过程中不断追求技术创新和运营模式的创新，使互联网信息技术行业市场竞争激烈，行业中各细分领域在资本、技术、人才、运营体制、商业模式等方面都存在竞争。

（2）传统出版产业数字化转型带来市场化契机。

国家政策和互联网技术的双重刺激为数字出版行业营造了成熟的市场环境，数字出版产业体系基本形成，数字出版产品基本涵盖了所有传统出版物，并由于数字出版机制的灵活性和创新性，产品被赋予更丰富的技术特征，市场前景可期。

我国传统出版行业资源高度分散，垄断和地区保护导致其市场化程度有待提高，数字出版是传统出版实现转型完善产业布局的重要方向，传统出版产业在数字化过程中也将伴随数字出版的市场竞争，出版行业资源整体配置得到优化，为整个出版产业带来市场化契机。

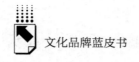

2. 行业资源的竞争情况

（1）网络原创文学内容数量众多，同质化严重，精品内容稀缺。

优质的网络原创文学作品通过互联网高效的传播渠道和庞大的用户群体聚集大量粉丝，而后再通过实体书出版、影视剧拍摄、游戏制作等形式深度挖掘 IP 衍生价值。由于写作门槛低，许多原创作者纷纷进入网络文学领域，同质化作品大量出现，对网络文学作品质量一定程度上造成了不利影响。与网络原创文学作品同质化相对应的是精品内容依然稀缺，市场竞相追逐具有高水平的知名网络作家。数字阅读行业是泛娱乐的重要组成部分，未来随着泛娱乐各部分的深度交叉，数字阅读对精品网络文学内容的需求仍将持续。

（2）传统出版行业数字化程度不断加深，数字阅读内容资源得到拓展。

国家政策引导和数字阅读行业迅猛发展强烈刺激着传统出版行业，随着传统出版机构对出版图书内容的放开，出版图书种类丰富，海量存量资源且整体质量较高，加快了传统出版图书的数字化进程。另外，国民数字阅读习惯的逐渐养成以及人们碎片化时间的利用也加大了出版图书数字化的需求，进一步刺激了数字阅读在传统图书内容资源上的竞争。

（3）互联网领域高度竞争，用户资源争夺激烈。

数字阅读服务行业培养了用户的使用习惯和应用体验，提高了客户与产品的黏性，因此在用户资源上处于激烈争夺中。数字阅读企业通过技术创新、应用页面更人性化、内容优质丰富打造良好的品牌形象，提高核心竞争力，增加客户与产品的黏性，通过内容购买、广告等方式实现流量变现。

3. 行业竞争的特点及发展趋势

数字阅读企业主要在渠道、内容、产品三个方面进行竞争，三个方面互相支撑，互相促进。

渠道竞争主要体现在通过自有渠道或与外部渠道合作的方式构建流量来源，获取忠实稳定、付费习惯良好的用户群体，从而形成企业商业化运营的基础。渠道竞争主要通过不同渠道获取付费习惯良好的忠实粉丝，用户获取成本的提高导致用户质量变得更为重要，有渠道优势的数字阅读企业更容易建立竞争壁垒，在日益激烈的市场竞争中处于领先地位。

数字阅读企业为取得与用户的高黏性和长久的盈利能力需构建内容资源的竞争优势。数字阅读企业通过与各类阅读内容的版权持有方洽谈合作，并通过大量的资本投入，获取了大量品质优良、品种丰富的数字阅读内容，提高客户黏性，保持其在数字阅读内容方面的竞争优势。未来在数字阅读内容方面的竞争主要在内容生产方面，针对优秀的 IP 挖掘其衍生价值。

数字阅读企业通过技术创新、运营模式创新提升用户体验和运营效率，以此提高产品竞争力。数字阅读企业如何在未来激烈的市场竞争中脱颖而出的一项关键能力是为用户提供个性化服务，定制与用户需求契合的产品功能，深度挖掘客户价值。

4. 行业主要企业及市场占有情况

数字阅读市场经过激烈竞争，主要参与者包括四类。

第一类为互联网巨头，以 BAT 为代表的互联网巨头通过收购互联网文学网站获取内容，自研或收购阅读 App 产品获得平台，并利用其自身的流量优势实现内容分发和流量变现，典型代表为腾讯公司旗下的 QQ 阅读。

第二类独立运营的数字阅读企业，通过开发自有阅读平台获取内容和用户流量，实现产品的平台价值，典型代表为掌阅。

第三类电信运营商，代表为中国移动的咪咕阅读、中国电信的天翼阅读和中国联通的沃阅读。

第四类电商企业，通过传统纸质图书销售向数字化转型介入数字阅读行业，典型代表为京东阅读。

根据《中国联通大数据：2018 年 8 月沃指数之移动应用 APP 排行榜》显示，2018 年 8 月掌阅 iReader 活跃用户 9262 万，排名第一，在阅读应用 App TOP5 中的活跃用户占有率为 58%，超过第二至第五名的总和（见图 9）。

（三）行业壁垒

1. 用户资源壁垒

数字阅读行业通过改造行业痛点，积累用户资源，创新商业模式，挖掘产业链深层价值，并最终形成互联网产品和服务的商业价值。

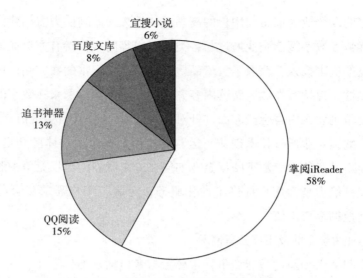

图9 2018年8月沃指数之移动应用App排行榜TOP5

资料来源：《中国联通大数据：2018年8月沃指数之移动应用App排行榜》。

数字阅读用户资源的获取、积累、巩固，需要数字阅读企业长期以来在实际经营和用户反馈的基础上把握用户实际需求，不断打磨产品、完善服务。由于应用软件等操作相对封闭，用户阅读习惯一旦养成，切换成本较高，因此在用户获取方面的激烈竞争推高了用户资源获取成本。数字阅读行业中处于领先地位的企业拥有新进驻企业难以复制的用户资源优势，形成了用户资源壁垒。

2. 内容资源壁垒

数字阅读最核心的竞争在阅读内容的竞争，拥有优质阅读内容的数字阅读企业不仅可以降低客户获取成本，提供优质的用户体验和形成良好的口碑，还可以通过深度运营IP获取内容资源衍生价值，延长产品的获益期限，实现用户规模和企业价值的双重提升。

在涉及内容服务领域，互联网细分行业的竞争越发激烈，市场稀缺的精品内容需付出高昂的价格甚至已成为"非卖品"，并且大多已成为独家内容，以内容为核心竞争力在数字阅读行业也更加明确。另外，我国近年大力推行知识产权保护体制的完善并对盗版违法现象严格查处，正版数字内容价值明显提升，形成了数字阅读行业的内容壁垒。

3. 运营壁垒

数字阅读行业的运营壁垒主要体现在内容和服务整合能力以及阅读平台的运营效率等方面。数字阅读平台通过整合内容和服务，构建服务于版权方和数字阅读用户的完整出版发行运营体系。保证整套运营体系在经营过程中的高效运营，是新进入数字阅读行业的企业所面临的挑战。日益增长的网络原创文学内容和海量的出版图书内容对数字阅读企业的筛选分类、编辑制作、质量控制和推广营销能力也提出了更高的要求。

4. 技术壁垒

数字阅读企业对运营模式创新、技术创新投入大量精力、时间和资本，技术先进、更新速度、运营效率等直接关系到客户体验和服务质量，阅读平台大量出现导致产生大规模同质化产品，数字阅读企业只有通过创新科技和运营模式提高客户体验和服务质量，才能在激烈的竞争中脱颖而出。如今数字内容丰富多样，需要更加成熟和快速的数字内容编排整理能力和投放能力，强大的资源整合能力成为数字阅读企业发展必须具备的基础。行业领先的数字阅读企业独有的专利技术使新进企业很难在短期内实现突破，技术壁垒在互联网各细分领域中普遍存在，在数字阅读领域尤为明显。

5. 政策壁垒

数字阅读服务行业主要受到中央宣传部门、文化主管部门和新闻出版部门的监管，业务经营需要的资质许可主要为《网络出版服务许可证》《出版物经营许可证》和《网络文化经营许可证》，对从事互联网数字阅读服务的企业的运营资质、业务范围等做出具体要求。此外，数字阅读企业还需要取得电信管理部门对于增值电信业务的资质许可。行业准入体制较为严格，政策壁垒较高。

三　品牌自身分析

根据前文的论述，数字阅读行业竞争日趋激烈，本部分通过着重分析掌

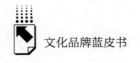

阅的市场地位、品牌定位、品牌策略及实施、品牌营销等，总结掌阅品牌竞争的优劣势，在此基础上提出掌阅品牌发展策略建议，应对市场的挑战。

（一）品牌简介

1. 领先的数字阅读平台

掌阅成立于 2008 年 9 月，专注于数字阅读，是国内领先的数字阅读平台。掌阅已与国内外 600 多家内容提供商合作，引进了数十万册高质量图书，能够满足用户不同的阅读需求。2017 年 9 月，掌阅（股票简称：掌阅科技，股票代码：603533）在上海证券交易所主板上市，成为目前在主板上市企业中唯一一家具有自主硬件产品的数字阅读平台。

2. 综合数字阅读企业

在发展过程中，掌阅逐步建立起内容创作、内容分发、阅读硬件、内容衍生开发等业务布局，并整合上下游资源，打造以数字阅读为核心的生态圈。此外，掌阅签约大批优质网络原创作者，将业务布局拓展至内容创作，并通过一系列运营和业务延伸，逐步从单一数字阅读平台转变为综合数字阅读企业。

3. 精细化数字阅读运营体系

掌阅率先实现了行业中 3D 仿真翻页和护眼模式等技术创新的应用，在文档识别、转换、续读技术和数字阅读内容精装排版领域形成了企业核心竞争力。同时依靠数据分析系统的高效性和准确性，实现数字内容的准确送达，最终达到以社会文化娱乐生态和用户行为为导向的数字阅读运营体系精细化的目标。根据企业的统计数据，2017 年单个用户日均阅读时长达到 38 分钟。

4. 内容资源、用户资源领先的专业数字阅读应用

依靠优质的内容资源、产品体验和先发优势，掌阅已形成了良好的口碑，积累了庞大的用户数量，逐步占领国内数字阅读市场。目前掌阅平台的月活跃用户数超过 1 亿，2016 年、2017 年各季度在 Talking Data 阅读应用排名中，掌阅应用覆盖率和活跃率均排名第一。

5. 品牌愿景、品牌使命、品牌价值观

目前，"让阅读无处不在"是掌阅的使命，"做全球最专业的阅读平台"是掌阅的企业愿景。此外，掌阅坚持"正直，务实，专注，创新"的品牌价值观，非常重视品牌口碑建设，秉持工匠精神，不断完善服务。

（二）品牌定位

1. 市场定位

掌阅目前定位为国内领先的数字阅读品牌，拥有并推出专注于移动设备阅读领域的自有经典阅读软件。此外，掌阅以阅读为主体延伸了听书、看漫画、社交、实体的 iReader 阅读器等众多方向，注重阅读内容正版化是其一大特点。

2. 价格定位

数字阅读书籍价格方面，掌阅与其他数字阅读软件如亚马逊等价格差别不大，掌阅可以通过做任务获得阅饼购买付费书籍，同时推出限时免费、限时特价、专题特价等优惠活动；亚马逊则会推出部分书籍限时优惠或限时免费等活动。

关于电子书阅读器，掌阅目前有六种产品：iReader、iReader Plus、iReader Light 青春版和 iReader Light 悦享版、iReader Ocean、iReader T6 以及 iReader Smart 超级智能本。iReader Ocean 主打大屏体验，iReader Light 和 iReader T6 主打轻薄小巧，iReader Smart 超级智能本则将阅读与手写合二为一，分别满足不同消费人群的需要。此外，掌阅还推出了专为青少年课外阅读服务的掌阅课外书定制版阅读器。

3. 地理定位

掌阅用户遍布世界 150 多个国家和地区，但国内仍为主体。从国内来看，根据百度指数显示的地域分布，排名前十的省市分别是广东、山东、河南、江苏、四川、安徽、河北、浙江、湖南、北京，排名前十的城市为北京、成都、重庆、广州、上海、郑州、合肥、武汉、长沙、杭州。综合来看，掌阅在一线城市、二线发达城市中的表现尤其突出。

4. 人群定位

虽然掌阅的内容资源覆盖从幼儿到中老年人的广泛人群，但其中年龄在25岁以下的用户超过68％，"90后"为绝对主力。针对这一用户状况，掌阅提出品牌年轻化策略，并采取一系列措施巩固年轻人这一用户主体。

5. 渠道定位

目前，掌阅积极与各类出版机构进行渠道合作，同时发展自有渠道、实行精品原创内容战略，建立严格内容审读体系。根据企业统计，掌阅已与国内外600多家内容提供商进行了合作，共计签约数十万册图书。另外，掌阅平台拥有原创作者5.5万名、作品7万余本。

（三）品牌策略及实施

近年来，掌阅根据市场情况，提出品质化、年轻化、普及化的品牌策略，不断提升品牌影响力，拉近用户与品牌的距离，让高品质阅读走进越来越多用户的生活。

1. 品牌品质化

品质化方面，掌阅实施品质阅读，通过精品原创内容战略，建立严格内容审读体系，不断提升数字阅读和网络文学创作的品质、品位。一方面掌阅与国内外多家出版社合作，引入重磅经典；另一方面，掌阅鼓励原创，连续举办两届掌阅文学创作大赛，以及掌阅"千万新原创征文"大赛，汇聚越来越多的优质作者，激发优质作品的创作。

（1）引进经典重磅书籍版权。

近年来，掌阅不断引进《围城》《百年孤独》《冰与火之歌》《哈利波特》等国内外重磅书籍，与国内外600多家出版机构进行了合作，共计签约数十万册图书。同时，推出掌阅国学公版书项目，共免费上线200多本国学经典，累计下载量超过7500万册。

（2）掌阅文学创作大赛。

在原创作品的品质提升方面，掌阅选择做高质量网络文学原创，着力培育头部作家和优质作品，积极增加有品质的内容供给量。目前，掌阅拥有原创作者 5.5 万名，2017 年全年发放给作者的稿酬超过 3 亿元，年收入百万元以上作者有 40 多名。同时，为鼓励原创、发掘优质作家与作品，掌阅连续举办两届文学创作大赛，以及掌阅"千万新原创征文"大赛，希望通过文学创作大赛的平台，遴选出更多原创人才和作品。此外，掌阅文学创作大赛将影视公司与作家联系起来，让作家 IP 价值有机会得到改编，也为电影和电视公司推出高质量和适合的电影和电视改编作品提供可能。

（3）打造优质栏目《阅界》。

为提升品牌品质，掌阅创作推出一档综合多媒体栏目——《阅界》。该栏目以阅读为切入点，挖掘社会各界每个独立人格背后的精神世界，试图记录一幅属于新时代的浮世绘。这个栏目已登录优酷、爱奇艺、秒拍等视频平台，形式多样、受众众多，单期观看量最高可达 350 多万次。

2. 品牌年轻化

（1）签约王俊凯为品牌形象代言人。

根据前文论述，掌阅大部分用户为"90 后"的年轻人群，掌阅为此提出年轻化的战略。在这个战略影响下，掌阅签约王俊凯为品牌形象代言人，通过年轻优质偶像的影响力引发年轻人的关注，通过围绕代言人王俊凯开展的系列线上线下推广和营销活动，实现品牌成长和效果的双丰收。

（2）赞助"金犊奖"，让阅读走进大学。

为吸引年轻用户群体，掌阅先后赞助了第 26 届和第 27 届金犊奖。金犊奖是时报传媒集团面向全球华文大学生创办的著名创意大赛，每年有 100 万左右来自大陆与港台的大学生参加。掌阅通过与时报金犊奖的合作增加了对大学生群体阅读兴趣和阅读习惯更深层次的了解，同时挖掘更多有创造力的人才，也使得掌阅品牌与年轻用户群体走得更近。

3. 品牌普及化

作为数字阅读领军品牌，掌阅以"让阅读无处不在"为使命，积极践行企业责任，策划并执行了多项公益活动，用行动将"全民阅读"落到实处，也对自身品牌进行了普及化推广。

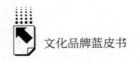

（1）"全民阅读 文化筑梦"公益项目。

2018年，恰逢掌阅成立十周年，为了更好地推广全民阅读、践行让阅读无处不在的使命、回馈社会，掌阅策划启动了"全民阅读 文化筑梦"公益项目，计划三年内向贫困地区、革命老区、少数民族聚居地等地区捐赠100间爱心阅读室，累计捐赠电子书阅读器500台、优质图书50余万册，以及学校等地区所需的笔记本电脑、打印机、文具等物资，预计总价值超过300万元，培养当地民众、特别是青少年养成良好的阅读习惯，普及优秀的传统文化和高品质内容，让更广泛地区、更多人群享受到阅读的乐趣，通过阅读自我提升，最终改变生活品质。

首批捐赠已于2018年4月启动，掌阅与新华社－中国经济信息社有限公司北京分公司，联合人民日报海外版记者部，在其定点扶贫地区、国家级贫困县－河北省滦平县展开，覆盖该县11所学校的十数间阅读室，捐助物资总价值超30万。

掌阅将在继续开展"全民阅读 文化筑梦"公益活动的同时，积极参与北京市定点扶贫项目、北京市新闻出版广电局"关爱女童公益项目"及书香中国·北京阅读季"扶智计划"等公益项目。预计覆盖内蒙古、西藏、新疆、青海、河北等全国十几个省或自治区的数十个贫困地区，影响超过6万名贫困地区中小学生和教师。

（2）"千乡万村"阅读计划、"爱心加磅，掌阅图书馆"活动。

随着乡村振兴战略的布局，掌阅启动了"千乡万村"阅读计划，通过生动有趣的标语带动乡村阅读，使其在广大农村市场的品牌知名度和影响力扩大。数字阅读因为互联网和移动终端设备的迅速发展，为乡村阅读创造了更多可能性。同时，掌阅特别关注农村儿童阅读，举办"爱心加磅，掌阅图书馆"的公益活动，捐助建设几十所乡村小学图书馆；支持慈善事业，向"北京市朝阳区志愿者关爱冠名慈善捐助金"捐助善款；帮助中西部地区摆脱贫困，作为北京朝阳文创的代表性企业，向昆明市倘甸两区联合乡捐助帮扶资金。

（3）女性文学节。

到目前为止，掌阅举办了两届女性文学节。

首届女性文学节的主题为"你若读书，这世界就有光"。掌阅对作家、媒体人、演员、插画师、创业者等各界人士进行专访，以独立为切入点，探索阅读如何为女性带来改变。并与各界人士和机构共同整理出当代女性偏好的初选书单，而后在活动期间向所有读者发起投票，根据投票结果最终选出了 2017 年女性文学节的最终书单。

第二届女性文学节的主题为"时光矜贵，有向生长"，掌阅希望与女性读者一起通过阅读建立内核，点燃她们的成长之路。掌阅邀请 8 位来自写作、旅行、生活方式、影视、婚礼等不同领域的作家博主作为本届女性文学节伴读人，从各自的经历和领域叙写了一些对于阅读和构建内心世界的理解。本届女性文学节，共计 25.6 万人加入活动，产生了 19.7 万条关于内核建立的讨论。

（四）品牌营销

掌阅通过与传统媒体合作、积极拓展品牌代言人活动等方式进行品牌营销，不仅有利于掌阅提升品牌影响力和品牌的社会声誉，也在品牌的消费群体中有重点地拓展了目标用户。

1. 与传统媒体合作，线上平行直播互动

（1）央视 1 套《中国好书》。

在和传统媒体的合作方面，2018 年 4 月 23 日晚，掌阅连续第四次与央视合作其独家冠名的阅读节目《中国好书》。本次《中国好书》盛典根据主题出版、人文社科、文学艺术、少儿、科普生活等类别评选出获奖书籍。作为独家冠名方，掌阅在其节目播出期间通过阅读平台上架了入围的中国好书精品电子书。另外，掌阅还在《中国好书》播出期间提供"一亿红包书券"，包含代金券、包年 VIP 卡和电子书阅读器，这使得中国好书电子书下载量巨大，相当于 3.5 个法兰克福书展，共计 106 余万册。观众在享受阅读盛宴的同时也获得众多阅读福利，掌阅与用户实现了品牌的深度互动。

（2）深圳卫视《一路书香》。

2017 年 11 月 30 日，深圳卫视《一路书香》播出，首创了"阅读＋探寻"的综艺模式，将"读万卷书"和"行万里路"结合起来，开启了中国第一个文化探寻的创新模式，通过团队成员一路阅读和旅行，在真实的环境中溯源经典。作为首席特约赞助商，掌阅积极与节目合作，通过观众在节目期间对原著的兴趣来推广掌阅 App，通过对原著方便快捷地搜索与阅读，享受阅读的乐趣。

（3）央视 3 套《陪你读书》。

2016 年正月初五《陪你读书》晚会。掌阅联合中央电视台第三套综艺频道在猴年正月初五晚间黄金时间推出了独具一格的节目——《陪你读书》，引起了观众们的热烈关注。《陪你读书》晚会邀请来自文化界的知名嘉宾参与，高晓松、冯仑、郑渊洁、麦家等十几位嘉宾尽其学识、感悟，每人各向全国观众推荐一本好书。同时在晚会期间，掌阅提供百种精品电子书供免费下载，在线上线下与观众紧密互动，《陪你读书》晚会 90 分钟时间共计下载了 500 万册。

《陪你读书》"五四"青年节特别节目：作为"五四"青年节特别节目，2016 年 5 月 4 日晚《掌阅 iReader 陪你读书》第二季在中央电视台第三套综艺频道播出。在节目中于丹、张大春、邰丽华等十多位文艺、商业、体育界人士齐聚一堂，分享阅读体会，掌阅特别为此次《陪你读书》节目提供了百余种免费精品电子书，并获得了强烈的市场反响。

2. 品牌代言人及相关营销活动

根据品牌战略，掌阅在 2018 年 1 月 22 日公布全新代言人——王俊凯，并展开了一系列品牌营销活动。

（1）"阅读的力量"主题活动。

首先，掌阅与王俊凯共同发起"阅读的力量"主题活动，旨在让更多年轻人养成阅读的习惯，传递阅读的力量。在品牌代言人官方宣传活动中，掌阅横跨多领域集结品牌超过 40 个，还诞生了 40 多句文案金句，全面覆盖跨圈层粉丝。同时，王俊凯入驻掌阅 App 内订阅号，每个月都会为读者推荐书单，得到粉丝和年轻读者的关注。王俊凯作为国内优质青年偶像有极高的国民认知度，与掌阅深度合作，为掌阅在年轻用户中提高知名度和影响力起到重要作用。

（2）品牌代言人粉丝书。

掌阅在 2018 年 4 月 12 日推出了以"从开始，到未来"为主题的讨论，邀请粉丝在讨论区分享和王俊凯的故事，并将 9210 多条信息精挑细选，最终制作成故事集送给王俊凯。该活动通过引导粉丝分享有关偶像成长的故事，在年轻人中传达了积极的能量。截至 2018 年 5 月底，超过 28 万人参与了讨论活动，共计留言超过 1.7 万条。掌阅通过此次活动不仅扩大了品牌影响力，也将粉丝从粉丝圈层引流到 App 端，最终实现流量转化。

（3）品牌代言人 TVC 推广。

掌阅在 2018 年世界读书日前夕发布了以《生活越快，阅读向慢》为主体的品牌 TVC，这是掌阅签约王俊凯后第一支由其演绎的文艺类 TVC，但不同的是，此次发布的 TVC 不仅表达了掌阅的阅读态度，改变了人们对文艺 TVC 在艺术风格上的传统印象，还探索了新的营销模式，最终达到文艺情怀和营销模式的深度融合。

掌阅利用自己的数字阅读平台将上线的品牌 TVC 制作成一本带有图像、文本、视频的影像书《阅读正当时》，并在掌阅 App 独家上架，上线仅 30 多小时就获得掌阅月票总榜第 1 名的成绩，截至 2018 年 5 月底共计下载量已超过 6.2 万，成功实现流量和拉新的转化。

（五）品牌竞争优劣势

1. 品牌竞争优势

（1）用户规模大，忠实用户多。

掌阅自 2008 年成立以来，一直深耕数字阅读，逐渐积累了一批用户。随着智能手机的普及和移动互联网大发展，2011 年公司趁势推出了基于智能手机平台的自有数字阅读平台"掌阅"，凭借良好的用户体验和产品的先发优势，用户规模迅速扩大，目前掌阅月活跃用户超 1 亿人，已成为国内数字阅读领域影响力最大的阅读平台。

掌阅平台不仅用户规模庞大，并且由于注重优质内容、用户体验和领先技术，大批活跃用户成为其忠实的粉丝。随着互联网，特别是移动互联网的发展，数字阅读已成为日常生活中不可或缺的休闲娱乐需求。与内容提供商相比，掌阅作为数字阅读平台有较大的封闭性，这是指用户在阅读过程中积累的书籍清单、笔记、社交留存在掌阅平台上，用户养成阅读习惯后改变阅读平台需要付出较大的成本，掌阅产品风格和用户体验领先于业内，加速用户阅读习惯的养成，提高了用户黏性。新用户不断加入，而老用户保持较高的留存率和活跃度，这使得掌阅在持续经营中通过收集分析用户数据，有效提升了数字阅读服务的精准化。

（2）数字版权资源丰富。

掌阅陆续与各家版权机构和众多原创作者合作，建立了可为广大读者提供丰富、长期、稳定的数字内容获取渠道。

掌阅数字阅读内容资源丰富，数量众多，包括图书、杂志、漫画、听书、知识付费等，可以满足用户不同的阅读需求，其中典型作品有出版书《围城》《百年孤独》《三体》《冰与火之歌》《哈利波特》等，原创文学作品《逍遥游》《诸天至尊》《盛世帝王妃》等，期刊《时尚先生》《故事会》《男人装》等，漫画作品《斗罗大陆》《元尊》《妖神记》《恋爱条例》等，优秀 IP 作品《华丽的冰上》《荒魂塔克木》《恩将求抱》《致命亲爱的》等。据统计，掌阅书城优质图书覆盖率达 70%，其中优质重磅书达 80%，重点杂志达 90%，优质漫画达 65%。书籍版式也包括了精装本、平装本等多种形式，其中精装本集视频、图片等形式于一身，能为用户带来极致的阅读体验，平装本为方便用户随时阅读具备页面简单、流量消耗少、便于下载的特点。

为了实现数字阅读内容的精品化，掌阅确立了多方内容评估流程，建立从情节、结构、人物、文笔、题材进行内容评估的"五分法"，避免引入许多低质量或同质的内容。用户可以从多个维度提出版权内容采购需求，掌阅再通过对用户数据的收集整理，根据用户需求引入版权，使版权内容采购更具有针对性。

（3）研发实力及技术创新能力强。

掌阅自成立以来，采用强调用户阅读体验的产品策略，关注技术创新和模式创新，注重产品研发。据统计，截至 2018 年 3 月 31 日，公司自有阅读平台"掌阅"已完成版本迭代 70 次，在业内率先实现了翻页技术、板式文档转换技术、护眼技术等产品应用，在排版、文档转化、续读等方面形成核心技术优势。根据掌阅招股说明书和相关访谈整理，具体情况如表 1 所示。

表 1　掌阅核心技术优势

序号	名称	用途	水平
1	排版引擎技术	手机等电子设备上的排版引擎技术，呈现高质量的排版效果，甚至超越实体书籍，完美整合图片、文字、声音、视频等信息，适配多种语言书写效果，并使其标准化	行业先进
2	翻页技术	在电子设备上利用手势模拟书籍翻页的效果。标准化每一种翻页的真实性，减少动画引起的内存和运算损失，精确算法使之在低配手机到高配手机全平台均得以应用	国际先进，Android 平台全球第一家实现并优化至业界标准
3	版式文档转化为流式文档的相关技术	将识别的版式文档自动转化为流式文档，其中版式文档中的结构、注释、图片、文字、链接、拼音、计算机代码等都可以自动转化为带格式的流式文档	行业先进，普通精品书籍制作效率提升 2 ~ 5 倍，复杂书籍提升 5 倍及以上，专业书籍从不可做到可做
4	护眼技术	在手机、平板电脑和其他电子设备上应用的护眼技术，将对眼睛伤害较大的短波蓝光通过添加图层来过滤，并通过柔和的滤镜来减轻眼睛负担，以此来保护眼睛的健康	行业先进，被手机厂商内置成为手机基础功能
5	txt 文档续读技术	自动识别 txt 文本内容，使用大数据算法识别文本内容和数据库匹配，定位阅读内容及其进度，完整图书的立即阅读即自动呈现上次阅读结束时的进度界面	行业先进
6	书籍内容监控技术	可以有效识别电子书中涉及的黄色、暴力和低俗等敏感内容，并根据敏感词数量和强度进行分析，敏感语句突出显示提醒以快速找到文本中敏感内容的位置	行业先进
7	应用内长连接技术	实现了用户在阅读过程中主动推送业务信息的功能	行业先进

续表

序号	名称	用途	水平
8	多算法投票推举的书籍分类方法	在用户使用掌阅的过程中，需要涉及图书推荐和图书分类，该技术可以提高图书分类的覆盖率和准确率，降低人工成本，提高效率	行业先进
9	电子书阅读器技术	掌阅公司立志于打造一款符合中国用户习惯、满足国人阅读需求的阅读器，iReader Light 发布后不断听取用户的反馈，不断更新固件，优化体验并增加功能。从系统内核到中间层，掌阅自主研发核心部分，确保可以根据用户需求进行升级	行业先进

　　上述技术创新得以实现的一个重要原因是掌阅非常注重研发团队的建设。根据掌阅招股说明书与 2017 年公司年报显示，掌阅研发人员情况如表2 所示。

表2　掌阅研发人员情况

项目	2017.12.31	2017.3.31	2016.12.31	2015.12.31	2014.12.31
研发人员数量(人)	266	154	153	130	100
研发人员占员工总数比例(%)	46.75	29.90	28.44	32.75	32.47

　　掌阅的研发团队，在提高公司的技术研发能力、形成和改进技术创新体系、培训和管理技术团队方面发挥了重要作用。研发人员在数量和比例上的不断增加，一方面体现了掌阅对产品研发及技术创新的重视，另一方面也体现出掌阅保持技术先进优势的经营战略。

　　（4）数字阅读运营体系成熟稳定。

　　掌阅数字阅读平台汇集了庞大的数字阅读人群和丰富的数字内容资源，在运营方面：一方面掌阅会根据社会文化聚焦、娱乐趋势等因素推广时下热门的数字内容，另一方面掌阅通过高效准确的数据分析系统精确推送数字内容。数字阅读运营体系最终实现以社会文化、娱乐生态和用户行为为导向的精细化运作，其主要特点如下。

基于用户行为等数据，通过分析大数据形成数字阅读平台用户的习惯标签，建立系统流程建议，筛选高质量内容，定期通过推送等方式为用户推荐活动或重要内容，根据大数据的结果分析用户特性，对特定产品进行优惠活动，满足用户的阅读需求；坚持高质量阅读内容的理念，为了充分满足用户对精品阅读的体验需求，掌阅使用视频、图片等富媒体展现形式，对部分书籍进行定制化编排，让读者享受到纸质图书无法带来的附加体验。

根据内容特点，进行多维专业数字包装，如：影视季、小型课堂和其他内容形式，通过多样化的内容推荐形式使用户获得更丰富有趣的内容场景。

（5）数字内容制作水平高效优质。

除了需要在内容方面获得丰富和高质量的版权资源之外，数字内容制作也是一个重要环节。掌阅在数字内容制作方面有丰富的经验，竞争优势主要体现在以下几个方面。

掌阅拥有独立知识产权的专业、完整的数字内容制作系统。对于常规数字内容，掌阅可以实现高效、快速、低成本的制作；对于非传统数字内容，例如，专业书籍或涵盖复杂图形符号和插图的书籍，可以运用图形混合和富媒体显示等实现精装排版效果，显著增强用户的阅读体验。

掌阅拥有一批出色专业技能和丰富编辑经验的数字内容制作团队，其团队人员专业背景涵盖编辑出版、汉语言文学和网页设计等专业，为数字内容制作提供全方位的支持。掌阅数字内容制作团队利用人工及程序辅助相结合的方式，日均审读文字量达500万字/人，月上线图书6000余册，同时借助公司业内先进的多媒体排版技术，自主策划的精品内容拥有超过8500万下载量。此外，所有参与数字内容制作的人员必须都通过软件操作、出版基础、政策法规等方面的岗前培训，通过测试后才可上岗。

掌阅已经开发出一整套数字内容制作系统，在内容获取、数据源筛查、内容分级、文本编辑、设计美化和质量检查等方面形成了详细而全面的内部控制流程和规则，建立了三审制度，并使用带有短语的敏感词库来过滤图书内容，通过语义分析和综合评分确保了绿色安全的阅读环境。

2. 品牌竞争劣势

（1）品牌发展资金实力欠缺。

近年来，各资本雄厚、用户资源庞大且拥有广泛渠道的互联网巨头纷纷进入数字阅读领域，争夺市场份额，完善其在互联网泛娱乐的市场布局。在这种日益激烈的市场竞争中，数字阅读内容的引入、营销、渠道拓展等方面需要大规模的持续的资本投入，招聘优秀技术人才和运营人才以及签约原创作者的人力成本持续上升。与拥有雄厚资金实力的各互联网巨头下的数字阅读公司相比，虽然掌阅在用户规模、产品体验、内容资源、技术创新和运营系统等方面具有一定的竞争优势，但是，就资金规模而言，它仍具有相对明显的竞争劣势。另外，由于掌阅轻资产的特征使得其在传统银行获得贷款的能力有限。因此，缺乏资金实力一定程度上制约着掌阅持续快速发展和保持行业领先地位。

（2）多元化盈利模式有待探索。

掌阅的经营战略以数字阅读为中心，延伸到全产业链。近年来掌阅一直拓展海外市场并逐步取得成效，自主品牌阅读器 iReader 的市场份额也仅次于亚马逊的 kindle。根据掌阅 2017 年年报显示，掌阅超过 90% 的收入来自数字阅读，增值服务带来的收益有限，由于数字阅读行业中竞争的焦点为渠道和版权，大量资本进驻导致阅读市场构建起运营壁垒和内容壁垒，随着近年来渠道、版权支出愈发增长，为维持行业领先的优势地位，掌阅的运营成本不断升高，由此导致掌阅盈利能力有所下降。探索多元化盈利模式是掌阅保持盈利能力、拓展盈利渠道的有效途径之一。

（3）电子书和实体书流量转化困难。

数字阅读行业的趋势之一是电子书转为实体书出版，如今越来越多的畅销电子书粉丝希望得到实体书。掌阅的主要竞争对手之一的阿里文学采取与天猫数据打通的策略，将电子畅销书与实体书对接，方便用户购买。相比之下，掌阅在实体书的发售渠道方面有所欠缺，将在一定程度上制约电子畅销书与实体书流量的转化，导致用户存在流失的风险。

（4）品牌发展尚有不确定性。

掌阅自身定位和商业模式的转型目前仍处于探索布局阶段，未来的品牌定位和商业模式转型需综合宏观经济环境变化、行业未来发展动向和竞争趋势、自身经营情况等内外部因素进行考量。同时，对行业发展趋势的理解、难以预期的市场竞争等因素可能会对公司未来的盈利能力、市场竞争力及成长性产生不确定的影响。

（六）品牌发展应对策略

1. 拓宽融资渠道，引进资本

掌阅在用户规模、产品体验、内容资源、技术创新和运营系统等方面具有一定的竞争优势，但是掌阅作为独立运营的数字阅读企业，其资金来源比较窄，资本短板较为明显。虽然掌阅已经在上交所上市，但在资本规模上较主要竞争对手还有较大差距，因此为了弥补资本规模的短板，掌阅需根据业务发展情况适当拓宽融资渠道，包括银行贷款、金融租赁、发行公司债、资产证券化或与其他资本集团合作等。由于渠道、版权内容、运营等都需要大量的资本投入，且数字阅读行业竞争愈发激烈，未来在渠道、版权等核心竞争方面的投入将进一步加大，掌阅只有维持一定的资本规模，才能在日趋激烈的市场竞争中维持领先的市场地位，保持竞争力。

2. 寻求实体书销售渠道

如今数字阅读市场的趋势之一是电子书和实体书结合，畅销的电子书粉丝希望购得实体书。数字阅读市场中部分厂商如京东等进入数字阅读市场之前便销售实体书，如今在其平台购买实体书将获得该书电子版，这将吸引有此需求的用户转移至其他平台。因此掌阅需视市场需求情况适当寻求实体书销售渠道，和其他电商合作或自行组建线上或线下销售渠道，迎合这一市场需求。

3. 稳固海外市场、深耕年轻市场、开拓农村和三四线城市市场

我国互联网人口红利逐渐减退，数字阅读企业的战略目标开始转向海外市场。掌阅的用户遍布150多个国家和地区，其数字阅读App在多个国家和地区的阅读应用中排名榜首。掌阅需充分发挥先发优势，进一步稳固海外市场，一方面作为中华文化传递的桥梁推广中国优秀的传统文化；另一方

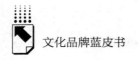

面，响应"一带一路"的号召和"走出去"的国家战略，成为外国友人了解中国文化的重要途径，形成特有的数字阅读文化符号，以此内化为掌阅的品牌核心竞争力。

掌阅应进一步深耕年轻用户。首先，关注年轻用户的偏好，根据用户需求签约相关作者或购买版权作品，精细化推广适合年轻用户的数字阅读产品；其次，设计适合年轻用户的操作方式，培养用户的使用习惯，增加用户黏性；最后，进一步增加广告投放，组织品牌活动，树立年轻的品牌形象。

掌阅主要阅读群体集中在一线、二线城市，目前数字阅读在一线、二线城市竞争激烈，市场进一步开拓存在一定难度。国内农村人口仍然占我国总人口的绝对比重，三四线城市随着互联网基础设施的完善也完全进入全民网上冲浪的时代。因此数字阅读的竞争也将从一线城市和二线发达城市转移至农村地区和三四线城市，越早进驻市场和打开市场，越有利于获得先发优势。掌阅需进行相关调研，掌握该市场的用户习惯、用户需求和市场竞争等情况，借鉴在一线、二线发达城市市场运营的成功经验，制定相应的营销策略和运营模式，进一步开拓农村市场和三四线城市市场。

4. 维护精装电子书市场领先地位，保持电子阅读器竞争优势

掌阅在精装电子书方面的技术和用户体验一直处于行业前列，精装电子书通常包括图片、视频、动画等富媒体显示精装效果，界面精致是吸引用户的重要方面。掌阅在精装电子书方面仍需加大力度，根据调研等方式了解用户对精装电子书的要求，加大对排版技术、版面设计等方面的投入，保持行业领先地位，使掌阅在业内刻上精装电子书的标签，形成行业典范。

掌阅自有电子书阅读器 iReader 目前市场份额仅次于亚马逊的 kindle，在数字阅读器市场占有重要地位。掌阅一方面需要不断进行技术创新，提升 iReader 的操作性，使其作为国内电子书阅读器领导者来树立行业标杆。另一方面，要细分用户市场，根据不同用户需求设计多款产品。另外，掌阅需要在新材料、软件等方面进行投入，在不降低阅读器质量的同时减少成本，增加电子书阅读器的盈利能力。

5. 自主版权内容需进一步丰富发展

头部原创文学作品早已被市场所验证，深度挖掘 IP 衍生价值是当前最普遍的做法，也是作品价值最大化的主要途径。网络原创文学是数字阅读市场未来发展的重要组成部分，优质的版权内容仍然稀缺，目前市场上阅文集团掌握大部分头部作家和优质的数字阅读内容。掌阅需着力发掘并培养优秀的原创作者，签约成熟的原创作者和作品，逐步建立起完整的作品与作者考核、奖励、推广机制，培育优秀的原创 IP。

参考文献

周鸿铎：《我理解的"互联网＋"——"互联网＋"是一种融合》，《现代传播》2015 年第 1 期。

夏莹：《网络文学市场结构演进研究》，硕士学位论文，湖南师范大学，2016。据中国优秀博硕士学位论文全文数据库：http：//cdmd. cnki. com. cn/Article/CDMD－10542－1016092645. htm。

程一帆：《腾讯文学的全版权运营模式研究》，硕士学位论文，河南大学，2016。据中国优秀博硕士学位论文全文数据库：http：//cdmd. cnki. com. cn/Article/CDMD－10475－1016201413. htm。

李树凯：《以用户为中心的导读服务延伸——基于数字阅读时代大学生阅读特点的思考》，《高校图书馆工作》2012 年第 1 期。

胡运瑞：《基于客户生命周期的沉默预警模型分析及应用——以电信 A 公司支付平台为例》，硕士学位论文，浙江工商大学，2015。据中国优秀博硕士学位论文全文数据库：http：//cdmd. cnki. com. cn/Article/CDMD－10353－1016031447. htm。

掌阅科技：《掌阅科技股份有限公司首次公开发行股票招股说明书》，中国证券监督管理委员会网站，2017 年 7 月 7 日，http：//www. csrc. gov. cn/pub/zjhpublic/G00306202/201707/t20170707_320073. htm。

掌阅科技：《掌阅科技 2017 年年度报报》，东方财富网，2018 年 4 月 21 日，http：//data. eastmoney. com/notices/detail/603533/AN201804201127395481，JUU2JThFJThDJUU5JTk4JTg1JUU3JUE3JTkxJUU3JThBBJTgw. html。

中国新闻出版研究院：《2016～2017 中国数字出版产业年度报告》，搜狐财经，2017 年 7 月 11 日，https：//www. sohu. com/a/156284456_267807。

中国音像与数字出版协会：《2017 年度中国数字阅读白皮书》，搜狐财经，2018 年 4

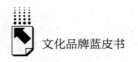
月 13 日，https：//www. sohu. com/a/228207725_ 99957183。

中国新闻出版研究院：《第十五次全国国民阅读调查》，搜狐教育，2018 年 4 月 18 日，https：//www. sohu. com/a/228649938_ 154345。

CNNIC：《第 42 次中国互联网络发展状况统计报告》，中华人民共和国国家互联网信息办公室，2018 年 8 月 20 日，http：//www. cac. gov. cn/2018 – 08/20/c_ 1123296859. htm。

韩晶：《关于数字出版概念的基本问题》，《商业经济》2016 年 7 期。

潘文年、董丹钰：《数字化背景下全民阅读路径深化与拓展》，《中国出版》2017 年第 2 期。

中国联通大数据：《2018 年 8 月沃指数之移动应用 App 排行榜》，中文互联网数据咨询中心，2018 年 8 月 14 日，http：//www. 199it. com/archives/760266. html。

《出版 51 年〈百年孤独〉首发中文简体电子书》，搜狐新闻，2018 年 6 月 2 日，http：//www. sohu. com/a/233784784_ 161623。

《王俊凯成掌阅新代言人 掌阅用户会暴增吗?》，搜狐科技，2018 年 1 月 22 日，http：//www. sohu. com/a/218229577_ 105496。

刘小菲：《掌阅 "全民阅读文化筑梦" 公益项目启动：把好书带到乡村校园》，凤凰网，2018 年 4 月 23 日，http：//finance. ifeng. com/a/20180423/16180293_ 0. shtml。

仁仁阅：《4.23 央视颁奖盛典，揭晓 2017 年度 "中国好书"，传承中华书香文化》，百家号，2018 年 4 月 27 日，https：//baijiahao. baidu. com/s? id = 1598869224751919623 &wfr = spider&for = pc。

周楚梦：《掌阅携手〈一路书香〉让文化成为全民综艺》，环球网，2017 年 12 月 14 日，http：//ent. huanqiu. com/yuleyaowen/2017 – 12/11448925. html。

杨文昊：《掌阅启动千乡万村阅读计划，助力打造书香中国》，搜狐教育，2018 年 4 月 16 日，http：//www. sohu. com/a/228395607_ 674549。

《时光矜贵，有向生长第二届掌阅女性文学节如期而至》，美通社，2018 年 3 月 28 日，https：//www. prnasia. com/story/206079 – 1. shtml。

张玉：《掌阅再次携手央视青年节 "陪你读书"》，网易读书，2016 年 5 月 4 日，http：//book. 163. com/16/0504/13/BM7OGA21009244E6. html。

专 题 篇

Special Report on Cultural Brands in China

B.12
互联网经济背景下的
非遗品牌建设与保护

——以"臻三环"章丘铁锅品牌为例

摘　要：　章丘铁锅是山东省济南市章丘区出产的传统地方性手工锻造
　　　　　锅具,拥有深厚的历史底蕴、精湛的工艺和良好的经济价值。
　　　　　"臻三环"品牌承传自章丘铁锅老字号"同盛永",自2013
　　　　　年重新推出以来,积极利用互联网电商平台,对章丘铁锅锻
　　　　　造技艺进行复原,包装、销售章丘手工锻造铁锅,使传统手
　　　　　艺重新焕发生机。2018年初《舌尖上的中国》第三季节目播
　　　　　出,使章丘铁锅成为舆论的焦点。本文分析梳理了"臻三

* 罗猷敏,文木研究院执行院长,主要研究领域为非物质文化遗产品牌发展;陈颖熙,文木研
　究院高级研究员,主要研究领域为非物质文化遗产品牌发展。

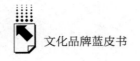

环"围绕章丘铁锅的品牌建设和保护措施，讨论在互联网经济的语境下，其实践所提供的有益经验及面临的主要问题，以为非遗品牌建设理论探讨和实际工作提供思考与借鉴。

关键词： 互联网经济　章丘铁锅　品牌　臻三环　非物质文化遗产

　　章丘铁锅是山东省济南市章丘区出产的传统地方性手工锻造锅具，以精湛的工艺、优良的品质与翻炒顺手、从不粘锅的特性而闻名，其锻造一度是章丘地区代表性的行业之一。"金属锻制技艺"（章丘铁锅锻打技艺）于2018年7月入选山东省济南市第七批市级非物质文化遗产扩展项目名录，另有"章丘铁匠习俗"于2009年9月入选山东省第二批省级非物质文化遗产项目名录。章丘铁锅及其手工锻打技艺植根于济南市章丘区独有的人文地理环境，具有深厚的历史渊源、独特的工艺价值和良好的经济价值，是地方社会历史发展的一种生动见证。

　　2008年，有感于传统手工打制铁锅质量上乘而少为人知，老匠人们苦心坚持却生活、劳动条件艰苦，现任济南三环厨具有限公司创始人、同盛永（臻三环）手工铁锅传人冯全永在淘宝上注册"同盛永铁锅店"，尝试通过电商平台推广章丘手工锻打铁锅。2014年，时任济南麒麟圣德网络科技有限公司负责人刘紫木和冯全永合作，之后又于天猫上开设"臻三环"手工铁锅旗舰店，在前人基础上重新打造章丘铁锅的"臻三环"与"同盛永"品牌。2018年初，《舌尖上的中国》第三季（下文简称"《舌尖3》"）节目播出，片中涉及"臻三环"和"同盛永"两个品牌，对其传承的手工铁锅锻造工艺进行了全面细致的展示和介绍。节目播出后，"臻三环""同盛永"品牌下的章丘铁锅旋即掀起全民抢购热潮，一时间可谓"洛阳纸贵、章丘无锅"。"臻三环"品牌随后采取发布通告、下架网店产品、关闭厂区谢绝采访等措施，以减少事件对生产的影响。之后短短4个月内，章丘铁锅又陆续经历"假锅横行"至"无人问锅"等境况，事件变化之快直现互联网时代下的社会面貌。

互联网经济是基于互联网所产生的经济活动的总和①，随着信息网络化时代的到来而逐步形成，目前在国内的发展已具备相当规模，渗透到人们生活的方方面面，深刻地影响着社会经济的长远发展。在互联网经济迅猛增长的背景下，传统手工艺产品借助网络平台进行宣传展示、推广销售日益成为趋势，同时也带来不少经验、问题尚待梳理。以"臻三环"为代表的章丘铁锅品牌建设实践具有典型意义。一方面，其基于互联网电商平台（淘宝、天猫），在传承和改进章丘铁锅锻造工艺的基础上，对该工艺及产品进行了一系列有针对性、适于现代营销的宣传和包装，较为成功地使该传统工艺焕发生机；另一方面，《舌尖3》事件及其带来的后续影响，集中显现了包括章丘铁锅在内的非物质文化遗产（下文简称"非遗"）在参与互联网经济浪潮过程中所面临的一些矛盾和行业缺失。本文将梳理"臻三环"章丘铁锅的品牌建设和保护措施，讨论在互联网经济语境下，其实践所提供的有益经验及面临的主要问题，以为非遗品牌建设的理论探讨和实际工作提供思考与借鉴。

一 章丘铁锅概述：历史、工艺及变迁

章丘位于济南市东部，距济南市区 50 公里，今为山东省济南市下一市辖区。治明水，辖 15 个街道、3 个镇，城区面积 23.5 平方公里，总面积 1855 平方公里。西邻济南市历城区，东连淄博市，南交泰安、莱芜市，东北与滨州市邹平县接壤，西北隔黄河与济南市济阳县相望。② 章丘历史悠久，为有名的"铁匠之乡"，古有"章丘铁匠遍天下"之说。境内丰富的铁矿、石灰石、耐火土、煤炭等矿产资源，为冶铁、铸铁业的发展提供了先决

---

① 樊自甫、李汶沁：《我国省域互联网经济发展水平评价研究》，《重庆邮电大学学报》（社会科学版）2018 年第 2 期。

② 山东省济南市章丘区人民政府：《章丘概况·自然地理》，济南市章丘区人民政府门户网站，2015 年 2 月 22 日，http://www.zhangqiu.gov.cn/Html/Article/20180712/145.html。

条件。史载章丘铸铁业始于春秋，兴于西汉而盛于唐，历2700多年。山东地区约在春秋时期开始使用铁制农具；汉武帝时，鉴于铁的重要地位，在全国设铁官48处，山东占了1/4（12处），在章丘境内则有东平陵（今龙山街道）1处；又《山东通志》第四十一卷记载："唐时铁器章丘最盛，章丘冶山，唐时冶铁于此"，可见唐时章丘采矿冶铁、打制铁器行业的兴盛；清代《章丘乡土志》则载"铁工在城乡者十之一二，在外府以及各省者甚多。每年春出冬归，习以为常，无乡镇无之"，反映出打铁工艺在本地分布之普遍、从业者数量之大。①

章丘打铁工艺历史久远，其铸造工艺代表了我国铸铁业的一定水平。如《后汉书·韩棱传》记载："肃宗尝赐诸尚书剑，惟此三人，特以宝剑，自署其名曰'韩棱（人名）、楚（产地）、龙渊（剑名）'，'郅寿（人名）、蜀（产地）、汉文（剑名）'，'陈宠（人名）、济南（产地）、椎成（剑名）'"，"椎成"一说为"锻打""冷锻"之意，即济南（章丘龙山）锻打的剑，在约2000年前便已是国家级的名品，为皇家赏赐公卿重臣的贵重礼物，体现出本地铸铁技艺的高超水准。又有清光绪年间李朝贞（章丘埠村镇徘徊村人）打制的镰刀，俗称"徘徊镰"，行销于河北、内蒙古和东北各地，一时为全国"镰刀之最"；同时代的袁斗宝（章丘相公镇袁庄村人）打制的板镢因好使耐用而远近闻名，畅销不衰。清末民初，"袁庄板镢徘徊镰"在章丘传为佳话。另外，号称北方"刀具之最"、历经200年历史而不衰、创造出"大三剪刀不用挑"口碑的山东青州刘家"大三"剪刀创始人刘恒清，以品类繁多、音质纯正、音量洪大而享誉全国的周村铜锣创始人——200多年前一位流落在周村的柴姓小炉匠（俗称"锔破"的，属于铁匠的分支），均原籍章丘。② 品种多样、盛名在外的铁制产品是章丘打铁工艺历史上蓬勃发展的真实写照。

章丘铁锅同样是本地传统的代表性铁制产品。山东泰安曹盛永于20世

---

① 翟伯成：《"炉火生造化，锤下定乾坤"——章丘铁匠史话》，《春秋》2018年第2期。
② 翟伯成：《"炉火生造化，锤下定乾坤"——章丘铁匠史话》，《春秋》2018年第2期。

纪初从京城学习京勺（即马勺）制作技艺回到济南，在正觉寺街打铁，后创立"同盛永"钢勺（即铁锅）店，并收来自章丘双山街道绣水村的吴运甲、吴运茂兄弟二人为徒。20世纪30年代，曹师傅无儿无女告老还乡，将钢勺店留给了吴氏兄弟，由吴运甲任掌柜，吴运茂为师傅。30年代末，吴运茂外甥王立源到同盛永学习铁锅锻造技艺，拜吴运茂为师，其兄弟王立芳随后也来到济南从事手工铁锅打制。王立源、王立芳学成出师后，其打制的铁锅得到师傅们一致认可，允许他们在铁锅上打上三环标志以作区别。1962年，章丘明水大队成立手工五金业社，王氏兄弟将铁锅打制技艺传授给大队，使该门手艺得以发扬和传播，也逐步发展了"臻三环"字号。"同盛永""臻三环"一脉传承、拓展开来的章丘铁锅锻造技艺，工艺考究，包含十二道工序，分别为：画线量材、剪裁、高温加热、锻制把手、锻制锅型、矫正把手、锻除氧化层、表面抛光、初次冷锻、二次冷锻、三次冷锻、锻至光滑。铁锅从下料，经1000℃左右高温锤炼去除杂质，后期多次冷锻修整、提高密度，需过多遍火候，受万次锤打，直至达到锅如明镜的效果。而其品质的最高水准是看得见锤印，摸不到锤坑，如此方能体现匠人们冷锻工艺的力度和锻打次数。经此工艺制作的铁锅质优耐用、火候稳定，内弧造型流畅，不易粘锅又能让菜品光滑饱满，因此深受大厨们喜爱。同盛永出产的铁锅驰名泉城内外，如吴运茂打制的铁锅便以工艺精湛、深浅合适、轻巧好使、经久耐用而闻名，享有"锻打三万六千锤，勺底铮明颜色白"的美誉，当时的鲁菜泰斗崔义清在新中国成立前分别任汇泉楼、聚丰德、燕喜堂等名店主厨，皆指定厨房必须使用其出品。

新中国成立后，本地冶铁工业振兴，铸铁行业也迎来新的发展时期。与众多传统手工艺的发展境况类似，自20世纪50年代起，伴随着经济制度的改革、供销社体系的建立，根据新社会环境、新劳动条件下的生产需要，传统手工艺匠人纷纷投身生产队、合作社或国营企业、工厂，为建设社会主义挥洒汗水。本地打铁匠人亦来到生产队搭起铁炉，为供销社锻打铁制品。20世纪80年代，铁制品可以自产自销，铸铁行业发展稳定。此时期的章丘铁锅市场环境良好，如明水砚池村的铁锅订单不断，在济南百货大楼设了专柜，销量持续上升，同时由八里桥仓储货运站销往全国各地；1986 年济南窑头友谊宾馆开业，还专程派人前来定制厨师专用铁锅，该事迹被收录进《章丘文史集萃》。① 但到了 20 世纪 90 年代，国内锅具市场受到国外涂层锅（不粘锅）、不锈钢锅的冲击，本地手工打制铁锅的生存空间被严重挤压，几近停产，大量的打铁匠人纷纷熄火转行。此后本地虽仍有少数铁匠坚持为老顾客打制手工铁锅，但收入甚微，生计难以保障。至 2000 年后，一度盛名在外的章丘铁锅已鲜有人知，年轻一代基本上不曾接触。

二 加强工艺、历史爬梳，赋予产品体系文化内涵，活用网络推广方式

互联网经济作为经济社会发展的新动能，其内涵是指基于互联网所产生的经济活动的总和，以信息、知识、创新思维为主导要素，利用互联网的互动、连接、泛在等基础特性，变革传统生产组织、社会生活和公共管理方式，催生新业态、新模式、新产业，优化重组生产、消费、流通和服务全过程，提高经济运行效率与质量的新型经济形态。② 根据 Chris Dixon③ 所归纳的互联网经济主循环，"用户"通过一系列设备（系统、应用）接触网络，透过"内容生产平台"和"搜索平台"，能够直接在网上形成购买的欲望并完成购买的行为，因而互联网经济模式的一大特点，即生产者和消费者之间能实现更为直接、多样与深入的互动及信息交换，故对企业品牌的内容输出途径和产品营销模式也提出了不一样的要求。以电子商务为例，营销纵深性和交互性的增加，不仅使得商家在向消费者传递营销信息，同时消费者也通过使用反馈、口碑传递、评价等方式在向商家提供市场信息；其次，网络营

---

① 政协章丘市委员会、文史资料研究委员会：《章丘文史集萃》，1988 年；其中收录王立源口述《砚池炒勺》文章，第八辑，第 741～742 页。

② 樊自甫、李汶沁：《我国省域互联网经济发展水平评价研究》，《重庆邮电大学学报》（社会科学版）2018 年第 2 期。

③ 美国知名创业者、投资人。

销的载体更为丰富，除了传统的纸媒传播，文案、图像、音乐、视频等多媒介运用更为直观、便捷，从而令消费者能够更为全面地了解商品信息；再次，时空限制更少，营销市场更为广大。① 因此，如何发挥互联网优势，运用适于目标人群的传播方式，有针对性地呈现推广内容、塑造品牌形象并注重用户体验，是企业品牌建设需要充分考虑的问题。

非遗（传统手工艺）品牌的品牌形象输出，通常围绕项目的历史渊源、工艺特色、文化内涵等内容来开展。"臻三环"在重新打造章丘铁锅品牌的过程中，主要通过天猫电商平台，整体呈现其生产的手工锻造铁锅的人文历史底蕴、产品品质性能、工艺制作流程以及实际生活应用，来建设统一的网络营销体系，重新擦亮章丘铁锅老品牌。其一，注重章丘铁锅历史、传统制作工艺梳理，加强品牌人文精神内核的挖掘。一方面，"臻三环"团队对与手工铁锅有关的文献记载进行查阅，找到古籍、文史志书中对手工铁锅的记述，梳理了章丘铁锅的历史发展和品牌的传承谱系。另一方面，在品牌重建之初，即着手开展传统手工锻打工艺的复原和改进工作。团队深入生产铁锅的村庄，对铁锅打制的每一个环节进行调研，和师傅们一起测试、研究，整理归纳出章丘铁锅的工艺生产流程。同时，走访、了解铁锅打制师傅们的故事经历，加以记录、展示、提炼，为品牌、产品生产注入人文关怀。其二，是对其生产的章丘铁锅系列产品的现代营销包装和文化赋能。根据产品不同的器型、材质、特性，团队琢磨出不同的产品名称，令原本外形普通、不起眼的产品拥有了灵动的气质和吉祥的寓意，构成相对完整的产品体系和形象。品牌借助中国传统文化中富于诗意、底蕴的词汇，对产品进行命名，如将最古老传承下来的铁把一体锅称为"宗师"，将改为木把、减重四两的新品称为"轻音"，平底锅名为"平安"，双耳铁锅名为"圆融"，铁铲和铁勺则分别命名为"开山"和"拢水"。产品"轻音"推出后便迅速超过原有铁把一体的传统铁锅的销量，占到全部销售量的一半以上。其三，适当运

---

① 刘威、吴磊：《浅谈电子商务背景下零售企业营销模式变革分析》，《现代商业》2018 年 1 月。

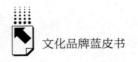

用宣传媒介、渠道，直观展现产品质量性能。团队将工艺流程逐一分解，拍摄出不同阶段铁锅的变化，制作成呈现铁锅锻打工艺的纪录片。同时，邀请鲁菜大师崔义清的弟子张春爱亲自掌勺做直播，为章丘铁锅代言；2017 年 6 月 18 日当天，4 小时累计观看观众 3 万余人，点赞数 50 多万，于行业内均属罕见。在"臻三环"天猫旗舰店首页（截至 2018 年 8 月 21 日），首先是以锻打中的铁锅为主体、以匠人们为背景、写有"不忘初心"四字的大幅图片，彰显了品牌的价值观；其后主要是系列产品的介绍，展示出不同产品的名称、外观、用材、工艺标准与价格；最后重点说明手工铁锅的锻造方法，用套图呈现制作工具、钢料变化与工艺流程，配以突出工艺数据的文案（如"锻打一口铁锅需要 24 种不同规格的锤子""有理有据的三万六千锤"），给人直接、具有感染力的观感。而旗舰店网站栏目，则主要分为产品类型、工艺介绍、品牌历史、使用保养直播视频几部分，反映出"臻三环"品牌塑造的主要构成。

"臻三环"品牌铁锅强调纯手工制作，价格一般为 200 元到 1000 元不等，对于消费者具有较强的吸引力。在《舌尖 3》播出之前，品牌旗下的铁锅销量稳定，一年可达上万口，厂内七八十位师傅平均每人一年能挣 10 万元左右。其时"同盛永"铁锅在淘宝上已具有相当认知度，顺利进入阿里巴巴造物节"108 家神店"之列，受到阿里官方淘抢购、极有家等的青睐。产品长期与淘宝官方进行联合活动，高级师傅的成品一直预售 4～6 个月，价格一年内从 699 元到 999 元再到 1299 元却越卖越多。2017 年"双十一"，"臻三环""宗师"系列手工铁锅直接售罄，事先储备的近两千口"轻音"系列铁锅也被抢购一空，用事实证明了"悠久的品牌历史、精湛的锻打工艺、绝佳的使用效果、数以万计用户的口碑相传"是打开非遗（传统手工艺）产品互联网市场的最佳因素。

三　坚持品牌准则，拒绝盲目炒作，及时应对突发事件

互联网时代，信息传播的速度极大提升，资讯传递的辐射面极大扩

展，呈现实时性、透明性、共享性、交互性的特点，带来"爆点""网红""事件营销"等的频发。这一方面为包括非遗品牌在内的企业品牌开展产品宣传、拓展企业影响带来新路径、新模式，同时也为其全面维护好品牌形象带来新挑战、新风险，对品牌的突发事件应对、公关能力要求大大提高。

2018 年 2 月 19 日晚上 8 点，中央电视台现象级纪录片《舌尖上的中国》第三季播出，第 1 集《器》中对章丘铁锅做了介绍。节目中，章丘铁锅"十二道工序，十八遍火候，一千度高温，三万六千次锻打"等精湛细腻的工艺得到全面呈现，让观众叹为观止，一下子将章丘铁锅从网络电商平台推向公众视野中心。当晚节目播出后，片中提及的"同盛永""臻三环"品牌手工锻打铁锅即以其相对低廉的价格、复杂的制作工艺和浓厚的人文底蕴引发了全民抢购热潮。据有关数据显示，仅在节目播出后的几十分钟内，相关品牌网店的两千余口手工铁锅库存便已全部售罄，随后产生的订单亦将导致不同种类的手工铁锅在近一到两年内缺货。最后，受节目播出影响造成的铁锅线下订单多达约十万口；根据线上数据，店内高级师傅王玉海打制、售价 1299 元的铁锅在不到三天的时间里被拍下了 3000 多口；"臻三环""同盛永"品牌网店四天内的销售量相当于 2017 年半年左右的销售量，广东、山东、江苏、浙江、上海成为购买量前五的城市和地区；甚至有群众翻墙进入工厂抢购铁锅。

2018 年 2 月 22 日晚，"臻三环"天猫旗舰店发表声明，呼吁公众不要试图进入厂房或集体守候在厂区门外以期购买铁锅；同时，厂方后续将不再对外开放参观；并呼吁公众"理性消费""申请退款"，不要让过于火热的市场导致行业的不良发展，不要让金钱的味道过多沾染传统手工技艺，须尊重"匠人精神"。2018 年 2 月 23 日晚 8 点，"臻三环""同盛永"的天猫旗舰店以及"同盛永"淘宝店均下架了所有产品。"臻三环"天猫旗舰店的发货通知写明："为了不导致后期产品大量订单积压，也为了能给之前购买的客户及时发货，店内对所有产品暂时做了下架处理。库存回升后会陆续少量上架。"

《舌尖3》事件发生后，"臻三环"品牌面对巨大利益，表现出克制与冷静。其一，及时公开信息，采取下架措施，申明态度立场。在抢购热潮发生后，"臻三环"和"同盛永"两家网店及时表态，指出手工打制铁锅非工业流水线生产产品，不可能短期内加工赶制，郑重劝告消费者合理消费、不要盲目跟风；同时迅速下架全部商品，遏制抢购风潮，而非借机"蹭热点"、过度营销，坚持了品牌对"手工锻造"生产准则和"匠人精神"价值取向的恪守。处于舆论和利益的风口浪尖依旧保持踏实冷静，这既是对品牌理念的忠实，对非遗产品的忠实，也体现了对消费者的忠实。其二，合理接待来访，拒绝过度曝光。面对蜂拥而至的购买者和参观者，"臻三环"品牌做出合理应对和必要解释，适当开放厂区，回应质疑和疑问，给予来访者适当的知情权。同时，在适当交代清楚情况之后，品牌便拒绝了接下来无休止的来访和骚扰，包括关闭厂区、更换公司电话等，甚至在工厂开放的时候，打铁师傅们也都戴着口罩，拒绝采访。

四 行业品牌复制简单、快速，知识产权保护面临新挑战

章丘铁锅《舌尖3》事件的发生，反映出目前国内知识产权保护观念的普遍缺失。"公地悲剧"①中的"公地"指一项资源或财产，有许多拥有者，每一个人都有使用权，人们没有权力阻止其他人使用。章丘铁锅对于当地人而言，无疑就是一种"公地资源"，只要是本村人，都可以去生产"章丘（的）铁锅"。②从这个意义上，"章丘（的）铁锅"更多是一个产地概念，而并不具有法律意义。自然，作为地理标志产品的"章丘铁锅"可以

---

① 经济学经典概念，由美国学者哈丁首次提出。其在 1968 年发表的《公地的悲剧》一文中，设置了一个场景：一群牧民一同在一块公共草场放牧，牧场是公有的，而畜群是个人的，每个牧民都想多赚钱，无节制地增加牛羊数量，使草场的质量不断下降，但草场退化的代价由大家负担，于是"公地悲剧"上演——草场持续退化，无法放牧，最终导致所有牧民破产。另参见胡立彪《从章丘铁锅看"公地悲剧"》，《中国质量报》2018 年 6 月 22 日，第 1 版。

② 岳倩：《用制度规范为章丘铁锅注入新生机》，《中国质量报》2018 年 7 月 20 日，第 4 版。

从生产工艺上对本地的手工锻打铁锅进行规范，保证地方品牌手工产品的质量。而章丘铁锅的具体生产品牌、老字号却是可以得到应有保护的。事实上，在此次《舌尖3》事件发生以前，章丘铁锅便已遭受过假冒、侵权之扰。2008年，冯全永的"同盛永铁锅店"上线，起初网店生意不错。然而，随着铁锅销量日增，假冒产品也开始不断涌现，不高的利润加上同行的恶意竞争、对产品宣传策划的全盘抄袭，使得真锅备受打压、难以为继。此后冯全永找到济南麒麟圣德网络科技有限公司负责人刘紫木商洽合作，刘紫木接手章丘铁锅品牌做的第一件事即是打假。2013年12月17日和2014年12月4日，时任法人为冯全永的济南三环厨具有限公司分别注册了"臻三环"和"同盛永"两个商标。但在《舌尖3》播出后，假锅风潮再次上演。因欠货严重，"臻三环""同盛永"品牌产品下架三个月停止销售，"假锅横行"现象趁势肆虐。在互联网的大环境下，商品和品牌复制简单容易、传播速度快、成本低，更是助长了这波假冒之风。

而作为非遗及其相关产品的章丘铁锅，其本身的知识产权保护也面临着诸多不确定性。目前"金属锻制技艺"（章丘铁锅锻打技艺）为地方的非物质文化遗产代表性项目，但这并不意味着章丘铁锅锻打技艺及其制品在法律上能得到额外保障。我国的知识产权保护起步较晚，尚处于发展中阶段，在具体的保护措施执行方面较为薄弱。非遗的知识产权保护虽然是重要命题，随着市场经济的发展、信息传播技术的发达，这一命题的重要性愈发凸显。但非遗涉及面广，种类繁多，特性各异、历史问题复杂，导致这一命题同时也是一项复杂的法律命题。目前国内涉及非遗保护的法律主要有：《中华人民共和国非物质文化遗产法》《世界文化遗产保护管理办法》《国家级非物质文化遗产项目代表性传承人认定与管理暂行办法》《传统工艺美术保护条例》和其他地方性法规，但从总体上看，几乎所有上述法律在非遗的知识产权保护方面都欠缺十分具体清晰的表述，同时对非遗知识产权保护的权利主体亦没有明确规定，相关知识产权保护问题一般需要援引常见知识产权法律进行解决。如《著作权法》。根据《著作权法》规定，其保护的对象是"作品"——即能够表达一定思想情感，有独创性或首创性，并且能够以法律允许的客观形式进行复制①；结合章丘铁锅情况，其并不符合《著作权法》中对"作品"的"独创性""首创性"等规定，故难以被纳入保护范围。《专利法》中对"专利"的规定是必须符合"三性"，即创造性、新颖性和实用性。② 章丘铁锅及其锻打技艺满足《专利法》中对实用性的要求，但作为秉承"古法"打制、为传统地域性手工技艺的一项非物质文化遗产及运用该项工艺所制造出来的实用产品（区别于工艺美术品），无论在技术上或外观上均较难符合专利创造性与新颖性方面的规定。而《反不正当竞争法》对商业秘密的保护标准是"不为公众所知"③，章丘铁锅锻打技艺在一定程度上确实不为公众所了解和熟悉，但也并非全然为个人或商号独享的制作工艺，"章丘铁锅锻打技艺"历史上为区域内相当广大的一部分群体所实践和掌握。如何看待非遗这种处于具体时空中、动态的群体性，处理保护与"垄断"之间的尺度，从而做出相应的保护规定，需要法律适当的延伸与特别限定。最后，章丘铁锅产品的名称、品牌商品名称和图形等理论上都可以进行商标申请，通过商标法④来进行保护。其中，如果某项传统手工艺或传统手工艺品具有极强的地域性，是某地的知名"特产"，还可以申请由多个生产经营者或者服务提供者共同使用的集体商标或证明商标来进行保护。例如，济南三环厨具有限公司名下便注册有"臻三环"和"同盛永"两个商标，章丘铁锅现正准备申请中国地理标识产品称号。但非遗商标的注册，尤其涉及老字号商标的注册，容易面临诸多历史问题和纠纷。如《舌尖3》事件发生后，围绕章丘铁锅便生出"同盛永"抢注风波——"同盛

---

① 《中华人民共和国著作权法》（1990 年 9 月 7 日第七届全国人民代表大会常务委员会第十五次会议通过，2012 年 3 月 31 日国家版权局公布《著作权法》修改草案），2012 年。

② 《中华人民共和国专利法》（1984 年 3 月 12 日第六届全国人民代表大会常务委员会第四次会议通过，2008 年 12 月 27 日第十一届全国人民代表大会常务委员会第六次会议做出第三次修正），2008 年。

③ 《中华人民共和国反不正当竞争法》（1993 年 9 月 2 日第八届全国人民代表大会常务委员会第三次会议通过，2017 年 11 月 4 日第十二届全国人民代表大会常务委员会第三十次会议修订），2017 年。

④ 《中华人民共和国商标法》（1982 年 8 月 23 日第五届全国人大常委会第 24 次会议通过，2013 年 8 月 30 日十二届全国人大常委会第 4 次会议做出第三次修正），2013 年。

永"创始人吴运甲、吴运茂的侄子吴振永指责现"同盛永"（"臻三环"）品牌负责人冯全永、刘紫木未经与同盛永后人协商而抢注该字号商标属于投机行为，其生产制作的铁锅也并未完全遵循同盛永古法。但实际上，吴振永及后人并未从事铁锅打制，在《舌尖3》播出前，刘紫木等人曾前往告知、协调生产及注册事宜，吴家人未有异议，"章丘铁锅锻打技艺"政府非遗代表性项目申报材料里明确记录了"同盛永""臻三环"同出一脉、分支两系的传承脉络，部分媒体和有关部门亦未能就事件进行真实报道或澄清。更为关键的是，即便章丘铁锅等非遗的知识产权能够有明确的法律保护规定，但在现行条件下，其具体执行效度又会如何？对于很多非遗匠人来说，他们只会做事，而缺乏保护自己劳动成果的能力和意识；公众对于非遗产品优劣、商业媒体报道真假的辨别能力和知识产权保护意识均有待培育、提高；互联网时代下的知识产权保护又增添更多不确定性和执法的灰色地带。国内包括非遗在内的知识产权保护与相关知识、意识的普及，尚有许多待探索和落实之处。

五　坚守产品质量，在传承中创新，以创新促传承

互联网经济时代，尽管人们接触的商品信息大大增长，购物行为受到的时间、空间限制越来越少，商家对产品、服务的推广促销方式也愈发五花八门，但归根到底，能长久留住消费者，保证企业、品牌长远发展的重要因素，仍是对产品质量的坚守。

章丘铁锅爆红之后，围绕章丘铁锅的各种乱象开始层出不穷，除了跟风消费、囤货居奇外，不少人还加入了"打制"铁锅的行列，章丘本地一时各种小作坊兴起，以"手工打制"为卖点制作、销售"章丘铁锅"。然而，仅仅4个月后，曾经一夜爆红、全民疯抢的章丘铁锅又因为假锅横行、质量参差不齐而迅速遇冷，部分产品出现滞销，许多跟风生产、临时搭建的家庭小作坊也纷纷关门。从一锅难求到无人问津，形势转变之快，让人唏嘘不已。

章丘铁锅的"遇冷",有生产者盲目跟风、市场未尽规范的因素,也受到个别媒体无区别对待、夸大报道和在大热话题下寻找对立新闻的负面影响。而实际上,尽管章丘铁锅的热潮逐渐减退,但"臻三环""同盛永"两个《舌尖3》选题品牌的铁锅却一直供不应求,并不存在滞销。品牌长期重视产品质量保障,在品牌推出之初,团队即走访铁锅打制匠人,深入了解锻打技艺,同时结合电商平台消费者的反馈意见和数据,并寻访鲁菜泰斗崔义清先生的徒弟进行学习,配合鲁菜的烹饪技巧需求对产品做出细节改良,力求不断提升手工铁锅品质。在《舌尖3》首集播出前,品牌店内的所有产品库存便已完全从售罄转为预售状态。目前"臻三环"品牌手工铁锅的销量依然不减,"臻三环""同盛永"商品自5月下旬重新上线后,连续数日拿下互联网家居行业销量第一名,在《舌尖3》热度过后和"6·18"后的促销中,品牌业绩始终处于行业前十名,王玉海等高级师傅打制的产品始终未上线销售。在《舌尖3》播出后,虽然收到的订单工期已排至一两年后,但"臻三环"厂家并未借此偷工减料、扩大销售,亦无安排工人加班加点赶制铁锅。品牌尊重农村生产劳动的风俗,尊重工人们介于农民和匠人之间的一种身份,也尊重传统手工艺产品的生产规律。手工锻打铁锅,需要匠人扎扎实实、一锤一锤、静心精心打制,方能保持传承下来的优良性能;一位匠人每天打制的铁锅数量有限,因此品牌手工铁锅的产量一直跟不上销量。事实证明,只有坚守产品质量,以真诚对待消费者,非遗产品和非遗品牌才能够长久地走下去。[1]

对质量的坚守离不开人的努力。品牌对产品的质量把控,还在于对人的维系与培养。非物质文化遗产保护、传承和发展强调以人为本,章丘铁锅及其锻打技艺的核心也在于匠人的工匠精神和不懈坚持。在品牌建设的过程中,"臻三环"团队寻访到包括王立芳、王玉海在内的十几位打铁老师傅,又继续培养新鲜血液,以为手工铁锅工艺的传承和品牌的后续发展提供人力保障。品牌招募打铁师傅不设门槛,并为其提供工作培训和基本生活保障,

---

① 参见沈彬《匠心品牌不容假冒抹黑》,《人民日报》2018年7月10日。

如今厂内从事铁锅打制的工匠有二十出头的年轻人，也有六十多岁的老师傅。不少过去年收入不足 3 万元的老师傅收入增加了数倍或更多。重视对传承人群体的培养，切实保障匠人们的利益，构成非遗保护和品牌建设的坚实基础。此外，"金属锻制技艺"（章丘铁锅锻打技艺）非遗代表性项目的申报单位正是济南三环厨具有限公司，体现了非遗基础保护和市场发展的互利互促、有机结合。

最后，章丘铁锅相关乱象的发生亦反映出有关部门对行业、市场的监管力度有待加强。尽管在爆红之初，山东省济南市章丘区市场监管局便协同有关部门，深入"臻三环"工厂，了解情况，帮助企业制定手工锻打铁锅的产品标准，并形成了初稿；积极引导铁锅生产企业和手艺人建立手工铁锅行业协会，通过协会统一生产标准、产品价格和销售渠道；积极与上级部门沟通，希望通过注册地理标志产品，保护章丘铁锅的传统工艺。但完善的保护措施还未出台，"章丘铁锅"这一地方名片已受到负面影响，互联网时代的事件发展、转变之快不容小觑。相关政府部门的工作效率还需提速，以避免区域公用品牌被滥用、乱用。如何合理发掘、利用地方非遗资源，提前制定相关行业标准、生产规范，提高有关部门、市场管理人员的非遗保护意识，加强协调合作，在行业乱象出现时及时整顿，以维持非遗品牌的美誉，防止对地方资源的过度消耗，均有待探索。

六 结语

手工艺品，在现代社会是高质、精细、个性的象征。"民艺之父"、日本著名美学家柳宗悦提出，为生活而生的物品是美好的、健康的，工艺是美与用相统一的事物。随着国内社会经济的飞速发展，人民生活水平不断提高，国民对传统手工艺产品的消费有着极大需求。人们逐渐从工业化、大批量、无差异的产品审美中有所脱离，社会整体对于"手作""匠心""古法"等具备非遗内在特点的物品有所期待，也因此传统非遗产品的市场潜力愈发凸显，传统手工艺或说"民艺"的时代已然到来。互联网经济的冲

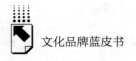

击让人无从躲避，面对互联网影响力的日益深入渗透，拥有深厚历史底蕴和突出工艺价值的非遗在保留传统技艺精髓、文化内核的同时，大胆与互联网结合，在传承中创新，以创新促传承，运用现代营销模式、传播语言去进行工艺、产品的推广，可在当前时代焕发出新的发展活力，重塑非遗文化品牌的崭新形象。"臻三环"章丘铁锅品牌的发展路径为我们提供了不少有益启示，而一系列网络热点事件的发生也暴露出目前非遗与互联网结合的困境和短板。国内非遗产品市场尚处于初期阶段，理性、成熟的消费观念尚待培育，行业价值导向有待强化，这离不开社会大众、政府和广大非遗企业、传承人群体的共同探索和实践。非遗品牌、非遗企业应积极参与到当下的市场建设和大众消费观念引导中，不断挖掘传统文化的内在能量，彰显民族文化的优秀品格，共同迎接传统手工艺发展新时代。

文化品牌被抢注现象的现状、原因及对策

李方丽　朱晓琼*

摘　要： 文化品牌是文化相关机构或个人长期努力的结果，是文化产品和文化服务、文化机构、文化人物或文化地域区别于他人的标识，具有极大的经济价值和社会效益。然而，近年来文化品牌屡遭抢注，给文化品牌拥有者带来了极大困扰和损失。本文重点分析了文化品牌被抢注的主要类型以及造成文化品牌屡遭抢注的主要原因，并从强化品牌持有人商标意识、加强相关政策法律支持、完善社会服务体系等方面对加强文化品牌保护提出了相关建议。

关键词： 文化品牌　抢注　商标保护

　　文化品牌往往是指文化领域获得较高社会评价和认可的某一产品、机构、人物、地域等，文化品牌的形成是长期努力经营的结果，能给品牌拥有者带来极大的经济价值和社会影响力。如全球著名文化品牌迪士尼，在全球拥有 3000 多家品牌授权企业①，授权产品从几美元的玩具、文具，到上万美元的手表，每一种产品的品牌授权都带来丰厚的利润。又如中国著名动漫

---

*　李方丽，中国人民大学创意产业技术研究院院长助理，主要研究方向为文化产业领域知识产权；朱晓琼，中国人民大学文化科技园部门负责人，主要研究方向为文化产业园区运营。

①　李实耀：《迪士尼不止乐园，它还是全球最大的玩具授权公司!》，中国玩具网，2016 年 6 月 15 日，https://news.ctoy.com.cn/show－27599.html。

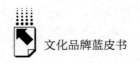
企业奥飞动漫，凭借《喜羊羊与灰太狼》等作品在小孩子中的受欢迎程度，通过动漫形象的品牌授权，获得终端零售收入达到 20 亿元。①

在文化品牌价值日益凸显的背景下，很多机构和个人通过商标注册的形式予以知识产权法律保护，并对文化品牌进行商业开发和运营，以获取最大程度的经济收益。与之相伴随的是，文化品牌屡遭抢注，文化品牌价值流失严重，文化品牌的保护刻不容缓。

一 被抢注的文化品牌类型

（一）文化名人姓名

文化名人具有很高的社会知名度，其姓名往往具有较为丰富的文化内涵。为了提高产品知名度，很多企业用文化名人的姓名给产品命名，并将文化名人的姓名抢注为产品商标。如莫言是我国著名作家，拥有大量的读者，在 2012 年成为我国第一个获得诺贝尔文学奖的作家后，其知名度更是享誉海内外。很多企业看中莫言的知名度，纷纷将其产品冠以"莫言"的名称，于是，市面上出现了"莫言牌"姚哥庄烧鸡、"莫言"T 恤、"莫言"茶具、"莫言"文房四宝、"莫言香""莫言设计"等"莫言"系列产品和服务。而在多年前注册的"莫言醉"品牌竟然竞价到了千万元②。对此，莫言非常无奈地说"不经过我同意就注册不太妥当"，却无法杜绝该现象。

除以"莫言"命名的产品遍地开花外，其他文化名人姓名被抢注的现象也比比皆是。如知名作家"二月河"的名字被平顶山市民在酒店、茶馆类别抢注；"屈原"则沦为猪饲料；陕西著名作家柳青的姓名及头像，被榆林一家手工空心挂面的企业抢注成功"柳青故里"商标；而著名作家贾平

---

① 李向华：《河南文化名牌价值流失引关注　保护不力责任在谁?》，环球网，2016 年 3 月 11 日，http：//w. huanqiu. com/r/MV8wXzg2OTA2MDBfOTBfMTQ1NzY2MjQwOA = = 。

② 王茂林：《酒标"莫言醉"竞价千万?》，《齐鲁晚报》数字版，2012 年 10 月 29 日，http：//sjb. qlwb. com. cn/qlwb/content/20121029/articela13003fm. htm。

凹不仅其大名"平凹"被抢注为 10 种酒类商标①，连其小名"平娃"也被商洛市平娃工艺礼品有限公司抢注为系列工艺品的商标；吉林一个臭豆腐商铺为自己的产品抢注了"莫闻味"（与歌手莫文蔚同音而不同字）的商标；"泻停封"（与演员谢霆锋谐音）商标则是一款止泻药。

（二）著名小说、电视节目、电影相关名称

著名小说、电影、电视节目的名称以及其中涉及的人物、地点等被抢注为商标的情况越来越常见。据鲁迅的孙子周令飞统计，鲁迅作品中大量的人名、地名等被抢注为商标，"咸亨酒店""闰土"等被抢注为 45 个类别的商标，"百草园"被抢注为 22 类商品的商标，"孔乙己"有 17 个，"华老栓"成了土特产店，"祥林嫂"成了洗浴中心。其中，"咸亨酒店"的品牌估值高达 34.8 亿元。②

此外，莫言作品里的意象"红高粱"等也被用于各种商业开发；湖南电视台著名的音乐选秀节目《超级女声》被 120 个左右的主体申请注册了"超级女声"商标③；河南电视台著名栏目《武林风》被商丘市民权县种子公司负责人——张勇与张怀魁兄弟抢注为化肥、油漆、电动车等产品的商标；电影《超体》在大陆公演前，其电影元素"CPH4"已被人在饮料、酒、烟草、食品等类别分别注册为商标。

（三）历史文化遗产

第三类被抢注的文化品牌为历史文化遗产。京杭大运河拥有 2500 多年的历史，并于 2014 年 6 月在第 38 届世界遗产大会上成功入选《世界遗产名录》，其品牌价值迅速飙升。而早在其申遗之前，"京杭大运河""大运河"

---

① 章学锋、职茵：《"平凹"被抢注成酒类商标》，网易新闻，2012 年 11 月 24 日，http://news.163.com/12/1124/05/8H266D9O000014AED.html，转自《西安晚报》。

② 罗皓菱：《与鲁迅相关的商标全部被抢注　17 个"孔乙己"》，人民网，2012 年 11 月 6 日，http://culture.people.com.cn/n/2012/1106/c22219-19509255.html，转自《北京青年报》。

③ 李昕岳、曾荣晖：《电视节目的知识产权保护》，《法制与社会》2010 年第 2 期。

以及"运河"等已被抢注成商标，且多与工业有关，其中"京杭大运河"被抢注成油漆商标。朱仙镇木版年画非物质文化传承人尹国全的"天成老店"被郑州市民高某抢注，后花了 3 年时间，才抢回"天成老店"注册商标；河南博物院镇馆之宝"莲鹤方壶"被人抢注为白酒类商标，幸亏被郑州某商标所监控到，在商标公示期及时提出异议，夺回商标权；佛山"秋色"被高要陶瓷企业跨行业抢注为 19 类非金属材料的商标名称，提供商品包括木地板、大理石、耐火砖、沥青等。①

（四）文化旅游资源

历史遗迹和风景名胜等文化旅游资源往往闻名中外，其品牌价值巨大，其被抢注为企业或产品商标后，给公共利益带来损害。有"世界第一大城垣"之称的明城墙，为南京文化旅游的一张代表性名片，是很多国内外游客到南京的必游之处，但在几年前被一家名为友奈帝德（北京）进出口贸易有限公司的企业一口气申请注册了 12 个类别的"明城墙"商标。② 南京另一个著名文化旅游景点"夫子庙"于 2012 年 4 月 17 日被上海毅和投资管理有限公司成功抢注为 36 项商标权，用于艺术品估价、不动产出租、代理、典当、珍贵纪念品发行等超高价值项目上。

此外，宁波镇海九龙湖风景区被福建冠豸山国家重点名胜风景区管委会于 2004 年 10 月在运输、包装、租赁、旅行社（不包括预订旅馆）、观光旅游等多个类别进行注册；河南的"愚公移山""云台山""花木兰"等知名文化旅游品牌在外省被不同类别抢注；重庆许多风景名胜如仙女山、金佛山、金刀峡、缙云山、长寿湖、黑山谷等 50 个自然景区，九成以上被他人抢先注册为商标。③

---

① 黄鹤婷、黎红玲：《"祖庙"腌腊肉 佛山文化品牌频频被大幅度跨界抢注》，广佛都市网，2014 年 5 月 21 日，http：//www. fs0757. com/news/14/0521/2014052195747499. htm。
② 《本土"金字商标"开发不能总慢一拍》，新华报业网，2015 年 5 年 8 日，http：// www. kaixian. tv/gd/2015/0508/717474. html。
③ 《名胜古迹被抢注商标后》，《今日早报》电子版，2013 年 1 月 24 日，http：//jrzb. zjol. com. cn/html/2013 -01/24/content_ 1975949. htm？ div = -1。

二　文化品牌被抢注的主要原因分析

（一）文化品牌持有人知识产权意识淡薄

从被抢注的文化品牌类别看，主要包括文化名人的姓名，著名小说、电影、电视节目相关名称，历史文化遗产和文化旅游资源等，文化名人、电视节目和电影制作人往往把主要精力集中在文化内容的创造方面，虽然很看重个人或机构的知名度和美誉度，但并不了解自己辛辛苦苦树立起来的品牌可以通过商标注册的形式受到知识产权法律保护，而缺乏法律保护的品牌非常容易被侵占；历史文化遗产和文化旅游资源等通常属于国家公共部门，无法明确注册商标的产权所有人，导致品牌的商标注册问题一再拖延，给抢注者可乘之机。

文化品牌持有人知识产权意识淡薄的另一个原因则是商标注册涉及注册费用和续展费用，根据商标分类，要实现文化品牌在商标方面的全方位保护，需要同时注册数个类别甚至全部 45 个类别，涉及的注册费用和续展费用较高，这对文化品牌持有人是一笔不低的成本，会令很多文化品牌持有人在商标注册上望而却步。

（二）高额利润催生职业“猎标人”

分析文化品牌被抢注的现象不难发现，有些抢注人是为了借助文化品牌的社会影响力，以提高自己企业或产品的知名度，迅速占领市场；还有一些抢注人则是职业的“猎标人”，即专门从事商标抢注并将抢注下来的商标以高价出售给文化品牌持有人或其他相关机构，以牟取高额利润，又被称为商标投资人、职业商标客、“炒标人”、“商标职业抢注团”。

职业“猎标人”注册一个商标，往往只需几百元，但其将商标转让给相关机构和个人，则动辄上万元至上百万元的价格。职业“猎标人”的出现，使文化品牌被抢注的现象不断加剧，使文化品牌被滥用的现象屡禁不绝，给文化品牌的保护和管理带来极大的挑战。

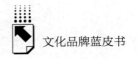

（三）商标申请在先原则的缺陷

根据我国商标法的规定，除驰名商标、地名等少数不予注册和禁止使用外，所有商标的注册都适用申请在先原则，而不是使用在先原则，即将注册而不是使用作为取得注册商标专用权的途径。"两个或者两个以上的商标注册申请人，在同一种商品或者类似商品上，以相同或者近似的商标申请注册的，初步审定并公告申请在先的商标"①。在这一原则下，谁先注册谁就能获得排他性的商标所有权，这给文化品牌抢注行为创造了不合理但合法的途径。这显然不利于保护最先使用商标并投入巨大精力进行品牌早期培育和发展的人。

三 加强文化品牌保护的建议

（一）文化品牌持有人强化商标意识

塑造一个品牌需要数年甚至数十年上百年的时间，但品牌只是社会公众对品牌名称等符号的认知，文化品牌持有人要想享有品牌的专用权，必须注册为商标，使之受到法律保护。未注册为商标的文化品牌因为得不到法律保护，而随时可能因他人相同或近似商标的核准注册而被禁止使用。所以，文化品牌持有人要强化商标意识，对有经济价值和社会效益的文化品牌进行商标注册。

文化品牌持有人申请商标注册时，要特别注意避免不完全申请，即文化品牌持有人只申请某一类主要商标，而未申请关联商标和辅助商标，导致关联商标和辅助商标被别人抢注，自己想要用时已经无能为力。如婚恋交友类电视节目，如果只申请电视节目类商标，而未申请婚恋交友类商标，则可能因为后者被别人抢注而被禁止使用节目名称；又如教育软件，如果只申请了

---

① 《中华人民共和国商标法》第三十一条。

教育类商标，而不申请软件类商标，被别人抢注软件类商标后将给品牌持有人带来很大麻烦。当然，申请完善的商标保护，需要文化品牌持有人付出一定的资金成本，这就需要文化品牌持有人在商标维护成本与品牌价值之间进行衡量。

另外，针对已经被抢注的文化品牌，品牌持有人可以在两个阶段进行救济。一是对未获准注册的商标提起异议。按照我国《商标法》，注册商标应当先由国家工商行政管理总局商标局进行初步审查，通过审查的，进入三个月的公告期。依据我国《商标法》第十五条的规定，"就同一种商品或者类似商品申请注册的商标与他人在先使用的未注册商标相同或者近似……该他人提出异议的，不予注册"，文化品牌持有人可以在公告期向商标局提起商标异议并得到支持。二是对已经获得注册的商标提起撤销程序。按照我国《商标法》第四十五条的规定，对已经注册的商标，"自商标注册之日起五年内，在先权利人或者利害关系人可以请求商标评审委员会宣告该注册商标无效。对恶意注册的，驰名商标所有人不受五年的时间限制"，文化品牌持有人可以就商标被抢注行为向商标评审委员提出撤销申请并获得支持。

（二）加强文化品牌保护的政策法律支持

文化品牌不仅涉及单个的社会个体和企业，而且涉及包括历史文化资源和文化旅游资源在内的公共文化资源，需要从国家层面加强文化品牌保护的政策法律支持。

首先应在相关法律法规尤其是《商标法》中对文化品牌予以保护。如前文所述，由于文化品牌持有人本身商标意识淡薄，以及《商标法》适用的注册在先原则，使得文化品牌持有人不能及时注册为商标，并且在法律上很难杜绝相关企业和个人进行抢注。因此，要加强文化品牌的保护，必须在相关法律法规尤其是《商标法》方面做出相应调整。比如根据《商标法》规定，"县级以上行政区划的地名或者公众知晓的外国地名，不得作为商标"①，但

---

① 《中华人民商标法》第十条。

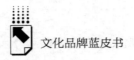
对于具有浓厚地域特色和民族特色的县级以下行政区划的地名或公众知晓的风景名胜，却不在商标注册的禁止之列，这导致重庆市 30 个国家级的古镇（城）古街（包括瓷器口、白帝城、钓鱼城、涞滩、龚滩、走马古镇等）中有 27 个被他人抢注为商标，以及南京、宁波、河南等全国各地名胜风景区的名字被抢注。又比如，如果将名人姓名纳入"在先使用"范畴，那么闻名遐迩的文化名人姓名被申请注册商标时，商标审查委员会应该加以特别注意，有权驳回申请。

其次是在管理体制上明确历史文化资源与文化旅游资源的品牌持有人主体。诚如前文已经分析过的，历史文化资源与文化旅游资源通常都属于国家公共部门，具体由哪个部门对文化品牌承担保护责任，在管理职责上不是特别明确，这导致文化品牌的保护缺乏明确的主体，从而大大减弱了文化品牌保护的效力。因此，要加强历史文化资源和文化旅游资源类文化品牌的保护，需在管理体制上明确品牌持有人主体，使文化品牌的保护实现权责利对等。

再次应在政策方面加强对文化品牌保护的支持和指导。由于种种原因，文化品牌持有人一方面缺乏品牌保护意识，另一方面缺乏品牌保护能力，因此需要国家相关部门在政策方面加强对文化品牌的支持和专项指导。如 2012 年 10 月，北京市工商行政管理局印发《关于支持文化创新发展的工作意见的通知》，要求对文化集团母公司名称进行全行业保护，即北京市任何企业和个体经营者，都不得再使用与之相同的名称，防止"傍名牌"现象的发生；同时对名家名人、大专院校、历史悠久的事业单位的名称、特色旅游文化项目、公共历史文化资源等加强品牌保护。北京市在文化品牌保护方面的经验值得其他地方借鉴并在全国推广。此外，国家有关部门应加强品牌保护和商标相关知识的宣传普及，帮助文化品牌持有人自身提高文化品牌保护的意识和能力。

（三）完善文化品牌保护的社会服务体系

品牌的保护、管理和运营，是一项专业而复杂的工作，需要完善的社会服务体系。

一是需要文化品牌保护服务体系的完善。对文化品牌进行法律保护的措施之一是注册商标，需要借助专业的商标代理机构进行商标的申请和维护。因此，可以有意识地培育一些在文化品牌保护方面具有丰富经验的商标代理机构，以及具有文化品牌维权和纠纷调解功能的专业机构，来加强文化品牌的保护。

二是需要文化品牌价值评估服务体系的完善。文化品牌持有人对品牌保护的意识淡薄，一个很重要的原因是尚未意识到文化品牌的价值。中国人民大学创意产业技术研究院于 2015 年 4 月第一次在义乌文博会发布文化企业品牌价值 TOP50 排行榜，引起广大文化企事业单位和相关个人的关注，该研究院后续还将研究文化产品、文化人才和文化地域品牌价值评估体系，并发布相应排行榜，这将对完善文化品牌价值评估服务体系起到很重要的促进作用。

三是需要文化品牌推广和管理服务体系的完善。根据中国人民大学创意产业技术研究院 2015 年在全国范围所做的一项文化企业品牌调研结果显示，有 76.39% 的受访者认为我国文化企业品牌"影响力一般"或者"没有影响力"，由此可见我国文化品牌推广和管理的欠缺。因此需要鼓励相关服务机构依托互联网、新媒体等技术，通过广告宣传、活动传播等形式，辅以报纸、杂志等渠道，加强对文化品牌的推广和管理服务，以提升文化品牌的影响力。

B.14
特色小镇的文化品牌建设研究

刘一琳*

摘　要： 特色小镇的文化品牌建设，对于引领城镇化发展方向、推动乡村振兴战略、提升文化自信具有重要意义。本文在区域文化品牌相关研究的基础上，结合特色小镇的发展实践来研究其文化品牌的品牌定位、建设管理和传播路径，以期通过文化品牌的建设来推动特色小镇同质化、空心化等问题的解决，促进特色小镇健康发展。

关键词： 特色小镇　文化品牌建设

一　引文

近年来，特色小镇在全国各地得到快速发展，成为推动新型城镇化、促进农业农村现代化的重要举措。据统计，截至2017年底，全国特色小镇试点有403个，再加上各省政府自行批准的省级特色小镇等，总数升至2000多个。与此同时，特色小镇的粗放式推广也出现了一些问题：一是同质化现象严重，尤其是同一区域的小镇缺乏特色；二是产业缺乏核心竞争力，难以实现可持续发展；三是许多特色小镇未结合自身文化来定位，缺乏灵魂和创意。2016年，国务院办公厅印发《关于发挥品牌引领作用推动供需结构升级的意见》，强调通过发挥品牌引领作用来推进供给侧结构性改革，培育经

---

* 刘一琳，中国人民大学创意产业技术研究院助理研究员，主要研究领域为文化产业经济。

济发展新动能。在这个背景下，加强特色小镇的文化品牌建设，将对特色小镇的健康发展有着重要的现实意义。

二　特色小镇的文化品牌

（一）特色小镇的发展与特点

特色小镇的提法最早出现在浙江，2015 年的浙江省"两会"上，政府工作报告对特色小镇做了如下具体要求："要按照企业主体、资源整合、项目组合、产业融合原则，在全省建设一批聚焦信息、环保、健康、旅游、时尚、高端装备制造业、金融等七大产业，兼顾丝绸黄酒等历史经典产业，具有独特文化内涵和旅游功能的特色小镇，以新理念、新机制、新载体推进产业集聚、产业创新和产业升级。"同年，浙江出台了《浙江省人民政府关于加快特色小镇规划建设的指导意见》，进一步对特色小镇的创建程序和政策措施做出了具体规划。

2016 年 7 月 1 日，住建部、发改委、财政部联合发布《关于开展特色小镇培育工作的通知》，提出到 2020 年，培育 1000 个左右各具特色、富有活力的休闲旅游、商贸物流、现代制造、教育科技、传统文化、美丽宜居等特色小镇，引领带动全国小城镇建设，不断提高建设水平和发展质量。此后，国家发布了一系列政策对特色小镇的创建进行了指导。在这个背景下，全国各地掀起了特色小镇建设的浪潮，各类问题也逐渐凸显。为此，2017年 12 月 4 日，国家发展改革委、国土资源部、环境保护部、住房城乡建设部联合发布《关于规范推进特色小镇和特色小城镇建设的若干意见》（以下简称《意见》）。《意见》表示，不能把特色小镇当成筐、什么都往里装，要严防政府债务风险，严控房地产化倾向，严格节约集约用地，严守生态保护红线。综合各类文献，特色小镇是一种在块状经济和县域经济基础上发展而来的创新经济模式，建设特色性主要表现为：产业上坚持特色产业；功能上实现"生产"＋"生活"＋"生态"，形成产城乡一体化功能聚集区；形

态上具备独特的风格、风貌、风尚与风情；机制上以政府为主导、以企业为主体、社会共同参与的创新模式。

（二）文化品牌的内涵和意义

根据美国市场营销协会（AMA）的定义，品牌是一个名称、术语、标记、符号或图案设计，或者是它们的不同组合，用以识别某个或某群销售者的产品或劳务，使之与竞争对手的产品和劳务相区别。关于文化品牌，柏定国在《文化品牌学》一书中从消费者和企业两个视角阐述了文化品牌的内涵：从消费者的视角考虑，文化品牌是文化产品的品质象征、技术保证，是时尚、品位和情调的集合体，是身份地位和生活方式的象征，是一种对生活、情绪、感觉、思想、某种心理状态乃至对某种生活的体验过程；从文化企业角度考虑，文化品牌是其产品、服务在视觉、情感、理念和价值观等方面的综合形象，是通过文化企业或产品、服务于顾客的互动、沟通来实现的，是消费者与产品和服务的全部体验。

由于特色小镇的文化品牌比较接近于区域文化品牌的概念，梳理国内关于区域文化品牌的研究，目前主要分为三类：一是关于区域文化品牌的理论研究，如冯莉（2012）[①]、马健（2016）[②]、高式英（2014）[③] 等；二是就一个具体区域展开的区域文化品牌研究，如黄宁夏（2012）[④]、赵云雪（2015）[⑤]、吴文轲（2016）[⑥] 等；三是研究不同主体在区域文化品牌建设中

[①]　冯莉：《区域文化品牌建设探析》，《价值工程》2012 年第 19 期。

[②]　马健：《区域文化品牌建设路径》，《中国党政干部论坛》2016 年第 9 期。

[③]　高式英，姚家万，欧阳友权：《文化产业集群与区域文化品牌的关系及其"经济磁场效应"》，《湖南科技大学学报》（社会科学版）2014 年第 4 期。

[④]　黄宁夏：《区域文化品牌战略研究——世界文化遗产项目福建土楼案例分析》，《长春师范学院学报》2012 年第 6 期。

[⑤]　赵云雪：《区域文化遗产保护与区域文化品牌塑造——以渝东南土家族苗族文化生态保护区为例》，《四川戏剧》2015 年第 10 期。

[⑥]　吴文轲，饶妍，王文生：《试论区域文化产业品牌的构建——以景德镇陶瓷文化创意产业为例》，《陶瓷学报》2016 年第 4 期。

的作用，如杨宗杰（2010）① 研究政府主体在文化品牌建设中的作用，而高式英（2015）② 研究企业主体共建区域文化品牌的条件、风险和治理模式。

根据以上研究，特色小镇的文化品牌可以理解为对当地文化资源进行发掘与整合后，成为特色小镇的文化标志并得到普遍认可，进而广泛融入当地产业，成为一镇的文化表征和文化个性体现，其兼具经济效益和社会效益，具有很强的吸引力和影响力，产生较高的品牌价值。

特色小镇的文化品牌建设对于特色小镇的可持续发展具有十分重要的意义：一是有利于特色小镇的文化传承，文化品牌建设能够有效整合当地文化资源，继承和发扬当地的历史文化，并通过文化及相关产业的发展，带动其活态传承；二是有利于特色小镇的产业发展，文化品牌建设会为当地的特色产业打上品牌烙印，使得"文化＋"融入当地产业，推动产业新增长点的形成和发展，提升产业竞争力；三是有利于特色小镇公共文化环境改善，文化品牌建设会使得特色小镇的居民产生对本地文化的认同感和自豪感，营造公共文化的良好氛围，共同促进特色小镇的健康发展。

三 特色小镇的文化品牌建设

关于特色小镇的文化品牌建设，本文尝试从文化品牌定位、文化品牌建设、文化品牌推广等方面进行深入探讨。

（一）特色小镇的文化品牌定位

特色小镇文化品牌定位的前提是对当地文化资源进行充分挖掘，再对其文化特色、优势资源等进行科学的全方位整合，以此来把握文化品牌定位。在此，借鉴国内外乡村建设的实践经验，结合特色小镇"小而精、小而特、

---

① 杨宗杰：《党委政府在区域文化品牌建设中的职能定位及作用发挥》，《理论学刊》2010 年第 4 期。
② 高式英，姚家万，欧阳友权：《企业共建区域文化品牌的风险及其防控研究》，《湖南社会科学》2015 年第 2 期。

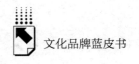

小而活、小而美"的发展理念和特色小镇的发展实践,特色小镇的文化品牌定位可以从历史文化、特色产业、景观生态三个方面进行资源发掘。

1. 历史文化

主要从特色小镇的历史文化资源入手,综合考量其历史文化遗迹、著名历史人物、传统文化、地域文化、民族文化、民间习俗、非物质文化遗产方面,提炼出具有深厚文化底蕴和内涵的文化品牌。同时,注意其文化个性的时代表达,并在原有文化内涵的基础上进行创造性发挥。

2. 特色产业

特色小镇大多有其特色产业,总体来看主要有两类:一类是在当地现有产业或传统产业上发展出来的特色产业,往往对传统产业有创新和升级;另一类是在当地资源禀赋的基础上,由政府引导或市场自发形成的创新产业,主要是各类新兴产业,代表着产业的未来发展方向。

3. 景观生态

特色小镇的景观生态主要指当地自然形成的生态环境和人居环境。特色小镇的特点之一是产城乡一体化,良好的生活生态环境是特色小镇的重要衡量标准,也是一部分特色小镇发展文化、休闲、旅游等相关产业的良好基础。

总之,特色小镇的文化品牌定位可从以上三方面进行综合考虑,提炼文化个性元素及产业特色要素进行品牌定位。同时,文化品牌定位首先要注意差异化,文化品牌的差异化是成功的基础,也是其区别于同区域其他特色小镇的重要标志;其次,特色小镇的文化品牌定位要考虑可持续性,既要考虑特色小镇现有的资源禀赋,也要考虑特色小镇的未来发展方向,毕竟,文化品牌的建设是一个长期的过程,定位对其未来发展有着深远的影响。

此外,根据上述方面提炼出来的文化符号,不能简单地将之称为文化品牌,只有将这些文化符号通过外在的视听识别应用于特色小镇的特色产业、相关文化产品及服务上才能称之为文化品牌。

(二)特色小镇的文化品牌建设与管理

根据区域文化品牌的相关研究,结合特色小镇的发展实际,特色小镇的文化品牌建设可按照政府引导、协会协同、企业共建、公众参与的模式进行。

1. 政府引导

由于特色小镇的文化品牌具有非竞争性、非排他性和外部经济性等特征，所以从经济学的角度来说是一种公共物品，这就决定了特色小镇的文化品牌建设必须由政府来规划和管理。首先，政府要把握当地文化资源要素，明确文化品牌定位，从顶层设计上制定当地文化品牌的整体规划和战略；其次，在文化品牌创建和传播的过程中，政府需要协调文化品牌建设涉及的方方面面，共同推进文化品牌建设；最后，政府要将文化品牌融入特色小镇的规划建设中去，为文化品牌的维护和管理提供良好的社会文化环境。

落实到文化品牌的标志设计上，政府可以通过公开发布招标信息或委托专业设计机构对文化品牌的系列标志进行设计。在实践中，许多地方政府通过开放性设计大赛来确定品牌标志，通常做法如下：首先，由政府公开发布文化品牌设计大赛信息，吸引本地及更广泛区域的设计人才关注和参与，以征集到足够多的待选方案；其次，成立专家小组对待选方案进行筛查，符合要求的方案通过初选；最后，结合本地公众投票和专家评选的结果选出最终方案。这种做法的好处是能吸引本地公众参与，选出的结果更容易被大众所接受。

2. 协会协同

特色小镇的一个主要表现是产业上坚持特色产业、旅游产业两大发展架构，因此特色产业及旅游产业的行业协会成为文化品牌建设的重要协同力量，可以为政府和企业架起桥梁和纽带。第一，行业协会可以向政府传达企业关于文化品牌建设的诉求，协助政府制定和实施文化品牌建设规划和政策；第二，行业协会可以协调本行业企业之间在文化品牌建设方面开展的工作，比如文化品牌的标志设计使用等；第三，协会可对本行业文化品牌建设进行监督，鼓励公平竞争，打击违法违规行为；第四，协会可对本行业文化品牌建设情况进行调查分析，并向政府及时反馈情况，以便政府调整文化品牌建设的策略等。

3. 企业共建

面对日益激烈的市场竞争和经济全球化的需要，实施品牌战略、充分重视自主品牌的培育和保护、增强企业的核心竞争力，已经成为国家的重大战略决策和部署。作为特色小镇，其文化品牌已经成为所在区域内相关企业、组织的共同资产，具有重要的地位和意义。它不仅是影响特色产业及相关产业生存发展的重要力量，也是决定其与外部市场进行竞争的一个关键因素。

在特色小镇的特色产业和相关产业中存在一批企业主体，这些企业不可避免地与本地文化属性存在着密切的关联，并通过在产品和服务中融入文化品牌的标志设计，将文化品牌建设真正落实到生产实践中，再借助自身的市场经济活动，通过市场这一"无形的手"推动文化品牌的建设与传播，其品牌效应又和特色小镇的产业发展形成良性循环，最终提升整个特色小镇的文化品牌。

在特色小镇文化品牌建设和运营的具体实践中，一方面，企业可以根据自身情况，适当发展和特色产业相关的文创产品，在文化品牌建设的大框架下打造知名文创产品；另一方面，企业可通过品牌授权的形式，延伸文化品牌的市场空间，对文化品牌的标志设计可以采用一般性授权和排他性授权相结合的分类授权模式，以满足骨干企业、小微企业、个体经营者等不同文化品牌市场主体的多层次需要，实现特色小镇文化品牌的企业共建。

4. 公众参与

特色小镇文化品牌的构建基础是本地文化，本地文化是在历史社会发展过程中自发形成并积累沉淀的，其文化特性已融入本地居民的日常生活中。文化品牌能否建设好，需要考虑公众对于文化品牌的情感反应过程，文化品牌只有与公众居民的当前需求、兴趣、期望有较强相关性，才能得到公众中不同群体的认同和注意。在认同的基础上，一方面，公众会产生认同感、归属感和自豪感，以主人翁的姿态去建设特色小镇；另一方面，公众愿意自发地对所在的特色小镇进行口碑传播，进而潜移默化地影响其他受众。

（三）特色小镇文化品牌营销与推广

特色小镇文化品牌的营销与推广，可整合现有的各类传播渠道，实现文化品牌的多介质、全景式、立体化传播。

1. 政府公关

首先，政府可通过课题招标的形式，吸引国内外各种专业机构，对本地文化品牌发展进行深入调研，摸清问题，把握脉络，协助本地文化品牌采取针对性的营销策略；其次，政府可联合相关部门、研究机构、行业组织、龙头企业等，构建文化品牌的传播体系，通过举办主题论坛、行业沙龙等活动进行特色小镇文化品牌的宣传和推广；最后，由当地政府牵头，组织相关企业，积极参与全国、区域及行业的各类展销会及博览会，将融入当地文化品牌的特色产品向外界进行传播推广。

2. 产业深化

通过文化品牌融入当地特色产业及相关文化旅游产业，向消费者进行文化品牌的传播。首先，根据实际情况，有选择地将文化品牌融入特色产业的产品设计，向消费者进行文化品牌的传播；其次，开发打造具有本地特色的文化及旅游产品，通过举办文化节庆、民风民俗、特色旅游等活动，向游客及本地公众深入推广文化品牌；最后，将文化品牌的内涵融入本地的公共文化设施，比如图书馆、群众文化活动、非物质遗产的保护和开发等方面，使文化品牌的内涵缓慢但持续地影响着使用者，进而深化文化品牌的推广。

3. 媒体推广

传统媒体发展较成熟，受众范围广，且具有一定的权威性和公信力，可在政府的引导下，充分利用广播、电视、报纸等传统媒体渠道，通过新闻报道、专栏文章、电视专题节目、宣传片、平面广告等形式，对特色小镇的文化品牌进行推广和传播。

此外，新媒体的受众群体越来越广泛，特色小镇的文化品牌也要借用新媒体的各类渠道进行推广传播。第一，借助互联网各类平台进行文化品牌的推广和传播，尤其是借助电商平台，将特色小镇的特色产品推向网络，强化

文化品牌效应；第二，借助手机移动端，通过微信、微博等常用 App，宣传和推广文化品牌；第三，通过文化品牌植入热播电影、电视剧及网络游戏等，进行隐性的文化品牌营销与推广，扩大文化品牌传播范围；第四，借助大数据等互联网工具，针对不同的受众进行文化品牌的定向传播与推广，并分析反馈信息，对后续传播进行改善，提升文化品牌影响力。

四 结语

当前，特色小镇正处于快速发展过程中，但其文化品牌建设还处于探索阶段，缺乏较为成熟的发展思路和建设模式。在未来的发展中，特色小镇如果要实现差异化竞争、增强产业竞争力，就必然要重视文化品牌的建设，只有整合好区域内各种资源、理顺政府和市场的关系、塑造有辨识度的文化品牌，才能从竞争中脱颖而出，立于不败之地。此外，由于特色小镇的类型各不相同，具有不同的资源禀赋和产业基础，这也决定了其文化品牌建设必然有其个性化的一面，而本文仅讨论了其中的共性方面，对于不同类型特色小镇的文化品牌建设还有待进一步地深入研究及探讨。

Abstract

Annual Report on Brand Development of Cultural Enterprises in China (2018),
co-edited by Evaluation Technology of Cultural Brands (Key Lab of Ministry of
Culture and Tourism) and Institute of Creative Industries Technology, Renmin
University of China, is the first report ever that studies on the brand development
of Chinese cultural companies.

In recent years, cultural industry in China has been well developed, public
policy has been continuously strengthened and brand construction has become the
key work for transformation and upgrading of cultural industry. For one thing,
with cultural enterprises as the main market body in cultural industry, brand
construction helps them to enrich corporate culture and promote corporate image,
turning cultural soft power into market competitiveness and thus promoting
transformation and upgrading of cultural industry. For another, with cultural
enterprises as the operation body of cultural production and services, brand
construction helps the creation and production of more excellent cultural products
to meet the needs of people's increasingly personalized and diversified cultural
products consumption and a better life demand, and to establish greater cultural
confidence. In this context, this book probes into the development status, future
trends, current problems and solutions of brand construction in China, especially
the brand construction of cultural enterprises. The main content consists of four
parts as follows:

The first part is the general report, which analyzes the development
environment of cultural brands from different aspects of policy and law, industrial
development and cultural products consumption, etc. and shows the future trends
for cultural brands development.

The second part is annual reports on sectorial brands development, which
summarizes and analyzes the brand construction in 2017 in seven cultural sectors of

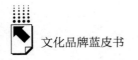

movie, television, publishing, acting and performing, animation, games and tourism, discusses the achievements and problems of brand construction in cultural industry, and provide an outlook for the future trends.

The third part is the annual report on cases of cultural enterprises brands, which, through team research and expert recommendation, selects three vanguard brands of cultural enterprises, including Tencent Music, iQiyi. com and iReader. com. Based on the in-depth research, the report analyzes the successful experience and inadequacy of these three brands from multiple aspects of brand environment, brand introduction, brand positioning and brand marketing strategy, trying to provide valuable experience for future brand construction of cultural enterprises.

The forth part is the special report, which holds both practical guidance and theoretical reference value with the discussion of hot topics around cultural brand construction such as brand evaluation, brand construction and brand protection etc.

This book is devoted to the combination of theory and practice, reporting and studying the latest situation of cultural brand development in China, looking into the development trend of cultural brand construction, and providing intellectual support for realizing the transformation and upgrading of cultural industry, enhancing cultural soft power, promoting cultural export and establish greater cultural confidence.

Contents

I General Report

Abstract: In 2017 China continues to work hard on the cultural brand construction and strengthen cultural confidence. The environment of policy and law, industrial development and cultural products consumption has been optimized. The total value of cultural enterprises brands in China is increasing annually with many highlights of cultural brand development. The brand effect began to emerge as domestic movies and television shows are more of quality than quantity. The industry of acting and performing is upgrading with different performances construction brands together. Animation sees a rapid development as domestic animation brands start to show up. The games industry is upgrading and begins its brand construction. The network culture industry is becoming standardized, and the quality content promotes the brand construction. The brand awareness for the industry of tourism is becoming stronger, and the brand construction steps onto a new level. With the change of the development environment of cultural brands and the needs of cultural brands upgrading, the future trends of cultural brand

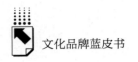
development are going to be as following: 1. enterprises cultural brands are going to become national cultural brands; 2. cultural brands are going to become to emphasize more culture than entertainment; 3. excellent IP is going to become the drive power of brand construction; 4. the social and spiritual nature is going to play a more important role; 5. the minority cultural brands are going to have a larger market.

Keywords: Cultural Brands; Cultural Industry; Cultural Confidence

II   Annual Report of Sectorial Brands Development

B. 2   Report on the Brand Development of Movies 2018

Sun Ye / 025

Abstract: In 2017 the movie industry has been going into a phase of rapid development. As the development of the industry, movie brand construction is optimized. There are more favorable policies, creating a better environment for movie brands development. Capital operation helps integrate film brand building resources and enhance the competitiveness of the brand. Movie brands continue to export and spread impact. There are more and more marketing channels for movie promotion and new media is used for brand communication. The Internet has driven the development of online box office and promoted the brand value chain. However, while movie brand construction develops fast, there are problems like poor movie production, more box office fraud and insufficient derivatives, which needs better systems and policies.

Keywords: Movie Industry; Brand Construction; Brand Value Chain

B. 3   Report on the Brand Development of Television Industry 2018

Zhou Xiaohui / 038

Abstract: Against the backdrop of media convergence, the year 2017 saw

China's TV industry making continued push for brand building and brand influence. Central and provincial satellite TV stations have relied on the new media dynamics to develop platforms, improve contents and venture further into the mobile business, with the aim of boosting their respective competitiveness. Cultural variety shows and " Slow-paced" reality shows were emerging as new highlights and established variety shows full enjoyed the brand effect dividends, with, however, still few new phenomenal shows on the market. As for TV dramas, the total number went down and overall quality up, with a succession of quality new offerings and still more work to do in narrowing the gap between ratings and word-of-mouth. In the future, efforts of developing TV brands shall be focused on forging trending topics to raise brand awareness, using strong IPs to bolster core competitiveness of brands, and creating a multi-brand community sustained by social factors, so as to accentuate the unique brand values of the TV industry in the era of media convergence.

Keywords: Brand; Media Convergence; New Media; TV Industry

B. 4   Report on the Brand Development of Publishing 2018

Yang Shihua / 052

Abstract: In 2017 publishing has been making progress in making policies and laws, in the use of capital and economy, in reading culture, and in science and technology, which gives publishing brands new opportunity for further development. This year both single-content publishing brands and publishing enterprises brands has shown the trend of rise. After years of development and the opening of the 19th CPC National Congress, theme publishing becomes one of the major traffic entrance for publishing brand construction and operation. Knowledge service is an important direction of publishing brand operation. Important results have been achieved by publishing brands in Chinese publishing export. In 2017 publishing brands has developed well and fast, but there are still problems like low efficiency of technology use, weak market competitiveness and

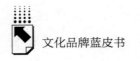

insufficient emphasis of brands experience. Therefore the future development direction is the use of new technology for publishing brand construction, the enhancement of publishing brand operation through enriching content and more attention on reading experience to protect publishing brands.

Keywords: Globalization; Knowledge Service; Theme Publishing; Publishing brand

B. 5　Report on the Brand Development of Acting and

Performing 2018　　　　*Zhong Dandan, Han Dongqing* / 066

Abstract: As an important part of the cultural industry, the performance industry plays an important role in enriching the people's spiritual life, promoting the prosperity of the cultural industry and enhancing the cultural influence of our country. Over the past year, the performance industry as a whole presents a good development trend, the brand building of the performance industry is in full swing. "Live broadcast + performance industry" has strengthened the influence of the performance industry, purified the development environment, improved the development environment, industry associations actively engaged in brand building, with "eternal love" and "Songcheng" as the representative of the tourism performance brand IP to achieve rapid development. But the brand of the performance industry is also facing the difficulties of intellectual property protection, short life cycle, lack of the whole industry chain and other issues. In the future, the performance industry brand will present the trend of "star broker + fan economy" integration, brand effect and scale continued to expand, internationalization development.

Keywords: Performing Industry Brand; Tourism Performing Arts IP; Intellectual Property Rights; Life Cycle; Whole Industry Chain

B. 6　Report on the Brand Development of Animation 2018

Niu Xingzhen / 084

Abstract: This report, based on the summary of current development situation of Chinese animation brands in 2017, analyzes the development highlights and studies on the future development trend of Chinese animation brand construction. In the author's opinion, brand construction follows the path of *innovation—copyright—IP—brand*, showing the pyramid distribution. We need to pay more attention to the role of extraordinary innovation, super IP and famous brands in planning and development, and take animation industry into the whole picture of cultural innovative industry, in order to maximize brand value.

Keywords: Chinese Animation; Animation brand; Convergence Development

B. 7　Report on the Brand Development of Game Industry 2018

CNG, Xin Tingting / 103

Abstract: In 2017 game industry has been developing in a steady pace, enters into a phase of competitiveness between stocks, and begins quality development rather than rapid development. The enterprise awareness of brand construction and establishment has been strengthened. There are more types and details of games brands. Games players review is becoming better and games export brands have more influence. However, so far domestic games have bad reputation for their lack of originality, entertainment and functionality, and games brands have no culture connotation, which contribute little to national soft power. These problems need government, enterprises and industry associations to enhance Chinese games brands transformation and upgrading, to help games brands to have refinement and diversity and crossover development, in order to be an important carrier of Chinese culture through the combination of economic and social benefits.

Keywords: Games Industry; Domestic Games; Games Brand

文化品牌蓝皮书

B. 8   Report on the Brand Development of Tourism 2018

Han Dongqing / 122

Abstract: Since 2017, tourism brand has shown a diversified development trend, with "tourism +" cross-border integration to enrich the brand content, with "IP" power to drive the tourism brand, with short video marketing to promote the popularity of online Red Tourism brand. However, in the development of tourism brand, brand crisis events, serious homogeneity, marketing spread. Lack of interaction and other inherent problems still exist and restrict the development of tourism brand. With the establishment of the Ministry of Culture and Tourism, the top-level design will be more supportive to encourage the integration of culture and tourism. In the future, the integration of culture and tourism brand development, the wide application of science and technology will drive the in-depth development of tourism brand, "tourism +" will promote the integration of tourism and other industry brands.

Keywords: "Tourism +"; Brand Crisis; Brand Marketing Interaction; Brand Homogenization; Cultural Tourism Integration

Ⅲ   Annual Report on Cases of Cultural Enterprises Brands

B. 9   Tencent Music: Creating Commercial Ecosystem of

Chinese Digital Music   *Chen Hong* / 139

Abstract: Digital music market in China is becoming better and better with a diversified development of music, different operation of platforms and rising impact on the international digital music market. As one of the most influential companies in Chinese digital music market, Tencent Music Entertainment Group establishes its brand and industrial chain, provides content services and interactive experience with diversity and quality, and seeks for global business layout, trying to lead the international development of Chinese digital music, through creative business model of multiple application of music copyright, digital albums, member prescription, live shows and fans economy etc.

Keywords: Digital Music; Tencent Music Entertainment Group; Brand Strategy

B. 10　iQiyi. com: Increasing Diversity of Internet Video Brands

Sun Ye / 160

Abstract: Nowadays online video industry is facing new opportunity and challenges of politics, economy, social culture and technology. As a big brand in this industry, iQiyi. com encounters both challenges from online live shows and short videos and competitiveness pressure of Tencent Video, Youku Tudou Inc and Mango TV. iQiyi. com makes efforts to cope with the challenges and increase brand value by enhancing the content, technology, operation and diverse marketability on the base of clear brand ideas, positioning, advantages and disadvantages.

Keywords: iQiyi. Com; Brand; Diverse Marketability

B. 11　iReader. com: Building up Brands of Chinese Digital
　　　　Reading with Craftmanship

Fan Hongda / 179

Abstract: Digital reading industry, as a new segment of the internet sector, has a good prospect of development. iReader. com is the leading company of digital reading industry in China and has its own unique company culture and operation model. Using research methods of brand positioning, brand strategy and implementation and brand marketing, this article analyzes iReader. com

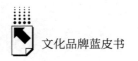

development, its environment of policies, market competitiveness and brand operation, identify the competitive advantages and disadvantages of the brand, and gives advice of expanding financing access, developing independent IP, in order to cope with market challenges and further increase brand value.

Keywords: Digital Reading; iReader. com; Brand Analysis

Ⅳ   Special Report on Cultural Brands in China

B. 12   Brand Construction and Protection for Intangible Cultural Heritage in the Context of Internet Economy
   — *Taking Brand "Zhen San Huan" of the Iron Pan of Zhangqiu County as an Example*

Luo Youmin , Chen Yingxi / 211

Abstract: The Zhangqiu iron pot is a kind of traditional local hand-forged pot produced in Zhangqiu District, Jinan City, Shandong Province, which has profound historical background, exquisite workmanship and good economic value. The brand "Zhensanhuan" is inherited from the Zhangqiu iron pot time-honored brand "Tongshengyong". Since the former was relaunched in 2013, it has actively used the Internet e-commerce platform to restore the technique for forging Zhangqiu iron pots, package and sell Zhangqiu hand-forged iron pots, which has rejuvenated this kind of traditional craft. At the beginning of 2018, the Zhangqiu iron pot was pushed to the center of public view and became a hot issue as the documentary "A Bite of China" season 3 was broadcast. This article explores the brand construction and protection measures around Zhangqiu iron pots by "Zhensanhuan", and discusses the beneficial experience offered by its practice and main problems it faces in the context of Internet economy, so as to provide reflection and reference for the theory construction and practical work of intangible cultural heritage brand building.

Keywords: Internet Economy; Zhangqiu Iron Pot; Brand; Zhensanhuan; Intangible Cultural Heritage

B. 13　The Current Situation, Reasons and Solutions of Cultural

Brands Being Registered Maliciously

Li Fangli, Zhu Xiaoqiong ∕ 227

Abstract: Cultural brands, which are the result of long term efforts of related cultural organization and people and have enormous economic value and social benefits, are the distinctive signs of cultural products, services, organizations, figures and regions. However, in recent years it caused a great trouble and loss for cultural brands owners that many cultural brands are registered maliciously. This article discusses mainly on the types of maliciously-registered cultural brands and the reasons, and also brings up some suggestions of cultural brands protection from different perspectives of cultural brands owners awareness, policies and laws, and social service systems.

Keywords: Cultural Brands; Maliciously-Registered; Trademarks; Protection

B. 14　Research of Cultural Brand Construction for

Characteristic Towns　　　　　　　　*Liu Yilin ∕ 236*

Abstract: cultural brand construction for characteristic towns is of great significance in leading the urbanization development, promoting the rural revitalization strategy and establishing cultural confidence. This article, based on the research of regional cultural bands and development situation of characteristic towns, studies on the brand positioning, construction and management, and promotion methods of cultural brands, trying to solve the problems of homogenization and hollowing-out of characteristic towns through cultural brand construction, and thus promoting the healthy development of characteristic towns.

Keywords: Characteristic Towns; Cultural Brand Construction

社会科学文献出版社

皮书系列

❖ 皮书起源 ❖

"皮书"起源于十七、十八世纪的英国，主要指官方或社会组织正式发表的重要文件或报告，多以"白皮书"命名。在中国，"皮书"这一概念被社会广泛接受，并被成功运作、发展成为一种全新的出版形态，则源于中国社会科学院社会科学文献出版社。

❖ 皮书定义 ❖

皮书是对中国与世界发展状况和热点问题进行年度监测，以专业的角度、专家的视野和实证研究方法，针对某一领域或区域现状与发展态势展开分析和预测，具备原创性、实证性、专业性、连续性、前沿性、时效性等特点的公开出版物，由一系列权威研究报告组成。

❖ 皮书作者 ❖

皮书系列的作者以中国社会科学院、著名高校、地方社会科学院的研究人员为主，多为国内一流研究机构的权威专家学者，他们的看法和观点代表了学界对中国与世界的现实和未来最高水平的解读与分析。

❖ 皮书荣誉 ❖

皮书系列已成为社会科学文献出版社的著名图书品牌和中国社会科学院的知名学术品牌。2016年，皮书系列正式列入"十三五"国家重点出版规划项目；2013~2018年，重点皮书列入中国社会科学院承担的国家哲学社会科学创新工程项目；2018年，59种院外皮书使用"中国社会科学院创新工程学术出版项目"标识。

中国皮书网

（网址：www.pishu.cn）

发布皮书研创资讯，传播皮书精彩内容
引领皮书出版潮流，打造皮书服务平台

栏目设置

关于皮书：何谓皮书、皮书分类、皮书大事记、皮书荣誉、
　　　　　皮书出版第一人、皮书编辑部

最新资讯：通知公告、新闻动态、媒体聚焦、网站专题、视频直播、下载专区

皮书研创：皮书规范、皮书选题、皮书出版、皮书研究、研创团队

皮书评奖评价：指标体系、皮书评价、皮书评奖

互动专区：皮书说、社科数托邦、皮书微博、留言板

所获荣誉

2008 年、2011 年，中国皮书网均在全
国新闻出版业网站荣誉评选中获得"最具
商业价值网站"称号；

2012 年,获得"出版业网站百强"称号。

网库合一

2014 年，中国皮书网与皮书数据库端
口合一，实现资源共享。

权威报告·一手数据·特色资源

皮书数据库
ANNUAL REPORT(YEARBOOK)
DATABASE

当代中国经济与社会发展高端智库平台

所获荣誉

- 2016年，入选"'十三五'国家重点电子出版物出版规划骨干工程"
- 2015年，荣获"搜索中国正能量 点赞2015""创新中国科技创新奖"
- 2013年，荣获"中国出版政府奖·网络出版物奖"提名奖
- 连续多年荣获中国数字出版博览会"数字出版·优秀品牌"奖

成为会员

通过网址www.pishu.com.cn访问皮书数据库网站或下载皮书数据库APP，进行手机号码验证或邮箱验证即可成为皮书数据库会员。

会员福利

- 使用手机号码首次注册的会员，账号自动充值100元体验金，可直接购买和查看数据库内容（仅限PC端）。
- 已注册用户购书后可免费获赠100元皮书数据库充值卡。刮开充值卡涂层获取充值密码，登录并进入"会员中心"—"在线充值"—"充值卡充值"，充值成功后即可购买和查看数据库内容（仅限PC端）。
- 会员福利最终解释权归社会科学文献出版社所有。

社会科学文献出版社 皮书系列
SOCIAL SCIENCES ACADEMIC PRESS (CHINA)

卡号：318889894635
密码：

数据库服务热线：400-008-6695
数据库服务QQ：2475522410
数据库服务邮箱：database@ssap.cn
图书销售热线：010-59367070/7028
图书服务QQ：1265056568
图书服务邮箱：duzhe@ssap.cn

S 基本子库
SUB DATABASE

中国社会发展数据库（下设 12 个子库）

全面整合国内外中国社会发展研究成果，汇聚独家统计数据、深度分析报告，涉及社会、人口、政治、教育、法律等 12 个领域，为了解中国社会发展动态、跟踪社会核心热点、分析社会发展趋势提供一站式资源搜索和数据分析与挖掘服务。

中国经济发展数据库（下设 12 个子库）

基于"皮书系列"中涉及中国经济发展的研究资料构建，内容涵盖宏观经济、农业经济、工业经济、产业经济等 12 个重点经济领域，为实时掌控经济运行态势、把握经济发展规律、洞察经济形势、进行经济决策提供参考和依据。

中国行业发展数据库（下设 17 个子库）

以中国国民经济行业分类为依据，覆盖金融业、旅游、医疗卫生、交通运输、能源矿产等 100 多个行业，跟踪分析国民经济相关行业市场运行状况和政策导向，汇集行业发展前沿资讯，为投资、从业及各种经济决策提供理论基础和实践指导。

中国区域发展数据库（下设 6 个子库）

对中国特定区域内的经济、社会、文化等领域现状与发展情况进行深度分析和预测，研究层级至县及县以下行政区，涉及地区、区域经济体、城市、农村等不同维度。为地方经济社会宏观态势研究、发展经验研究、案例分析提供数据服务。

中国文化传媒数据库（下设 18 个子库）

汇聚文化传媒领域专家观点、热点资讯，梳理国内外中国文化发展相关学术研究成果、一手统计数据，涵盖文化产业、新闻传播、电影娱乐、文学艺术、群众文化等 18 个重点研究领域。为文化传媒研究提供相关数据、研究报告和综合分析服务。

世界经济与国际关系数据库（下设 6 个子库）

立足"皮书系列"世界经济、国际关系相关学术资源，整合世界经济、国际政治、世界文化与科技、全球性问题、国际组织与国际法、区域研究 6 大领域研究成果，为世界经济与国际关系研究提供全方位数据分析，为决策和形势研判提供参考。

法律声明